国家社科基金
GUOJIA SHEKE JIJIN HOUQI ZIZHU XIANGMU
后期资助项目

港口经济圈构建：
理论框架和实践探索

Study Based on the Theoretical Framework
and Practical Exploration of
Constructing Port Economic Circle

孙建红　著

社会科学文献出版社
SOCIAL SCIENCES ACADEMIC PRESS (CHINA)

国家社科基金后期资助项目
出版说明

后期资助项目是国家社科基金设立的一类重要项目，旨在鼓励广大社科研究者潜心治学，支持基础研究多出优秀成果。它是经过严格评审，从接近完成的科研成果中遴选立项的。为扩大后期资助项目的影响，更好地推动学术发展，促进成果转化，全国哲学社会科学工作办公室按照"统一设计、统一标识、统一版式、形成系列"的总体要求，组织出版国家社科基金后期资助项目成果。

全国哲学社会科学工作办公室

摘 要

构建港口经济圈具有深远的历史渊源和鲜明的时代特征。构建港口经济圈，是促进我国沿海港口城市在对接"一带"（丝绸之路经济带）和"一路"（21 世纪海上丝绸之路）对外开放新布局的重大倡议举措，是推进港口城市对外开放、城市国际化、拓展发展空间的客观需要，是推动港口城市创新转型发展、争创比较优势和竞争优势的重要突破口，也是港口城市提升资源配置功能和港口城市战略地位的现实选择。

本研究作为应用基础研究，内容包括理论、实证和对策三个部分，在技术路线上强调的是理论分析、实证分析、政策分析的有机结合。第一部分是理论研究，这部分主要是文献回顾与理论借鉴。围绕区域经济学、产业经济学、运输经济学、城市经济学、空间经济学视角下的港口经济圈理论，对国内外相关理论和研究文献进行回顾、分析和综述，为本研究提供理论借鉴，以确立研究视角、逻辑起点和分析范式。第二部分是经验借鉴，这部分主要着眼于全球视野，分析了世界各国港口经济圈发展的四种不同模式，即港航服务型的港口经济圈、腹地经济型的港口经济圈、全要素型的港口经济圈和国际中转型的港口经济圈，总结不同发展模式的形成机理和主要特点，为"一带一路"建设背景下港口经济圈构建提供了经验借鉴和启示。第三部分是实证与对策，这部分主要是对港口经济圈的实践探索。首先，分析港口经济圈的圈层结构划分的依据，提出宁波港口经济圈是涵盖核心层、辐射层和影响层的三层圈层结构，并对宁波港口经济圈的圈层拓展的历程、动力、产业构成和发展方向进行了全面分析。其次，分别对宁波港口经济圈的产业链、供应链和价值链的发展进行了系统分析和阐述：产业链的重点是提升港口功能，实现产业的转型升级；供应链的重点是通过完善交通集疏运网络体系，推进港航物流业发展，促进港口经济圈腹地生成，拓展港口的辐射半径；价值链的重点是以港口为战略支点，深度融入国家"一带一路"建设，加强同"一带一路"沿线国家和地区的经贸合作与人文交流。

目　录

图目录

表目录

第一章 绪 论

第一节 研究的背景与意义

一 研究的背景

早在 2006 年，时任浙江省省委书记的习近平同志就明确提出，宁波要发挥海洋经济、大桥经济、港口经济的优势，努力打造辐射长三角、影响华东片的港口经济圈。这既是对宁波，也是对我国沿海港口城市的殷切希望和要求。确实，我国沿海港口城市，在积极利用国际和国内"两个市场""两种资源"，加快融入经济全球化的进程中，具有十分重要的地位和作用。这种地位和作用，不仅仅体现在港口城市自身的发展，更体现在通过港口构建我国内陆地区通往世界各国的桥梁和纽带，带动我国内陆地区大踏步走向国际经济舞台，加快我国融入全球化的进程。

港口经济圈作为一个全新的时代命题，关键在于它的圈层辐射和带动。这种圈层带动与当下中央提出的"丝绸之路经济带"和"21 世纪海上丝绸之路"（简称"一带一路"，下同）倡议高度吻合，二者不仅体现为在空间上的高度一致，而且在建设内容上也高度一致。可以说，打造港口经济圈的过程，就是沿海港口城市不断拓展陆向腹地和海向腹地的过程，同时也是积极融入国家"一带一路"建设的过程。而打造宁波港口经济圈的过程，就是宁波积极参与、深度融入国家"一带一路"建设的过程。

在新的历史条件下，打造宁波港口经济圈，无论是宁波参与"一带一路"建设，还是开创宁波对外开放新局面；无论是提升港口经济圈的辐射力，还是对港口产业的转型升级，实现从交通运输港向贸易物流港的转型，都具有十分重大的战略意义。"一带一路"建设开辟了我国对外开放的新途径，与改革开放初期相比，我国的国际和国内环境都发生了深刻变化，经济发展进入了新常态。要适应和引领这一新常态，就对外开放而言，就是要实现从原来单一对外开放向"对外""对内"双向开放转变；从过去的优先促进沿海地区的开放向"沿海""内陆"共同开放转变；从注重促进外贸出口向进出口并重转变；从注重外资的"引进来"向"引进来"与"走出去"并重转变。通过政策沟通、设施联通、贸易畅通、资金融通和民心相通，与"一带一路"沿线国家和地区建立互利共赢的利益共同体和命运共同体。在这样的历史条件下，打造宁波港口经济圈，就要不断拓展圈层结构，实现以港口为中心，向国际、国内两个市场进行扇面辐射。宁波地处我国东部沿海和长江经济带的交会处，是"一带一路"的枢纽城市，与"一带一路"沿线国家和长江经济带沿江省市建立了紧密广泛的通航通商合作关系。2014年，李克强总理到浙江考察时，希望宁波、舟山共同打造江海联运服务中心，成为长江经济带龙头的两只龙眼之一。打造"港口经济圈"就是要在更高层次上提升宁波产业发展能级、区域辐射力和国际竞争力，在服务国家"一带一路"倡议和长江经济带战略中发挥更大的作用。宁波的优势是港口，宁波的特色、潜力和希望也是港口，可以说，港口是宁波的最大资源，是宁波经济社会发展最直接、最现实的动力源泉。历届市委、市政府高度重视港口的开发建设和对外开放，并将拓展港口的圈层结构作为构筑港口经济圈的重中之重。近年来，宁波市先后在我国中西部地区设立"无水港"，开通"五定班列"，通过海铁联运增强港口的辐射功能。与此同时，按照国家"一带一路"倡议和长江经济带战略发展要求，从2014年开始，宁波市委、市政府及有关部门深入开展调查研究，专门委托国家发改委宏观院、中国人民大学等单位就宁波参与"一带一路"和长江经济带建设、打造港口经济圈进行专项研究。不同研究机构和高校对此的研究也日益深入，但遗憾的是，截至目前，对宁波打造"港口经济圈"还缺乏系统完整的理论阐述，特别是对港口经济圈的内涵特征、圈层结构和实现路径等主要问题还缺乏明确的表述和论证。

二 研究的意义

在新时期、新形势下，发挥中国港口城市的比较优势，构建港口经济圈，积极参与国家"一带一路"建设，具有十分重要的战略意义。

一是加快建设现代化国际港口城市的需要。港口城市最大的资源是港口，最大的特色和优势也是港口。为了实现建成现代化国际港口城市的宏伟目标，大力推进"一带一路"建设将有利于提高港口城市的国际化程度，有利于建设现代化国际港口城市。

二是加快开创对外开放新格局的需要。在新的历史发展条件下，我国正面临着重大的历史性转折，随着商务成本的高企，土地、环境容量和劳动力等要素资源的硬约束增强，积极参与以"五通"为主要内容的"一带一路"建设，有利于加快形成"引进来"与"走出去"并重、经贸合作与人文交流并举的对外开放新格局。

三是加快转变经济发展方式的需要。港口城市作为沿海开放城市，在资本、技术、设备、产品等方面优势明显，"一带一路"沿线区域在能源、矿山、原材料等领域具有优势，两者具有较强的互补性，通过参与"一带一路"建设，有利于由出口拉动向出口、投资、进口、消费等协调发展方式转变，促进资源的优化配置和经济的可持续发展。

第二节　研究的主要内容与思路

一　研究的主要内容和主要观点

（一）主要内容

本研究作为应用基础研究，研究内容包括理论、实证和对策研究三个部分，在技术路线上强调的是理论分析、实证分析、政策分析的有机结合。具体分类如下。

本书一共分为八章。第一章和第二章首先界定港口经济圈的内涵，同时借鉴区域经济学、产业经济学、运输经济学、城市经济学、空间经济学视角下的港口经济圈理论，对国内外相关理论和研究文献进行回顾、分析和综述，为本研究提供理论借鉴，以确立研究视角、逻辑起点和分析范式。其次，对港口经济圈特征进行分析，在此基础上提出了"一带一路"建设背景下港口经济圈这一概念的基本内涵和主要特征。同时指出宁波港口经济圈既是空间意义上的综合体，也是经济、社会、文化等意义上的综合体；是以宁波－舟山港为中心，以长江经济带、"丝绸之路经济带"和"21世纪海上丝绸之路"为依托，以临港制造业和港航服务业为支撑，经贸投资与文化交流为纽带的相互协调、有机结合、共同发展的区域经济体系，是港口经济在空间上的表现形态。第三章着眼于全球视野，分析了世界各国港口经济圈发展的四种不同模式，即港航服务型的港口经济圈、腹地经济型的港口经济圈、全要素型的港口经济圈和国际中转型的港口经济圈，总结不同发展模式的形成机理和主要特点，为宁波打造港口经济圈提供了经验借鉴和启示。第四章至第七章是港口经济圈的理论框架与实践探索。首先，分析港口经济圈的圈层结构划分的依据，提出宁波港口经济圈是涵盖核心层、辐射层和影响层的三层圈层结构，并对宁波港口经济圈的圈层拓展的历程、动力、产业构成和发展方向进行全面分析。其次，分别对宁波港口经济圈的产业链、供应链和价值链的发展进行了系统分析和阐述：产业链的重点是提升港口功能，实现产业的转型升级；供应链的重点是通过完善交通集疏运网络体系，推进港航物流业发展，促进港口经济圈腹地生成，拓展港口的辐射半径；价值链的重点是以港口为战略支点，深度融入国家"一带一路"建设，加强同"一带一路"沿线国家和地区的经贸合作与人文交流。第八章为全书结论。

（二）主要观点

第一，不是所有的沿海港口城市都能够打造港口经济圈。港口经济圈的形成和发展需要多方面的条件，如区位条件、港口优势、城市依托、政策创新等。笔者从交通运输学和港口经济学的视角，对宁波构筑港口经济圈的内在机理作了较为系统的分析。沿海港口要打造港口经济圈，除上述诸多条件外，还必须具备两个前提条件：一是必须是国际深水枢纽港，因为只有国际深水枢纽港才有条件将国内外的支线港、喂给港纳入其范围，而喂给港、支线港只能接受枢纽港的辐射；二是必须是国际远洋干线港，因为只有干线港才具备实现港口对内、对外两个扇面的辐射，从而拓展港口的圈层结构。国家对宁波港口的定位恰好是"我国沿海国际深水枢纽港和远洋干线港"。事实上，经过30多年的开发建设，宁波港口辐射半径不断扩大。目前，已开通与世界上100多个国家的600多个港口的航线，拥有国际远洋干线117条。在内陆腹地，通过"五定班列"和"无水港"的建设，海铁联运也出现了良好的发展势头，其腹地已拓展到我国西部乃至中东欧国家和地区。因此，宁波打造港口经济圈是有条件、有基础的，也是有优势的。

第二，港口经济圈按照经济形态及辐射范围，分为萌芽期、形成期、发展期和成熟期四个发展阶段。我国各个港口所处的发展阶段不同、区位条件不同，港口所依托的城市功能不同，从而形成了港航服务型的港口经济圈、腹地经济型的港口经济圈、全要素型的港口经济圈和国际中转型的港口经济圈四种不同形态的港口经济圈。

第三，港口经济圈的主要特征。一是圈层带动，即整个港口经济圈依托核心集聚区形成若干环状空间组团，以港口城市为中心区向外通过紧密的功能联系走廊，形成内围圈层；二是线性辐射，即港口经济圈对外的功能辐射一般沿港口航线、多式联运、贸易走廊、信息网络等"线路"进行，超越空间的远程联系；三是链式集合，即将相关港口和城市的产业、资金、信息、基础设施、人才、生态等要素集合，形成产业链、供应链、价值链等环环相扣、紧密衔接的发展链条。

第四，既然港口经济圈是由核心层、辐射层和影响层三大圈层结构组成的，那么，这个核心层相对于辐射层和影响层而言，就是一个"中心"的概念。港口处于辐射层和影响层的"中心"位置，显然就是航运中心。如果说辐射层和影响层是区域性的，那么，它就是区域性的航运中心；如果说辐射层和影响层是全球性的，那么，它就是国际航运中心。据此，笔者提出了构筑宁波国际航运中心的大胆设想。不少研究者认为，以上海为龙头，以江浙二省为两翼，共同打造上海国际航运中心是中央的既定方针，宁波的定位是上海国际航运中心的主要组成部分。这一观点值得商榷，理由有三个。首先，条件有变化。中央提出的上述意见，是在20世纪90年代中期，确切地说是在1996年，由时任国务院总理的李鹏首先倡议的。当时，江苏外向型经济发展迅猛，集装箱生成量大；上海作为国际化大都市，国际化程度高，城市功能，特别是与港口相关的金融保险、港航服务、国际经贸、科技创新等功能强大，但苦于没有深水良港；浙江，特别是宁波，港口条件优越，同时也是沿海首批对外开放的城市，但由于城市功能不足，港口腹地拓展受到限制。正因为如此，上海和江浙两省一起，共同组建上海国际航运中心，在当时的背景条件下，其科学性是不言而喻的。而如今，这些背景都已发生根本变化。

随着上海大小洋山的开发和长江沿江港口腹地的拓展，它已自成一体；而江苏，随着南京长江大桥下游的不断疏浚，在长江口流域，也具备了深水大港的条件。宁波随着这几年的发展，城市功能不断提升，交通集疏运网络不断完善，国际航线密度不断增加，也已经自成一体。所以组合型的上海国际航运中心，其基础已不复存在。事实上，国务院出台上海"两中心"的意见时，其政策也从未覆盖江浙两省。其次，宁波有条件。经过30多年的发展，宁波港口已具备相当规模，陆向腹地已经辐射到新疆等西部地区，海向腹地已经与世界各主要港口有业务来往，港口货物吞吐量和集装箱吞吐量分别稳居全球第三位和第五位，且增幅连续六年领先全球。随着城市功能的提升，宁波正从"以港兴市"走向"以市促港"的新阶段。金融保险、港航物流、大宗商品交易、航运平台建设、保税区等各类功能区的建设，呈现良好的发展势头。同时，从逻辑上分析，如果宁波不能成为国际航运中心，只是上海国际航运中心的重要组成部分，那么，宁波港口经济圈这一命题就难以成立，只能成为上海港口经济圈的组成部分。最后，国际有借鉴。提出宁波只是上海国际航运中心的重要组成部分，其理由之一是宁波与上海地域相邻、交通相连。笔者认为，这一逻辑不成立。大家知道，英国伦敦与荷兰鹿特丹地域相邻，交通也相连（已在英吉利海峡建立了海底通道），形成了两个不同功能的国际航运中心，同时屹立于国际航运中心之林。英国是"航本位"的国际航运中心，更加突出金融保险、海事服务、船舶交易、指数发布等高端航运服务业；荷兰的鹿特丹依托其区位条件，更加突出临港制造、港航物流（整个欧洲大陆都是鹿特丹港的经济腹地）等，是腹地型的"港本位"的国际航运中心。笔者认为，今天的伦敦、鹿特丹就是明天的上海和宁波。对此，本书在相关章节中做了较为详尽的阐述。

二 研究的主要思路

本研究将在总结和借鉴前人研究的基础上，将港口经济学理论和"一带一路"建设的特殊背景相结合，探讨港口经济圈服务"一带一路"的内在机理和作用形式，构建"一带一路"背景下港口经济构建的理论框架。在此分析研究基础上，进一步借鉴美国、欧洲等世界港口经济圈发展较为领先国家的先进经验和实践，以长三角的宁波作为"一带一路"建设背景下我国沿海港口经济构建的实践探索。

第三节　研究的方法与技术路线

一　研究的方法

（一）研究方法

为实施上述研究思路，尤其是解决关键问题和难点，本研究采取的具体方法如下。

1. 文献资料收集

一是借助项目组成员所在单位所拥有的数据库、图书馆、资料室，以及互联网络资源，收集研究所需要的理论和数据资料。二是充分利用和挖掘既有项目已经积累形成的数据资料。三是向国家有关部委和部门收集与研究有关的制度、政策和实际执行的数据与案例资料。

2. 实际情况调查

一是由课题组成员发动和利用校友和学生资源，分别选择典型地区，采取点面结合、问卷与蹲点调查相结合的方法，调研近几年港口经济圈空间维度、产业维度和功能维度等方面的特征。二是选择具有典型意义的港口（如上海港、天津港、青岛港、大连港、深圳港等）进行深入细致的案例分析，实地调查，全面了解其历史数据，获得典型案例。三是分别召开政府、行业管理部门有关人员的座谈会和交流会。四是召开相关问题的学术讨论会。

3. 实证分析方法

一是通过采用 VAR 模型和多因素动态分析模型，对长江经济带上 11 个地区进出口贸易额和集装箱生成量进行预测；二是运用因子分析法和构建 SOFM 模型，对港口外贸集装箱腹地进行等级细分；三是港口经济圈通过促进在长江经济带区域内的产业梯度化，促进长江经济带区域内成本最低化、产业空间布局合理化和多式联运无缝化，极大地促进长江经济带区域经济社会发展；四是港口经济圈通过发挥"一带一路"区域内国际贸易相对成本比较优势、资源要素比较优势，促进大自贸区战略形成；五是使用支付函数、策略函数、影响函数和博弈模型，综合港口经济圈技术创新链的协调机制、合作机制，结合技术创新链组合环节，设计港口经济圈技术创新链的运作机制，指导港口经济圈各个主体进行创新。

4. 静态和动态的方法

验证港口经济圈如何服务"一带一路"建设的内在机理和作用形式，从其空间结构、产业布局、集疏运网络和协调管理机制等方面进行分析。

5. 政策建议检验

研究结论和政策建议初步形成后，项目组成员召集有关专家、学者和政府管理部门参加研究结论反馈会和成果征求会，听取进一步的意见，并在深入分析的基础上，进行改进性的研究。

（二）成果的学术价值和应用价值，以及社会影响和效益

一是研究综合运用区域经济学、产业经济学、运输经济学、城市经济学、空间经济学视角下的港口经济圈理论，对国内外相关理论和研究文献进行回顾、分析和综述，为本研究提供理论借鉴，以确立研究视角、逻辑起点和分析范式，为港口经济圈可持续发展提供了理论框架。

二是可以为港口经济圈发展战略与对策研究提供一定的指导。港口经济圈作为一个全新的时代命题，关键在于它的圈层辐射和带动。这种圈层带动与当下中央提出的"丝绸之路经济带"和"21世纪海上丝绸之路"（简称"一带一路"，下同）倡议高度吻合，二者不仅体现为在空间上的高度一致，而且在建设内容上也高度一致。可以说，打造港口经济圈的过程，就是沿海港口城市不断拓展陆向腹地和海向腹地的过程，同时也是积极融入国家"一带一路"建设的过程。而打造宁波港口经济圈的过程，就是宁波积极参与国家战略、深度融入国家"一带一路"建设的过程。

三是本项目的主要结论具有较强的创新和开拓性，能够为国内外学者的后续研究奠定理论基础。本项目的研究成果已成为浙江省软科学重点项目"浙江海洋战略新兴产业可持续发展的路径与对策研究（2016C25046）"；11篇阶段成果：《宁波发展"创客空间"的战略构想》《六大机制：推进宁波（镇海）大宗货物海铁联运发展》《四大路径：推进宁波都市型产业发展》《宁波舟山港国际集装箱中转运输发展对策研究》《五大机制:推进宁波海铁联运》《"海峡两岸金融合作发展"构想与实施策略》《海洋经济可持续发展:路径与对策》《关于推进宁波贸易便利化的建议》《宁波国际化水产品冷链物流中心建设构想与实施策略》《宁波自由贸易园区建设模式与政策需求》《基于国家战略背景的宁波港航运物流业发展对策》。另外,《基于国家战略背景的宁波港航运物流业发展对策》获中国物流与采购协会三等奖。

四是本项目会继续关注港口经济圈的持续发展,并将项目研究成果进行后续推介,拟通过多种渠道,让宁波、浙江省,乃至国家层面意识到港口经济圈发展的重要性、必要性和可行性。

二 技术路线

技术路线如图 1-1 所示。

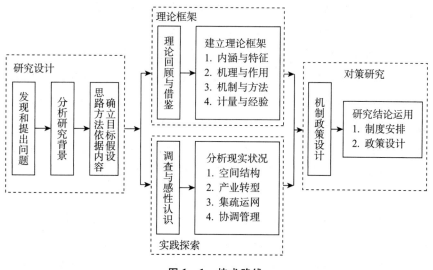

图 1-1 技术路线

第二章　港口经济圈构建的理论基础

第一节　相关概念的界定

一　"一带一路"的内涵与特征

（一）"一带一路"

"一带一路"概念源于古丝绸之路和古代海上丝绸之路，其沿线国家和地区主要情况如附表所示。古丝绸之路简称"丝路"，是指西汉时期，由张骞出使西域开辟的以长安（今西安）为起点，经甘肃、新疆，到中亚、西亚，并连接地中海各国的陆上通道。古代海上丝绸之路由明州、泉州等沿海港口出发，经过东亚、东南亚等航线，最终到达日韩、东南亚、南亚诸国，甚至远至非洲、欧洲。这两条丝绸之路是我国同其他国家开展货物贸易的重要通道，通过这两条丝绸之路，我国主要出口丝绸、瓷器、茶叶、五金、书籍等，进口香料、象牙、明珠、琉璃等。从这个意义上说，这两条道路就是古代物流业发展的缩影。而宁波是古代海上丝绸之路的重要港口之一，理应在"21世纪海上丝绸之路"建设中发挥应有的作用。从当前国家发展战略和相关政策来看，我国开放面临新格局，从向东开放向向西开放转变，从沿海开放向内陆开放转变，在这种情况下，中西部地区发展将逐步加快。而中西部地区自身发展基础较弱，在能源、矿山、原材料等领域具有优势，但是资本、信息、技术、人才比较缺乏，这样就给东部沿海地区带来了资源供给契机。依托港口优势，在内陆地区建立"无水港"；大力发展对接陆上丝绸之路的港航物流业，对于宁波融入丝绸之路经济带具有重要意义。

当前，"一带一路"建设已明确纳入国家总体发展框架之中。"一带一路"建设是顺应全球和亚太战略格局新变化，统筹国内和国际两个大局，着眼于长远培育我国引领国际经济合作新优势、参与全球经济治理的重要部署；是中国适应经济全球化新形势、实施"走出去"战略、扩大同各国各地区利益会会合点的重要实践；是构建开放型经济新体制、形成全方位开放新格局的重要举措。国家实施"一带一路"建设，从国际范围上看，就是要破除欧美对我国的"围追堵截"，重点在东盟、南亚、中西亚、中东欧、非洲等新兴市场国家，共同构筑利益共同体和命运共同体，增强国际"话语权"。从我国自身发展来看，一是推动我国进一步改革开放，形成"东出西进"的对外开放新格局。继续发挥海上大通道的作用，积极打造向西开放的桥头堡，加快推进延边地区开放。二是形成以我国为核心的产业分工合作新体系，拓展发展空间。以基础设施互联互通为基础，推动产业融合发展，提升贸易金融合作水平，促进科技人文交流，构建以我国为龙头的区域产业分工体系。三是增强我国经济发展的保障力度。通过加强与资源国家、能源国家的合作与合营，提高石油、铁矿石等战略资源的保障力度。通过中巴、中印缅孟、亚欧大陆桥和海上现代化战略大通道以及海外重要战略节点的建设，提高外贸进出口通道的安全保障程度。

（二）海上丝绸之路①

"丝绸之路"这个概念最早是由德国地质学家李希霍芬（F. von Richtofen，1833~1905）提出的。从 1868 年到 1872 年，李希霍芬以上海为基地，到过广东、江西、湖南、浙江、山西、山东、陕西、甘肃、四川、内蒙古等省区，"是第一位对中国地质进行系统研究的地质学家，为中国地质学的发展奠定了基础"。② 1877 年，李希霍芬出版了名作《中国》（China）。该书除了研究中国的地质，提出中国黄土"风成论"外，还在这部著作的第一卷第十章《中国与中亚南部和西部诸民族的交通往来之发展》中，专题考察了中国与中亚的交通路线。李希霍芬"时而把这条路称为'驼队之路'（die Caravanstrasse），时而称之为'贸易之路'（die Handelsstrasse），并且一再强调指出，沿这条'驼队之路'或'贸易之路'贩运的最重要的商品就是中国特产的缯帛。作者在叙述到公元

---

① 龚缨晏：《关于古代"海上丝绸之路"的几个问题》，《海交史研究》2014 年第 2 期，第 1~8 页。

② 郭双林、董习：《李希霍芬与〈李希霍芬男爵书信集〉》，《史学月刊》2009 年第 11 期。

2 世纪托勒密（Ptolemaeus）撰述的《地理志》转录时代更早的地理学家马里奴斯（Marinus）有关东西贸易丝绸记载的时候，明确提出了'丝绸之路'（die Seidenstrasse）这一名称"；1910 年，德国学者赫尔曼（Albert Herrmann）发表了一部题为《中国和叙利亚之间的古代丝绸之路》（*Die alten Seidenstrassen zwischen China und Syrien*）的著作，将李希霍芬提出的中国到中亚的丝绸之路向西延伸到叙利亚。①

西方学者提出"丝绸之路"的概念，本来是指中国通向西方的陆上交通线。后来，有西方学者进一步提出，中国通往西方的海上航线也应属于丝绸之路。法国学者沙畹在 1913 年所著的《西突厥史料》中讲到"东罗马之遣使西突厥"时写道："中国之丝绢贸易，昔为亚洲之一重要商业，其商道有二。其一最古，为出康居（Sogdiane）之一道。其一为通印度诸港之海道，而以婆庐羯泚为要港。"② 这样，"海上丝绸之路"的概念已呼之欲出。后来法国印度学家和梵文学家让·菲利奥札（Jean Fillozat，1906～1982）于 1956 年在《印度的对外关系学》一书中，以很大的篇幅研究了"海上丝绸之路"。③

正如近代许多学术词语是从西方经日本最后传播到中国一样，"海上丝绸之路"的概念也是在传入日本之后再出现在中国的。1967 年，日本学者三杉隆敏在《探索海上丝绸之路》中专门讨论了"海上丝绸之路"。1974 年，香港学者饶宗颐在《蜀布与 Cinapatta——论早期中印缅交通》（《中研院历史语言研究所集刊》第 45 本，1974 年）中讨论了中国丝绸经海陆两路向西方运销的问题，并且写道："海道的丝路是以广州为转口中心。近可至交州，远则及印度。"④

1981 年，我国至少有两个人提出了"海上丝绸之路"的概念。一个是鄞县人陈炎（当时他在北京大学工作，现回到鄞州区居住，他将自己的藏书都捐献给了宁波博物馆），他于 1981 年 5 月在厦门大学召开的中国中外关系史学会学术研讨会上提出了"海上丝绸之路"这个概念。⑤

① 王小甫等：《古代中外文化交流史》，高等教育出版社，2006，第 12 页。
② 沙畹：《西突厥史料》，冯承钧译，中华书局，1958，第 208 页。
③ 刘凤鸣：《山东半岛与东方海上丝绸之路》，人民出版社，2007，序。
④ 饶宗颐：《蜀布与 Cinapatta——论早期中印缅交通》，《中研院历史语言研究所集刊》第 45 本，1974，载《饶宗颐东方学论集》，汕头大学出版社，1999。
⑤ 陈炎：《海上丝绸之路与中外文化交流》，北京大学出版社，2002，第 385 页。

不过，陈炎的文章《略论海上丝绸之路》首次公开发表于 1982 年第 3 期的《历史研究》上。另一个人是朱少伟，他在 1981 年 12 月 25 日出版的《历史知识》第 6 期上发表了《海上丝绸之路》一文，指出："不少人或许不知道，在古代还有一条与横跨欧亚大陆的'丝绸之路'相并行的海上商路，这就是我国通往西方的'海上丝绸之路'。即使在今天，它仍然是东西方贸易的重要通道。"文章最后提道："1980 年，日本早稻田大学筹备派遣一个以樱井清彦教授为团长的大型调查团，赴埃及福斯塔特了解有关'海上丝绸之路'的情况。"显然，这篇文章受到了日本学者的影响，但我们不清楚朱少伟与陈炎之间是否受到相互的影响。

陈炎的《略论海上丝绸之路》全面探讨了古代中国的海上丝绸之路，包括通向日本及朝鲜半岛的"东海起航线"和通往西方的"南海起航线"。该文章认为，唐代之前是海上丝绸之路的"形成时期"，唐、宋时代是海上丝绸之路的"发展时期"，元、明、清是海上丝绸之路的"极盛时期"。文章比较系统地考察了每一个时期的海上丝绸之路的特点（包括丝绸贸易情况、造船与航海业、航线与港口等），最后阐述了中国丝绸对于世界文明的贡献。

陈炎在《海上丝绸之路与中外文化交流》一书的自序中写道："日本学者三杉隆敏早在 1967 年就出版了《探索海上的丝绸之路》。我当时虽听人说，因自 1957 年我被错划为'右派'（时年四十岁）后，正在劳改，与世隔绝，根本不可能见到此书。……日本自三杉隆敏出版《探索海上的丝绸之路》后，掀起了研究海上丝绸之路的热潮，而中国当时正在'文革'期间，对海上丝绸之路还无人问津。因而有些日本学者就瞧不起咱们中国人，说什么'资料在中国，研究在日本'，意思就是说，中国有资料却无人研究，要研究还得靠日本人。我听了这些话总觉得不是滋味。"[1] 由此可见，陈炎研究海上丝绸之路，也是受到了日本学者的影响。

日本学者三上次男在 1969 年出版的《陶瓷之路》中，把古代连接东西方的海上航路称为"陶瓷之路"。[2] 这个概念后来也为我国学者所

---

[1]　陈炎：《海上丝绸之路与中外文化交流》，北京大学出版社，2002，第 385 页。
[2]　〔日〕三上次男：《陶瓷之路》，胡德芬译，天津人民出版社，1983，第 251 页。

接受。① 也有外国学者把古代东西方的贸易航路称为"香料之路"等。这样，"海上丝绸之路"的概念在我国出现后，就引发了一些讨论。有人认为，古代东西方的海上航路应称为"瓷器之路"，因为"在这条海道上，大量运输的是中国瓷器，这是数量最多的国际贸易货物，因此，这条海上通道应称之为'瓷器之路'。这样的命名并不贬低丝绸的作用和影响"。② 也有人认为，这条海上航路应称为"丝瓷之路"（亦作海上"瓷器之路"或"瓷茶之路"）。③ 陈佳荣后来还提出过"香瓷之路"的概念。④ 此外，还有人把中国与日本之间的海上航线称为"书籍之路"。其实，无论是丝绸、瓷器、茶叶，还是香料、书籍，都仅仅是古代中国与海外各国进行海上贸易的诸多商品中的一种，除了这些商品外，我们还可以列举许多，如钱币、刀剑、玻璃、大米等。而且，在不同的时代，针对不同的区域，中外海商所贩运的主要商品是不同的。因此，根本不可能用某一种商品来全面地概括古代中国与海外各国的海上往来，正如"丝绸之路"也不能完美地概括东西方之间的陆上交通往来一样。由于"丝绸之路"已经成为表示东西方陆上交通路线的约定俗成的概念，所以，将此概念移植到海上交通线上，把古代中国与海外各国的海上航线称为"海上丝绸之路"，也是完全可以的。事实上，经过30多年的使用，"海上丝绸之路"已经成为一个被普遍接受的概念了。

　　目前，学术界普遍认为，丝绸之路实际上可以分为以下几条道路：①"绿洲之路"或"沙漠之路"，指的是由中原地区出河西走廊通往中亚及更远地区的交通路线；②"草原之路"，指的是经蒙古高原通向西方的交通路线；③"西南丝绸之路"或"南方丝绸之路"，指的是从中国西南至印度及中亚的交通路线；④"海上丝绸之路"，指的是中国通向世界其他地区的海上航线。前三条道路，虽然行经的区域不同，但都是在陆地上穿越的，所以我们可以统称其为陆上丝绸之路。海上丝绸之路则是跨越大海的海上航线，它由两大干线组成：一是由中国通往朝鲜

────────────

① 芮传明：《什么是陶瓷之路？》，石源华主编《中外关系三百题》，上海古籍出版社，1991。
② 王建辉：《"海上丝绸之路"应称为"瓷器之路"》，《求索》1984年第6期。
③ 廖渊泉等：《海上"丝瓷之路"》，《航海》1982年第1期。
④ 相关论述见陈佳荣的"南溟网"，http://world10k.com.

半岛及日本列岛的东海航线；二是由中国通往东南亚及印度洋地区的南海航线。

（三）关于丝绸之路形成的时间问题

中外学术界公认，中国与西方通过陆地而进行的文化交往，远远早于公元前138年张骞奉命出使西域。近来有学者认为，在中国的旧石器文化中，就已经出现了大量的"西方元素"。[①] 有学者甚至写道："从旧石器时代早期开始经过中期一直到晚期，在已知'丝绸之路'的北部，在广大的中亚和东亚的北部地区，东方与西方的人群之间的流动以及文化的交流一直存在，它实际上造就了一条史前文化的传播之路，在人类早期文化的发展融合中起到了非常重要的作用，建议将这条在史前时期曾经长长地将东西方连接到一起的路称为'石器之路'　（Lithic Road）。"[②] 另有学者指出，"东西方的最初接触肇始于公元前3000年的新石器时代晚期"，驯化小麦、权杖、冶铜术等就是由西方陆续传播到中国的。[③] 那么，我们能否说陆上丝绸之路开始出现于旧石器时代或新石器时代晚期呢？答案是否定的。因为作为一条交通道路，陆上丝绸之路不仅应当是相对固定的，而且还应当是有一定规模的、比较频繁的双向货物往来。而在旧石器及新石器时代，东西之间并不存在着这样的陆上通道。当时的文化交流，或者是毗邻部落相互学习新技术的结果，或者是由于某些部落的长途迁徙，其过程非常缓慢，充满着盲目性与偶然性。从目前的考古资料来看，大概是在公元前13世纪，出现了从中原地区出河西走廊进入西域的交通路线[④]，这就意味着，陆上丝绸之路东段路线开始形成。可以将这个时间视为陆上丝绸之路最初出现的时间。此后，这条道路不断向西方延伸。[⑤] 张骞成功出使西域，标志着陆上丝绸

---

① 黄慰文等：《中国旧石器文化的"西方元素"与早期人类进化格局》，《人类学学报》2009年第1期，第16~25页。
② 侯亚梅：《水洞沟：东西方文化交流的风向标？——兼论华北小石器文化和"石器之路"的假说》，《第四纪研究》2005年第6期，第750~761页。
③ 李水城：《西北与中原早期冶铜业的区域特征及交互作用》，《考古学报》2005年第3期，第239~277页。
④ 林梅村：《丝绸之路考古十五讲》，北京大学出版社，2006，第58页；王炳华：《丝绸之路考古研究》，新疆人民出版社，1993，第2~3页、第167~168页。
⑤ 杨巨平：《亚历山大东征与丝绸之路开通》，《历史研究》2007年第4期，第150~161页。

之路的"全线贯通"。

　　陆上丝绸之路应当是相对固定的陆上交通线，同样，海上丝绸之路也应当是相对固定的远洋航线，并且为当时的人们所熟悉；航线上应当有一定规模的、比较频繁的、双向往来的船只。根据这个定义，本书赞同如下观点：海上丝绸之路南海航线形成于秦汉之际，即公元前200年左右。① 岭南地区所发现的南越国（公元前203年至公元前111年）时期的象牙、香料等舶来品就是明证。海上丝绸之路东海航线出现的时间大体上与此相同，而此前中国与日本之间的海上联系即使存在的话，也是自中国至日本"单方向的""无组织的"，而且"航海的性质大多为自然漂航"②，根本不存在相对固定的海上航线，更没有被人们所自觉地认识到。

　　目前，许多人认为，海上丝绸之路是陆上丝绸之路的延伸。在笔者看来，这个观点并不正确。海上丝绸之路的出现，是沿海地区航海活动发展的产物，而不是陆上丝绸之路发展的结果。陆上丝绸之路不可能扩展或演变为海上丝绸之路。陆上、海上丝绸之路是在不同的时代、不同的地理条件及历史背景下独立形成的。

　　多数学者认为，1840年爆发的鸦片战争标志着古代海上丝绸之路的终结。③ 但也有学者认为，鸦片战争之后连接中外的海上交通线依然可以称为"海上丝绸之路"。④ 本书认为，古代海上丝绸之路的下限，应是1840年爆发的鸦片战争。理由如下。

　　第一，早在汉朝，中国的帆船就已经进入印度洋地区。唐朝时期，中国船只已经到达阿拉伯半岛沿海。明代郑和下西洋最远到达非洲东海岸。郑和下西洋之后，中国帆船逐渐从印度洋退出。与此同时，葡萄牙人、荷兰人、英国人先后绕过好望角不断东进，并在非洲沿海、阿拉伯半岛、波斯湾地区及东南亚建立殖民地，这样，印度洋地区就成了欧洲

---

① 李庆新：《濒海之地：南海贸易与中外关系史研究》，中华书局，2010，第6页。
② 孙光圻：《中国古代航海史（修订本）》，海洋出版社，2005，第112页。
③ 冯定雄：《新世纪以来我国海上丝绸之路研究的热点问题述略》，《中国史研究动态》2012年第4期，第61~67页。
④ 施存龙：《"海上丝绸之路"理论界定若干重要问题探讨》，林立群主编《跨越海洋——"海上丝绸之路与世界文明进程"国际学术论坛文选》，浙江大学出版社，2012，第18~32页。

人的势力范围，中国帆船则被逐渐排挤出来。"到十五世纪末期，苏门答腊岛以西，已经没有中国船舶的活动。进入十六世纪以后，仍与中国有联系的海外国家，仅限于日本和菲律宾群岛、中南半岛、印度尼西亚群岛上的一些国家。而且，由于其中一部分国家已经为殖民者控制，因而彼此交往的内容也有所变化。"① 不过，17、18 世纪，"即使在封建势力严厉的束缚下，中国帆船仍得到迅速的发展，在东南亚航运和商业上占有重要的地位"。② 鸦片战争之后，中国逐渐丧失主权，一步步地沦为半殖民地国家。西方列强根据他们强加给清政府的一系列不平等条约，以坚船利炮为后盾，借助于先进的科学技术，劫夺了中国的海关管理权，攫取了在中国的航海权，垄断了远洋航运。中国帆船一方面受到西方的严峻挑战，另一方面又得不到清政府的保护，很快消失在远洋航线上，并且最终从远洋贸易中被排挤出局。③ 也就是说，海上丝绸之路是中国人长期主导的远洋航线，而鸦片战争后的远洋航线则是西方主导的。

第二，在 1840 年之前的漫长历史中，往来于海上航线的主要是中国人、阿拉伯人、东南亚居民等众多民族的商船，而且很少发生大规模的武装冲突，海上丝绸之路基本上是一条和平的商贸之路。自鸦片战争开始，行驶在海上航线的不仅有商船，还有西方列强一支又一支的舰队。这些舰队来到中国沿海后，发动了一次又一次的侵略战争。一部中国近代史，也可以说是一部列强军舰的侵华史。从 1894 年起，日本军舰也加入到了瓜分中国的不义之战中。这样，海上航线的性质自鸦片战争起就发生了重大变化，成为西方列强远侵中国的炮舰之路。

第三，鸦片战争之前，航行在大海中的船舶虽然式样各异、种类繁多，但都是木帆船。1840 年之后，英国侵略军的火轮船越来越频繁地出入中国沿海，预示着蒸汽轮船时代的到来。鸦片战争结束后，来到中国的外国蒸汽轮船更是与日俱增，逐渐成为远洋航线的主要船型，并且最终完全取代了木帆船。因此，海上丝绸之路是木帆船时代的航线，而鸦片战争后的远洋航线则是蒸汽轮船时代的航线。

第四，1840 年之前，从海外输入中国的货物主要有各式香料、奇珍

---

① 　陈高华、陈尚胜：《中国海外交通史》，（台北）文津出版社，1997，第 225 页。

② 　田汝康：《中国帆船贸易与对外关系史论集》，浙江人民出版社，1987，第 34 页。

③ 　陈希育：《中国帆船与海外贸易》，厦门大学出版社，1991，第 387 ~ 391 页。

异宝、名贵药材等。这些昂贵的奢侈品，基本上是供上层社会享用的，与普通民众的日常生活关系不大。鸦片战争后，罪恶的鸦片成了输入中国的最重要商品，进口量快速上升，十余年间几乎翻了一番。1847年，仅从上海进口的鸦片就比20年前输入全中国的数量还要多。① 鸦片的大量输入，不仅严重毒害了中国人民，而且还产生了一系列的社会问题。更加重要的是，鸦片战争之后，西方的工业制品大规模地输入中国，并且深刻地改变了中国人的日常生活。从此，火柴取代了火石火镰，煤油取代了古老的灯油，窗玻璃取代了传统的窗纸，机制缝衣针成为家庭日常用品，钟表成为最普通的计时器……此外，西方的机器设备、科学技术、文化知识等也通过海上航线传入中国，不仅导致中国近代工业的产生，而且还影响了中国人的精神世界。

第五，鸦片战争之前，中国沿海民众陆续向外移民，特别是移居到东南亚地区。这些中国移民的主体是各类商人。长期以来，他们是以海上丝绸之路主人的姿态主动地走向海外的，并且在海外享有很高的地位和应有的尊严。鸦片战争之后，更多的中国人扩散到更加广阔的海外各地，但其中的绝大多数人不是作为主人，而是作为苦力，像奴隶那样被贩卖到美洲、大洋洲及其他地区。据估计，鸦片战争结束后的十余年间，出国华工达15万人以上；19世纪上半期，出国华工约为32万人；1850年以后的25年间，高达128万人。② 他们被称为"猪仔"，他们乘坐的船只被称为"浮动地狱"③，他们在途中随时可能死亡。例如，去古巴的华工平均死亡率为15.20%，去秘鲁的为30%，个别地方甚至高达45%。④因此，鸦片战争后的远洋航线，也可以说是中国劳工的死亡之路。

同样是海上航线，鸦片战争之前和之后的差异却是如此巨大，因此不能把它们混为一谈。海上丝绸之路是古代中国通向外部世界的远洋航线，它的历程随着鸦片战争的爆发而结束了。鸦片战争之后，中国远洋航线被迫转型为近代国际航线。

---

① 马士：《中华帝国对外关系史》，张汇文等译，第一卷，上海书店出版社，2000，第613页。
② 萧致治：《鸦片战争史》下册，福建人民出版社，1996，第671页。
③ 严中平：《严中平集》，中国社会科学出版社，2011，第121～132页。
④ 陈翰笙：《华工出国史料汇编》第一辑，中华书局，1985，第13页。

（四）海上、陆上丝绸之路的区别

陆上丝绸之路与海上丝绸之路虽然都是连接中国与世界的大动脉，但差异很大，各有特点。海上、陆上丝绸之路的区别，主要表现在以下几个方面。

第一，产生的时间及后续的影响都不相同。如前所述，陆上丝绸之路大约出现于公元前13世纪，而海上丝绸之路则是在公元前200年左右开始出现的。陆上丝绸之路出现的时间，比海上丝绸之路早了约1000年。而且，在海上丝绸之路形成之后的近千年中，古代中国主要还是通过陆上丝绸之路与外部世界进行交往的，海上丝绸之路则处于相对次要的地位。直到唐朝灭亡之后，随着中国经济文化中心的南移，以及亚洲内陆地区政治局势的持续动荡，海上丝绸之路的地位才不断突显，最终取代了陆上丝绸之路而成为连接中国与世界的主要纽带。特别是在16世纪之后，欧洲人既找到了绕过非洲进入印度洋的航线，又发现了绕过南美洲进入太平洋的航线，从而使海上丝绸之路扩展为环绕地球的航线，成为全球化的坚实基础，并且在世界历史中发挥越来越重要的作用。鸦片战争之后，海上丝绸之路又转型成为近代国际航线。海上丝绸之路对近代世界产生了直接的、巨大的影响。相反，陆上丝绸之路自唐代之后则一蹶不振，日渐衰落，不再是中国通往外部世界的主要通道。因此，我们可以说，陆上丝绸之路是早期中国对外交往的主要桥梁，海上丝绸之路则具有后发优势。

第二，分布的方式各有特点。陆上丝绸之路就像是一条延绵的线条，蜿蜒曲折地穿越崇山峻岭、戈壁沙漠、乡村城镇。如果这一线条的某一部位出现了断裂，整个交通路线也就不再畅通了。这样，陆上丝绸之路的繁荣，主要取决于沿途国家政治局势的稳定和各国之间相互关系的和谐。不幸的是，在漫长的历史中，众多民族争相登上亚洲内陆这个辽阔的舞台，并且上演了国家兴亡、王朝更替、民族迁徙、暴力征战等一出出大戏，致使陆上丝绸之路经常中断。此外，自然原因导致的地形、地貌的重大变化，也会使陆上丝绸之路受阻或改变路线。海上丝绸之路则是由多条航线构成的网络，分布在浩瀚的大海上，四通八达。在木帆船时代，无论哪个群体、政权，都无法完全垄断这些航线，更没有力量去改变或阻断这些航线。而且，随着造船技术、航海技术的发展，人类对海洋认识的不断加深，新的航线还会得到拓展和延长，这个网络会变得越来越宽广、越来越细密。海上丝绸之路这一交通网络的枢纽，就是沿海的各个港口，它们将不同的航线连接起来，将海洋与内陆连接起来。一个港口可能会由于自然的原因而淤塞，但不可能由于人为的原因而长期完全关闭。例如，明清时代的统治者们曾经实行过严厉的海禁政策，但也阻止不了民间私人海外贸易的兴起。由于海上航线及沿海港口具有这些特点，所以海上丝绸之路不仅没有由于世界历史的剧烈动荡而中断过，而且还获得了日益蓬勃的生机。

第三，运输方式的差异。陆上丝绸之路主要依靠被誉为"沙漠之舟"的骆驼来运输货物。骆驼分为单峰驼与双峰驼，行走在陆上丝绸之路上的是双峰驼。唐代诗人就用"无数铃声遥过碛，应驮白练到安西"的诗句来描述陆上丝绸之路。古代艺术家也曾形象生动地描绘过骆驼。[①]一头成年雄性骆驼，可以运载 115～295 公斤的货物。[②] 一支驼队，少则由几十头骆驼组成，多则几百头或上千头。例如，公元 4 世纪后期，吕光受符坚的派遣征讨西域获胜后，"以驼二千余头"运载着大批珍宝凯旋。[③] 19 世纪前期，法国入华遣使会会士古伯察（Régis-Evariste Huc）在从北京前往拉萨的途中，甚至见到过一支由 1 万多头骆驼组成的驼队。[④] 不过，如此庞大的驼队显然是罕见的，一般的驼队不可能有如此大的规模。海上丝绸之路则要借助于帆船来进行运输。1974 年，在泉州发现了一条宋代沉船，载重量约为 200 吨。1846 年，英国商人购买了一艘建造于广东的帆船"耆英号"，其载重量约为 350 吨，"这是清代有记录的最大商船"。[⑤] 此外，清代从上海开往日本的商船，"大者载货 50 万～60 万斤，中者 20 万～30 万斤，小者万斤左右"。[⑥] 如果按照每头骆驼平均载重量 150 公斤来计算[⑦]，即使是载重量 1 万斤左右的小型帆船，

---

① 齐东方：《丝绸之路的象征符号——骆驼》，《故宫博物院院刊》2004 年第 6 期。
② J. B. Friedman and K. M. Figg, ed., *Trade, Travel, and Exploration in the Middle Ages*, p. 95, New York & London, Garland Publishing, Inc., 2000.
③ 魏收：《魏书》卷九五，中华书局点校本，1975，第 2085 页。
④ 古伯察：《鞑靼西藏旅行记》，耿昇译，中国藏学出版社，1991，第 165 页。
⑤ 杨槱：《帆船史》，上海交通大学出版社，2005，第 61 页、第 69 页。
⑥ 辛元欧：《上海沙船》，上海书店出版社，2004，第 72 页。
⑦ 张军华：《奇台驼运业与近代丝绸之路》，《新疆地方志》2010 年第 2 期。

也相当于一支由 30 多头骆驼组成的驼队，更遑论中型与大型的帆船。因此，海上丝绸之路的运输能力要大大超过陆上丝绸之路。此外，由于海陆运输方式的不同，像瓷器这样的易碎品就不可能成为陆上丝绸之路的主要商品，而只能成为海上丝绸之路的大宗货物。

第四，对科学技术依赖程度的不同。在陆上长途行走固然需要一定的科学知识，例如，利用星辰来辨别方向，但相比之下，海上丝绸之路对科学技术的依赖程度更高。海上航行，不仅需要发达的造船技术，还需要丰富的航海气象知识、航海水文知识、地文航路知识、天文导航知识，以及熟练的航海技术。只有当人类的科学技术积累到一定水平时，远洋航行才能成为可能。这也是海上丝绸之路的出现时间要大大晚于陆上丝绸之路的一个重要原因。同样，随着科学技术的逐渐发展，海上丝绸之路也就越来越繁荣了。

第五，外来民族移居方式的不同。历史上，陆上丝绸之路不仅是商贸路线，而且还是许多民族进行大规模迁徙的通道，例如，秦汉时期的各种"胡人"，唐宋时代的突厥人、回鹘人，元代的波斯人等。这样，陆上丝绸之路就成了众多民族交融的大熔炉，并且形成了色彩斑斓的民族文化。相比之下，海上丝绸之路只能借助于船只，而船只的运输能力又是有限的，更不可能将整个民族运送到大海的彼岸，所以海上丝绸之路上没有发生过大规模的民族迁徙。只有在海上丝绸之路的主要港口城市中，才出现过一些以外国商人为主体的聚居区。不过，这些外国侨民在整个城市总人口中所占的比例是不高的，而且，随着时代的变迁，大多被当地居民所同化。

（五）古代海上丝绸之路与"21 世纪海上丝绸之路"

2013 年，面对复杂多变的国际形势，中国共产党和国家领导人高瞻远瞩，以宽阔的全球视野，提出了建设"丝绸之路经济带"和"21 世纪海上丝绸之路"的重大倡议，从而赋予古老的海上丝绸之路以新的意义与生命，并为更加全面深入地研究海上丝绸之路提供了强劲的动力。那么，古代海上丝绸之路与"21 世纪海上丝绸之路"是什么关系呢？这个问题从来没有人讨论过，下面略陈管见。

笔者认为，古代海上丝绸之路指的是 1840 年之前中国与海外国家之间的政治、经济、文化交往，而"21 世纪海上丝绸之路"，就目前而言，则是指新世纪中国与东盟及其他国家和地区之间的合作，所以两者之间差异很大，不能完全等同起来。例如，就国际政治而言，古代中国是在朝贡体制下与海外国家发生联系的，中国被认为是世界文明的唯一中心，海外国家则被认为是落后的"蛮夷"，应向中国称臣纳贡；而现代中国与其他国家的关系，是建立在互相尊重领土主权、互不侵犯、互不干涉内政、平等互利、和平共处五项原则之上的平等关系。就技术而言，古代海上丝绸之路是木帆船时代中国与外国之间的海上交往；"21 世纪海上丝绸之路"则是建立在先进的现代科技之上的，中国与外国的联系是立体的，不仅有发达的海上航运，而且还有航空运输，以及无形的电子通信技术。就合作领域而言，古代中国与外国之间的合作主要是官方外交、商品贸易、文化交流；而在今天，中国与东盟及其他国家和地区之间的合作领域大大扩展，除了政治外交、商品贸易、文化交流之外，还有许多领域是古代根本没有的，例如，共同打击跨国犯罪、共同维护网络安全、共同防范金融风险、共同保护海洋环境等。所以，有学者说，"21 世纪海上丝绸之路"只是借用了海上丝绸之路这个"富有诗意的名词"来描述中国与东盟及其他国家和地区之间的合作。①

　　但是，古代海上丝绸之路与"21 世纪海上丝绸之路"之间又存在着非常密切的联系。例如，"21 世纪海上丝绸之路"所连接的国家及地区，正是古代海上丝绸之路所途经的，两者在地理范围上高度重合。再如，如今虽然有发达的航空及现代通信技术，但海上航线依然是中国与这些国家相互往来的最主要通道，海上航运依然是中国与这些国家进行货物贸易的主要形式。更重要的是，古代海上丝绸之路与"21 世纪海上丝绸之路"在精神层面及内在性质上有着共通性。在两千多年的岁月中，中国与海外国家的交往一直是以和平的方式进行的，而不是借助于征服、杀戮之类的暴力方式。所以，中国与其他国家之间的古代海上丝绸之路，始终是和平之路、合作之路、友谊之路，完全不同于 1500 年之后欧洲人的海外扩张。地理大发现时代开始的欧洲海外扩张，一直是通过征服、霸占、殖民来实现的。当前，中国政府提出的"21 世纪海上丝绸之路"，同样是和平之路、合作之路、友谊之路。因此，古代海上丝绸之路与

---

① 何必成：《2013：中国的周边外交》，《新民周刊》2013 年 10 月 28 日。

"21世纪海上丝绸之路"在精神层面及内在性质上有着共同的特点。也正因为如此，当中国提出建设"21世纪海上丝绸之路"的倡议后，迅速得到了东盟及其他国家的响应与好评。这样，研究古代海上丝绸之路，有助于进一步发掘中国与东盟及其他国家和地区的历史联系，深化中国与这些国家之间的传统友谊，总结历史经验与教训，推动"21世纪海上丝绸之路"的建设，开启中国与东盟及其他国家和地区合作的新纪元。

陆上、海上丝绸之路各有特点，它们共同构成了古代中国连接外部世界的大动脉，从而促进了中外文化的交流，增进了中外人民的友谊，丰富了中国文化的内涵，推动了世界文明的进步，在人类历史上留下了永不磨灭的印记。进一步研究古代海上丝绸之路，不仅是海洋强国建设的内容之一，而且还将以特有的方式助力"21世纪海上丝绸之路"的建设。

二　港口经济圈的内涵与特征

（一）港口经济圈的内涵

对于港口经济圈这一概念，目前在理论界尚未统一界定。但由于港口具有明显的区位优势型经济特征，在一些对港口经济的描述中，或多或少体现了港口经济圈这一概念的雏形。港口经济圈是港口经济与经济圈的集合。

1. 经济圈

经济圈通常指某一特定区域范围内的经济组织形态，常为城市群体的集合或在国家经济总量（GDP）中占有很大比重的区域，并对区域经济乃至全球经济产生重要影响，是区域经济的重要组成部分。经济圈按照不同的功能和定位细分，又有了城市经济圈、产业经济圈、交通经济圈等不同的提法，城市经济圈重心在城市群，产业经济圈重心在产业之间的联系，交通经济圈则侧重于交通的通达性。我们这里讲的港口经济圈，从分类角度可以划归为交通经济圈的范畴，偏重于港口在经济圈中的核心带动作用。

2. 城市经济圈

法国学者Gottmann（1957）首次提出城市经济圈的概念，他认为经济圈是以一个或多个经济较发达并具有较强城市功能的中心城市为核心，包括与其有经济内在联系的若干周边城镇，经济吸引力和经济辐射能力能够达到并能促进相应地区经济发展的最大地域范围。城市经济圈是城市化过程中一种特殊的经济与空间组织形式，它是在一定地理空间范围内，以中心城市为核心，由不同等级或规模的城市所组成的巨大的城市区域，这些城市是由一组经济活动关联的经济地域单元组合而成的，在地域经济的高速发展过程中，城市之间相互作用，致使城市间的地域边界相互蔓延，形成联结成片的大城市群。城市经济圈是建立在区域市场整合基础上的地域空间组织形式，是全新的国家参与全球竞争与国际分工的基本地域单元。经济全球化对全球经济产生了重要的影响，城市经济圈内是一个开放的系统，经济圈与周围区域进行物质和能量交换的同时，内部的城市之间也不断地进行物质、能量、人员和信息的交换，这种交换体现了城市间的空间相互作用。这种空间相互作用的不断发展使得城市有了新的发展趋势，现在经济圈逐渐成为国际生产力分布体系和劳动地域分工中的新的空间组织形式。

3. 港口经济

关于港口经济，国内外已基本形成了一致性的概念，可以从狭义和广义两个维度来理解。从狭义的角度来看，港口经济是以港口为依托，以各类功能区域为载体，以临港产业集群为主体，组成的开放型、辐射型的产业经济形态。港口经济主要由三部分组成：港航产业以及内陆集疏运体系产生的运输物流经济；依托港口资源发展的城市临港产业经济，如临港重化工业、装备制造业、造船业等；港航业带动的相关服务业经济，如金融业、保险业、咨询业、信息业等。从广义的角度来看，港口经济是指以港口产业为依托，以港口城市为载体，以综合运输体系为动脉，以广阔的经济腹地为支撑的区域经济体系。在这种定位下，港口经济既包括港口相关产业经济，也覆盖了城市经济乃至区域（腹地）经济，其研究范畴从港城发展延伸到区域经济发展。广义上的内涵趋向于区域经济，与经济圈内涵亦有重叠之处。

4. 港口经济圈

港口经济圈是广义的港口经济与经济圈的结合体，是港口经济与经济圈的集合。传统意义上，"港口经济"是以单个港口为依托，以相应功能区为载体，以相关临港产业集群为主体，由运输物流经济、临港产业经济、航运服务经济组成的开放型、辐射型的产业经济形态。而"经济圈"则是生产布局的一种地域组合形式，主要从地域的自然资源、经济技术条件和政府的宏观管理出发，组成某种具有内在联系的地域产业配置在空间上的表现形态。由此可见，"港口经济圈"具有优化区域资源配置及产业功能提升的双重含义。

由此可见，所谓"港口经济圈"是涵盖港口、交通、产业、贸易、城市、生态、文化等要素的有机综合体，以核心港口与区域港口群为依托，以中心城市与区域城市群为载体，以综合运输体系为动脉，以临港产业与广阔经济腹地为支撑，以商贸合作与文化交流为纽带，以生态建设与可持续发展为宗旨的区域经济体系，也是港口经济在空间上的表现形式。

在此定义下，"港口经济圈"更加强调港口内的资源整合与港口间的协同发展；更加强调港口与产业、港口与城市、港口与腹地经济的有机融合；更加强调港口对资金、信息、人才等生产要素的集聚；更加强调港口综合运输体系与高效、低成本物流通道的构建；更加强调港口与人文环境和生态环境的和谐；更加强调港口对区域资源的引导与配置作用。

（二）港口经济圈的特征

港口经济圈与经济圈、城市经济圈等概念相比，有共同特征也有其独特之处。其特有的特征表现为以下几点。

1. 空间结构呈现"点 - 线 - 面"的双向梯次发展效应

从空间维度考察，港口经济圈呈现"点 - 线 - 面"的双向梯次发展效应。"点"即港口的极化效应。依托港口的区位和国内外开放性优势，吸引生产要素向港口及港口城市集中，推动港口经济规模发展，促进港口城市经济实力不断增强，形成港口的极化效应。"线"即线性辐射。港口经济圈对外功能辐射一般沿港口航线、多式联运，甚至信息网络所依托的贸易走廊和产业走廊等进行，在沿线的经济区域之间产生相向的聚集与扩散，形成相对密集的要素流，从而形成区域内相对发达的轴线经济。"面"即圈层带动。整个港口经济圈依托"点 - 线"形成若干环状空间组团，形成渐进辐射型圈层体系，使极化效应产生的规模经济在更大的范围内表现出来，同时也进一步推动港口作为极化点的发展。根据影响强弱及功能组织的不同可划分为若干圈层，港口经济圈通常包括核心圈（港口所在区域）、覆盖圈（直接腹地区域）、辐射圈及影响圈等。港口经济圈辐射范围的大小在很大程度上是由港口与各圈层区域之间贸易和产业的联系紧密度所决定的，物流则是纽带和基础。

港口经济圈辐射力不同于城市经济圈。港口经济圈的辐射力强弱除与某地区离核心港口的距离有关外，还和港口地与某地区的交通通达便捷性、同区域港口间竞争、产业联系度、经贸合作关系、人文历史联系等密切相关。港口存在，其经济圈即存在，其圈层结构在空间上呈"点－线－面"明显特征，也可认为其具有"有核无域、圈层泛化"的形态。其特征模式见图2－1。

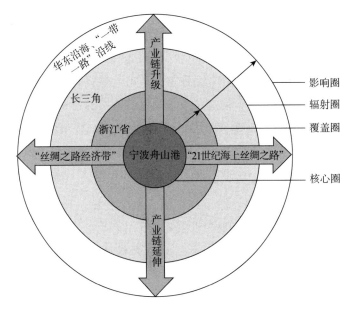

图2－1　港口经济圈圈层带动示意

宁波舟山港是浙江港口经济圈的空间核心，浙江省是主要覆盖区域，长三角区域及国内腹地城市是直接辐射圈层，华东沿海及"一带一路"沿线则是影响圈层。

第一层：核心圈（宁波舟山港辖区）。以宁波的镇海港区、北仑港区、大榭港区、穿山港区、梅山港区、象山港区、石浦港区，舟山的金塘港区、六横港区等港区及各港区后方的物流园区、临港产业园区所辖范围为核心形成的区域。通过国际强港建设，打造国际航线和集装箱海铁联运通道贸易物流线，形成强大的经济辐射力。

第二层：覆盖圈（浙江港口联盟）。以宁波、舟山为核心，由嘉兴、杭州、湖州、台州、温州等港口共同组成的一体化港口经济覆盖圈（浙江港口联盟，覆盖浙江全省）。利用宁波舟山港强大的海运网络及便捷的集疏运通道，拉动港口直接腹地城市经贸发展，打造覆盖长江三角洲南翼的港口服务供应链，增强对国际和国内的综合服务能力和发展带动力。

第三层：辐射圈（长三角及华东沿海港口）。依托宁波舟山港航服务的渐进式影响，将浙江港口城市圈和直接腹地经济圈外延至长三角区域和华东主要地区，构建互为依托、紧密联系的区域合作机制与高效便捷的物流运输大通道，形成以宁波舟山港为核心，以东部沿海港口、内河与内陆港为节点，共同组成港口经济辐射圈。

第四层：影响圈（"一带一路"及长江经济带）。围绕"一带一路"倡议和长江经济带国家战略，依托浙江海洋经济示范区、江海联运服务中心、海铁联运综合试验区建设，增强港口服务影响力，将浙江港口经济圈进一步扩展至长江经济带沿线省市与丝绸之路沿线国家和地区，形成以浙江港口为核心，协调沿江、沿海港口群及长江经济带、丝绸之路沿线物流枢纽，共同构建跨区域、跨国际的港口经济影响圈。

2. 产业依托港口呈链式集合发展

从产业维度考察，港口经济圈产业依托港口集群发展，是港口经济最显著的特征。现代港口产业已不只是运输装卸服务，是一个拓展了基本运输装卸业服务功能，并利用发达的信息技术，向临港工业、港口物流及港航服务业扩展的产业集群。我们也可以将现代港口产业划分为港口物流业、临港工业、航运服务业和信息产业四大产业。港口物流业是以码头装卸业为中心，延伸发展船代、货代、仓储、运输等水上、陆上一体化的物流产业；临港工业是依托港口优势，顺应国家及城市经济发展阶段而形成的临港重化工、加工、制造、船舶等实体产业集群；航运服务业是为港口现代物流和临港产业发展提供综合服务功能的金融、保险、商贸、咨询、经纪等服务产业；信息产业依托现代信息技术，贯穿前述三大产业形成港口内外部产业有效衔接共享的信息服务、交易、结算等服务产业。支撑港口经济的产业是沿着港口物流业、临港产业、航运服务业和信息产业链式拓展，分别向其上下游两端发展。

同时，随着区域经济一体化与城市产业结构转型升级的深入，港口经济发展模式正逐步从"低附加值"向"高附加值"转变。港口经济圈不仅要推动港口产业转型升级，沿物流化、高端化向"微笑曲线"两端延伸，更要通过发挥区域经济的综合优势，将产业的"微笑曲线"整体向上平移，形成产业链、供应链、价值链、创新链、服务链等环环相扣、紧密衔接的发展链条，如图 2 - 2 所示。

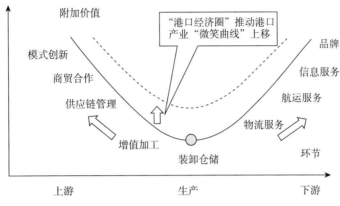

图 2 - 2　港口产业的"微笑曲线"

3. 市场功能呈现多维度融合发展

从市场功能维度考察，港口经济圈是依托港口的发展而形成的，但某些市场功能不能单纯依赖港口产业，如文化交流与贸易合作往往起到支撑作用。港口经济圈的概念已跳出了传统的港航、港产和港城领域，是集聚了经济圈内交通、服务、文化、产业、贸易、投资、信息与生态等多维度、多功能的综合圈。伴随着港口的发展，形成了以上多功能要素，尤其是形成了国内和国际双方开放市场，如国际大宗商品贸易市场、航运金融市场、区域贸易合作平台等。港口经济圈建设就是要充分利用港口发展已形成的诸多要素资源，发挥市场在资源配置中的决定性作用，促进圈内产业合理布局和要素的自由流通，加强圈内各经济节点的全方位衔接，形成以港口经济资源（要素）为中心的，多功能综合的、协同发展的区域经济实体。

第二节　基础理论

一　区域经济学视角下的港口经济圈理论

港口经济圈发展理论，实际上也是区域经济一体化的发展理论。在区域经济学的视角下，西方学者提出了若干种理论，这些理论为港口经济圈的研究奠定了坚实的基础。

（一）梯度转移理论

梯度转移理论主张的是发达地区带动欠发达地区，进而带动整个区域经济的发展。但是，该理论也存在一定的局限性。同一个区域内，每个地区发展不平衡，发达地区有落后的，落后地区也有相对发达的，造成一个区域内难以科学划分梯度。如果是人为限定按梯度推进，那么极有可能进一步拉大地区间的发展差距，使发达的地方更发达、落后的地方更落后。日本学者小岛清的"雁行模式"与梯度转移理论类似。他将中国、东盟、亚洲"四小龙"以及日本等国家和地区分类为不同的发展梯度，并且雁行形态论在生产按比较优势在国家和地区之间转移这一问题上，与弗农的产品生命周期理论具有相似之处。

（二）增长极理论

增长极概念最初是由法国经济学家弗朗索瓦·佩鲁（Perrour）提出来的，是20世纪40年代末50年代初西方经济学家关于一国经济平衡增长或不平衡增长大论战的产物。起初，它是一种用来描述关键产业对相关产业的联系效应、乘数效应等经济关联的理论。在理论提出初期，许多区域经济学者将这种理论引入地理空间，用它来解释和预测区域经济的结构和布局。后来，法国经济学家布代维尔（J. B. Boundvllie）将增长极理论引入区域经济理论中，之后美国经济学家弗里德曼、瑞典经济学家缪尔达尔、美国经济学家赫希曼分别在不同程度上进一步丰富和发展了这一理论，使区域增长极理论的发展成为区域开发工作中的流行观点。理论发展到后期，增长极已不再单指有形实体，它还包括一切能够促进经济增长的积极因素和生长点，包括制度创新、对外开放度、消费热点等。点轴系统理论吸收了"增长极"作为区域发展极点的观点，并成功地将其转化为点轴系统理论的重要骨架——"点"（各级中心城市）。增长极理论是点轴系统理论"点"的思想源泉。

增长极存在"极化"和"扩散"效应。该理论的主要观点是，应加大力度培育具有区位优势和条件好的产业成为经济增长极，并借助增长极的极化和扩散效应，带动区域及其周边地区产业的发展，实现区域经济的整体带动。极化效应主要表现为资本、技术、劳动力等生产要素向极点聚集，为自身的发展创造条件、产生规模经济效益；扩散效应通过极点的创新成果和技术的扩散带动周边腹地的发展，主要表现为生产要素向外围转移。这种以空间单元作为增长极的研究，强调中心地作为"增长极"对区域经济发展的带动作用。增长极可以是位于城市中心并通过扩散效应带动周边区域经济增长的相关产业的空间积聚，也可以是带动周边区域经济增长的城市中心。在发展的不同阶段，极化效应和扩散效应有明显的强弱交替。在增长极的发展初级阶段，极化效应作用很大，但是发展到一定程度以后，极化效应明显减弱，此时扩散效应逐渐加强。增长极理论的实际操作性较强，但忽略了在增长极的培育过程中，可能会存在与周边地区差距扩大等问题，如产业增长极与其他产业的不协调分工等。

（三）倒 U 型理论

在此之前的学者更多关注于理论的阐述。1965 年，威廉姆逊在《区域不平衡与国家发展过程》应用增长极理论预测了欠发达地区经济发展前景。他收集了 1950 年 24 个国家的区域收入、人口信息等，利用截面数据分析和时间序列分析得出以下结论：一个国家的经济发展水平与区域不平衡程度之间是倒 U 型的关系。在经济发展初期，区域间的收入差距扩大，二元结构逐步增强；当经济发展到一定程度，在国家经济成长和发展较为成熟的阶段，区域间的差距逐渐缩小，趋向于均衡发展。这一结果揭示了经济发展与区域发展不平衡之间的相互关系，为制定区域发展战略提供了理论依据。倒 U 型理论不仅缓解了区域平衡发展与不平衡发展之间的矛盾，也说明了扩散效应和回流效应影响的大小和强度的关系。

（四）比较优势理论

大卫·李嘉图发展了亚当·斯密的绝对优势理论，提出了比较优势理论。他认为，两国在进行国际贸易时，对于两种商品的生产处于绝对优势地位的国家和处于绝对劣势地位的国家，应该遵循"两利取其重，两弊取其轻"的贸易原则进行分工和交换，也就是说，每个国家都应当集中生产力生产并出口本国具有比较优势的产品，进口本国具有比较劣势的产品。在这种贸易原则下，世界的产出可以增加，劳动生产率也得到了提高，进行商品交换的两国在节约社会劳动的同时也增加了可消费的产品。作为国际贸易理论框架中影响深远的一个重要理论，大卫·李嘉图的比较优势理论为以后的国际贸易理论的发展指明了正确的方向。

本书认为，纵观各种贸易理论，"比较成本优势"具有深刻的内涵和广泛的外延，现在看来，依然具有旺盛的生命力以及本质的解释力。"比较优势"的概念形成时期是古典经济学时期，但不同时期的国际贸易理论本质上都是在寻求产生比较优势的原因，只是从不同侧面进行研究。因此，不论是要素禀赋优势，还是交易效率优势，又或者是规模经济等竞争优势，都是类型不同、来源不同的比较优势。从成本的角度上看，此时的比较优势就是同一种产品在不同国家生产时的机会成本差异。毫无疑问，国际贸易实践在不断发展，比较优势理论也在一定程度上与时俱进，不断完善和发展，有必要对成本、比较成本、比较成本优势这些概念进行再认识，从国际贸易成本视角挖掘比较优势理论的深刻内涵和外延。

本书通过对国际贸易成本的广义化拓展，以"比较成本优势理论"作为本书的理论支点。"比较成本优势理论"涵盖以下几点：①探讨国际贸易的动因时主要立足于供应视角和贸易成本因素；②从国际贸易广义运输成本而不是纯粹的生产成本视角分析和认识成本；③始终坚持比较优势"两利相权取其重，两弊相权取其轻"的内核思想。

（五）区域极化模式下的港口经济圈发展展望

在对港口经济圈的未来发展进行展望以前，首先从区域经济的发展阶段、港口产业的演变和发展以及区域极化理论方向出发，从理论上逐个分析港口、区域未来的发展方向，从中找到相似点，归纳出港口经济的未来发展方向。

1. 区域经济的发展阶段分析

首先分析区域发展的背景，随着经济发展的推进，区域经济进入工业化后期发展阶段。区域经济发展阶段的主要特征是第三产业开始迅速增长，成为地区经济发展的主要贡献者，其中，第三产业中的新兴服务业的发展速度尤为突出，也就意味着港口产业分类中的关联产业在这一阶段将在区域经济发展的大环境中得到迅速的发展。

2. 港口产业发展趋势分析

研究港口产业在不同的发展阶段中的演变也能得到和上段类似的结论。随着港口产业的不断发展，在地域空间上表示为，围绕核心港口呈现类似同心圆一样的波浪式扩张，从里到外依次为共生产业、依存产业和关联产业。而且，不同产业的空间扩张能力是不同的，与港口的关系越密切的产业对港口的依赖性越强，摆脱港口的空间扩张能力就越弱。一般来说，关联产业的扩张能力要大于共生产业和依存产业。由此得到结论，当港口带动经济发展到一定程度，直接产业得到一定的发展以后，关联产业必然进入迅速发展阶段。在关联产业逐渐成熟以后，港口经济引擎逐渐由港口向港口的关联产业过渡，同时随着关联产业的不断壮大，港口辐射区域的范围也将不断扩大。

3. 区域极化理论分析港口经济圈发展趋势

按照区域极化理论所述，在地区经济发展之初，应该选择一些基础较好的区域优先发展，将公共投资适当集中于此，通过其他各种政策的制定，鼓励和扶持该区域的发展。随着经济的发展，港口所在区域逐渐成为区域经济发展的中心，起到带动区域经济发展的作用。但是由于港口这一增长极的出现，必然使区域经济的发展形成一个二元的空间结构，即将经济系统空间分为受到港口辐射的区域和不能受到港口增长极拉动的区域，受到辐射的区域发展条件好，经济效益高，处于经济发展的支配地位；不能受到辐射的区域发展条件较差，经济效益较低，处于被支配地位。而经济发展必然伴随着各种生产要素由发展条件不好的区域向发展条件好的区域发生转移，那么在经济发展之初，这种单极拉动的二元经济发展结构将十分明显。这在经济学家威廉姆逊（J. G. Wilia-mson）于 1965 年提出的倒 U 模型中也可以得到理论支持。

经济学家威廉姆逊（J. G. Wiliamson）通过收集 1950 年 24 个国家的区域所得、人口资料计算后研究提出了倒 U 模型，即区域的差异程度随一国的经济发展水平提高而呈倒 U 型变化。倒 U 模型认为：区域经济发展之初，区域成长的差异将会扩大，地区倾向不平衡成长。之后，随着经济成长，区域不平衡程度将趋于稳定；当发展成熟之后，区域成长差异逐渐缩小，趋于均衡发展。

在经济发展期间，区域间的不均衡和均衡是通过两种效应实现的，分别是扩散效应和回流（吸收）效应，又被称作渗透效应和极化效应。扩散效应或渗透效应是指所有那些导致发展刺激向空间扩散的机制，它对相邻的区域形成积极的推动，把发展的刺激在空间上向外扩散。相反，回流（吸收）效应或极化效应是指积极的发展刺激对它周边施加了消极的影响，区域的中心地区更加繁荣，吸引了周边地区的竞争要素，使周边地区的发展遭到破坏，强化了区域间的发展差距。当扩散效应小于回流效应时，区域差距拉大，出现了非均衡的发展情况；当扩散效应大于回流效应时，区域差距就会缩小，发展也进入均衡状态。所以在经济发展之初，二元经济发展结构显著的现象符合倒 U 模型中的论述，即在经济发展初期地区间不平衡差异将会被拉大。随着经济进入起飞阶段，区域经济发展的最终目标不是两极化差距的加大，而是趋于均衡，这种发展趋势可以从倒 U 模型中找到理论依据，即随着区域经济发展成熟以后，成长差异逐渐缩小，经济趋于稳定发展。在经济趋于成熟期间，政府必然会通过政策的干预，来控制影响差距大小的扩散效应和回流效应，通过扩大扩散效应和减小回流效应实现均衡的发展目标。而且这种由开始时的不均衡增长向均衡增长的转变，在区域经济发展理论的倒 U 模型中也通过实证研究证实。

如何实现扩大扩散效应和减小回流效应，政府在制定政策的过程中必然要结合地区经济发展的具体情况。在区域发展进入工业化后期发展阶段后，第三产业进入高速发展阶段，成为区域经济增长的主要贡献者。第三产业的发展不像港口的发展那样受到地域的限制，结合政府缩小由港口单极拉动形成的二元结构之间的差距的政策导向，鼓励和扶持第三产业的发展，使第三产业成熟后打破原来的单极发展模式，形成以第三产业多种行业为主导的多极拉动模式。

因此，综合上述观点可以得出，关联产业的迅速增长，将使其最终取代港口在上一阶段增长中心的位置，成为区域发展的新引擎。同时，可以看到，港口的关联产业成为新的经济发展动力后，并不像港口那样受到地域的发展限制，关联产业大都属于第三产业的范畴，产业内部行业形式的多样化和其发展地点选择的灵活性，使其辐射能力不断增强，辐射范围也会更为广阔，并且将使原来的由港口发展带动其他产业的单极拉动的增长模式变为由第三产业承担的多极发展格局。特别是随着区域经济的进一步发展，进入后工业化社会阶段，制造业内部由资本密集型向技术密集型产业为主导转变，第三产业增长对地区经济的拉动作用将更加显著。结合实际发展情况，从日本和美国的一些港口城市的发展可以看出，港口经济并不是世界上最发达的经济类型，即世界上最发达的城市不一定是港口城市，即使在国土经济分布受到沿海平原和港口最大约束的日本，"大进大出"的沿海港口工业已经开始让位于技术创新、能力更强的制造业部门和服务业。这样港口在区域经济发展中的作用也随着区域经济发展阶段的不断推进发生着改变，由港口作为区域经济发展的增长中心，逐渐被港口关联产业的崛起所替代。

二　产业经济学视角下的港口经济圈理论

（一）产业集群理论

产业集群作为一种组织形式，其发展与产业结构调整、技术创新以及国家和地方经济发展关系十分密切，从亚当·斯密开始就有许多学者开始对其进行研究探讨，亚当·斯密时期虽然没有明确提出产业集群的理论，但在当时他就发现了生产分工和专业化生产会提高效率，因此，他对提高效率的原因进行了分析，并把分工划分为几种不同的形式：企业内分工、企业间分工和社会分工。企业间分工其实就是产业集群理论的最初形式。之后又有许多学者如马歇尔在1890年出版的《经济学原理》中提出了两个重要概念："内部规模经济"和"外部规模经济"。而其外部规模经济概念就是指在特定区域内，由某种产业的集聚发展所引起的该区域内生产企业的整体成本下降。德国经济学家韦伯在其著作《工业区位论》中从产业集聚会引起企业成本降低的角度说明了产业集群形成的动因。他认为能使成本降到最低的区位就是最佳的区位，而产业的聚集能够使企业的成本降低。熊彼特则从技术创新角度探讨了产业聚集的现象。他将知识溢出、创新、技术进步与经济增长和贸易的关系结合起来，认为技术创新活动易于在产业集聚核心区域发生，没有技术创新活动支撑的产业集聚是不可持续的。同时，他也认为技术的创新与发展一定程度上会降低贸易成本；反之，贸易成本的降低会促进产业的进一步集聚。

当今最为流行或者说得到认可的产业集群的观点则来自波特，波特从竞争经济学、管理学的视角阐述其产业集群理论。他认为竞争导致产业倾向于向某一区域集中，产业集群对于提升产业和国家的竞争能力非常重要，一国的竞争优势很大程度上取决于产业的竞争，产业的发展更多是在一国的某几个区域内形成。波特提出了著名的"钻石模型"理论，该模型包括了四个主要的环境要素，即需求条件，要素条件，相关企业和支撑企业的表现，企业的战略、结构与竞争。而每一个环境因素都包含了地理集中的内涵。波特认为产业集群的产生过程必然会伴随着激烈的市场竞争，这也是产业集群形成的必要条件；同时，波特还强调地区禀赋和当地政府战略的影响，认为政府的作用就是为产业集群的产生和发展创造一个竞争性的、创新的环境，使产业集群的发展与升级更顺畅。波特的产业集群思想成为当今产业集群研究的标准范本，对于一国城市圈经济发展政策的制定具有重要的现实意义。

（二）可持续发展理论

当前人类的发展面临着日益严重的人口膨胀、资源逐渐耗尽以及不断恶化的环境问题，针对这些不利的变化，我们需要认真考虑人与自然到底是怎样一种关系，是依然坚持固有的攫取自然资源的发展方式还是与自然协调发展的新理念。国际自然保护联盟在 1980 年提出并起草了《世界自然资源保护纲要》，纲要中提出保护自然资源与经济发展合理结合，在保护自然资源可持续发展的前提下，合理发展经济，合理利用生物圈，使自然资源不仅满足当代人的需要，更要为子孙后代的需求考虑。人与自然和谐发展的理念自提出开始就历经多次修改，为后来的可持续发展理论奠定了一定的理论基础。世界环境与发展委员会《关于人类共同未来的报告》对于可持续发展这一理念的延续和传播起到极大的推动作用。该报告中对可持续发展也进行了定义，即自然资源既要满足当代人的需求，又不对后代人需求构成危害的发展。可持续发展定义中包括了两个基本的概念：首先是关于人类需求，尤其是世界上穷人的基本需求，即人类的基本需求应该被首先满足；其次是环境限度，对于环境的破坏不能没有底线，否则人类赖以生存的空间将被彻底破坏，人类的生存也将面临严峻的挑战。

可持续发展的定义包含了非常丰富的内涵，大体上涵盖了以下几个方面。

第一，经济可持续发展的基本目标就是要持续地满足人类的基本生活需要。因此，可持续发展的中心内容就应该是经济的可持续发展，改善人类的物质生活条件和生活质量就是要通过发展经济来完成。因此，在当前都市圈的建设过程中，应该转变传统的粗放式的经济增长方式，加强技术投入对经济增长的拉动作用。传统上对经济增长方式的划分包括两种：一种是粗放型经济增长；另一种是集约型经济增长。所谓粗放型经济增长，就是在生产技术水平相对较低的背景下，通过增加资本、劳动力等生产要素的投入量来提高产量或产值，而各种资源的数量是有限的，不可能保证经济平稳持久的发展；集约型经济增长方式的内涵是依赖于科技进步和提高劳动者技术水平，采用科学的、现代化的经营管理方式，有效地降低成本，提高劳动生产率，最终取得经济增长。比较两种经济增长方式，只有后一种才是可持续发展，也只有后一种能够保证经济的可持续发展。

第二，资源可持续发展。经济的可持续发展必然涉及资源的利用和保护，可持续发展一定要保护人类生存和发展所必需的资源基础。当前我们正面临着各种资源在不久的将来必将被耗尽的现实，而这些就是由于我们在经济发展过程中不能合理地利用资源引起的。为此，我们要改变在经济发展过程中对资源利用的方式，首先要开发新能源，如太阳能、风能、潮汐能等清洁能源；与此同时，我们要加强对现有资源的利用效率，改变以往粗放式的利用方式。

第三，环境可持续发展。无论是经济的可持续发展还是资源的可持续发展最终都要和环境相关联，环境质量是判断对可持续性发展理念贯彻程度的一个重要标准之一。因此，把环境建设和保护作为当前城市建设实现可持续发展的重要内容和衡量标准至关重要。当前经济体系的发展如果没有良好的环境作为支撑，实现可持续发展是不可能的。

当前经济和社会是否能够实现可持续发展的目标，已经不再是一个国家或一个地区的责任和义务，它需要全世界所有国家和人民联合起来，共同努力才能实现。因为当前世界上的许多资源与环境问题已经不仅仅是其内部问题，已经超越国界的限制对其他国家和地区产生了重要影响，因此，必须加强国家间、城市间多边合作，建立起巩固的合作关系。

三　运输经济学视角下的港口经济圈理论

（一）传统价值链理论

价值链理论是 1985 年由哈佛大学教授迈克尔·波特[①]提出并创立的。

---

① 〔美〕迈克尔·波特：《竞争优势》，陈小悦译，华夏出版社，2005。

一款产品的产生，是企业进行开发、设计、制造、运输、销售、售后等各项活动的结果。企业的活动包括基本活动与辅助活动两大类，材料采购、生产制造、销售、设施建设等属于基本活动；提升技术水平、内外部后勤管理、员工管理、售后服务等方面属于辅助活动。波特将这些活动放在一条价值链上，清晰地将各个流程创造的价值量表现出来以供经营管理者参考，这就是价值链。它的内涵包括三个方面：一是企业内部的生产活动相互影响、相互制约，如果配合不好就会导致生产的停滞或影响产品的质量；二是价值链上的每项经济活动都参与到产品的增值过程中，甚至是产品的咨询服务都能提升品牌形象，创造品牌价值；三是价值链不仅仅局限于企业内部，它还可以延伸到原材料或零部件供应商以及零售商等环节中去[①]。

　　整个价值链的活动包括基本活动与辅助活动，如图 2-3 所示。其中，基本活动就是企业在经营运行过程中进行的原料采购、生产制造、物流流通、市场销售、产品售后等众所周知的活动；辅助活动就是公司结构管理、员工管理培训、生产技术提升、后勤服务、如何决策、产品营销信息管理、长期战略计划等活动。从基本增值活动与辅助性增值活动的构成来看，任何一个流程都会对其他流程的成本、质量、效率等产生影响。比如，企业购进了一批比原计划质量要好的原材料，那么在成品率、对机器的损耗、产品价格、售后服务等方面都会比原计划要有较

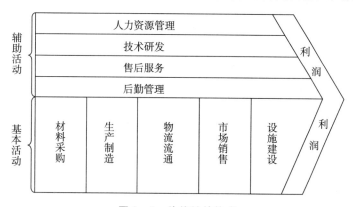

图 2-3　价值链的构成

---

① 〔美〕迈克尔·波特：《竞争优势》，陈小悦译，华夏出版社，2005。

大幅度的提升，这就是所谓的"牵一发而动全身"。不过，所有的活动对价值增值过程的贡献度是不一样的，它取决于各项活动在价值链的定位。链条分为两大部分：产品设计、材料采购、生产加工等流程属于上游环节，这一部分是围绕产品进行的，它决定了产品的质量；物流配送、产品营销及产品售后等流程属于下游环节，它主要是围绕顾客进行的，顾客的体验满意度决定了下游环节的目标的实现程度。

价值链有三个特点：增值性、信息性、协作性。增值性体现在企业生产运营的方方面面，产品的设计优化、原材料的洽谈采购、产品的生产加工、物流流通、产品营销、配送、售后等都参与到产品的增值过程中。价值链实质上就是一个不断增值的链条。

由于波特的价值链理论无法完全解决在知识经济时代中出现的一系列问题，Jeffrey F. Rayport 与 John J. Sviokla（1995）[1] 公布了新的研究成果——虚拟价值链（Virtual Value Chain）。虚拟价值链是对传统的价值链的补充，传统的价值链指的是有形的市场场所，是将有形的资源进行变化、组合，从而形成产品的过程；而虚拟价值链指的是无形的市场空间，是通过对信息的管理来高效管理企业、提高产品的制造效率和配送速度，给企业和顾客带来更高的效用，从而给产品带来增值的活动[2]。

价值网是在网络经济时代的到来，以及产品分工的细化及专业化的背景下产生的，价值链从一条线转变成一个面，顾客从终端的接受者变为参与生产制造的创造者，他们在各个流程上提出自己的选择意向和意见建议，在与企业的沟通协调中共同完成一个产品的创造过程，因为顾客加入到生产中来，使得价值链条成为网状结构。价值网是利用发达的计算机技术将供应链数字化，提高了企业的生产效率，顾客加入到生产环节又提升了顾客的体验效果，更好地满足了顾客的需求。杰夫·豪（2008）在《众包：大众力量缘何推动商业未来》[3] 中详细介绍了价值网的定义及特点。"众包"就是顾客们自愿免费参与到产品的生产环节，

---

① Jeffrey F. Rayport, John J. Sviokla, "Exploiting the Virtual Chain," *Havard Business Review*, 1995, 75 – 85.

② Jeffrey F. Rayport, John J. Sviokla, "Exploiting the Virtual Chain," *Havard Business Review*, 1995, 75 – 85.

③ 〔美〕杰夫·豪：《众包：大众力量缘何推动商业未来》，牛文静译，中信出版社，2009。

而减少了企业的生产经营成本，众包也就是价值网的另一种说法。杰夫·豪在书中展望了价值网广泛应用到商业中的美好前景。

随着交通方式的不断改进、通信技术的发展、互联网的出现，国家间的经济交流与贸易往来愈加频繁，经济全球化程度不断加深。全球价值链就是将价值链与全球化联系起来，将全球商品链分为两种：一种是采购者驱动型商品链，采购者在全球都有自己的生产网络或销售渠道，在整个商品链条上占据主导地位；另一种是生产者驱动型商品链，大型跨国制造商主导产品的生产分工与供货渠道的建立，对商品链的上下游企业的决策有着极大的影响力，主导整条商品链的发展动向。全球价值链与价值链一样，都包括产品的原材料采购、开发设计、生产制造、市场营销、售后服务等一系列活动，将这一系列活动放在遍布全球的商品链条时，产品的增值过程变得分散，社会分工和专业化生产的不断发展让经济一体化的程度不断加深，进而促进了全球价值链的形成[①]。

全球价值链条上的企业如果想获得更大的利益空间，必须努力提升自己在价值链条上的位置，提高技术水平、劳动生产率、营销能力等以实现参与环节的更大增值，提高企业在国际市场上的竞争力，满足世界各国消费者日益多样化的需求。

（二）"微笑曲线"理论

1992 年，中国台湾宏基集团创办人施振荣先生依据多年从事电脑设备制造业的经验，提出了"微笑曲线"——"附加值曲线"，曲线体现了产业链上各个环节的附加价值。

"微笑曲线"的内容分为八个部分——研究开发、产品设计、零部件生产、组装加工、产品销售、售后服务、渠道建立和品牌运作（见图 2-4）。前三项研究开发、产品设计和零部件生产统归于产品的开发，处于产业价值链的上游；而后四项产品销售、售后服务、渠道建立和品牌运作可纳入产品的售后，处于产业价值链的下游。上游与下游环节随着经费的投入和服务内容开发的增加，附加值会随之不断上升，而处于中间环节

---

① 任艳秋：《基于价值链的中国制造企业国际竞争力研究》，东北石油大学，硕士学位论文，2010。

的组装加工却是在市场竞争增强的背景下利润空间不断缩小①。

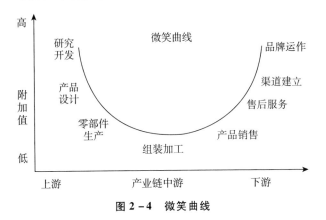

图 2 - 4　微笑曲线

从创造产品的价值方面来看，组装加工即制造生产带来的价值是30%，而剩下的70%的价值创造却属于服务。从耗用产品的时间上做对比，产品的制造时间只占产品生命周期的10%左右，而在产品的服务上却花费了90%的时间。通过以上的研究，为了保持企业持久经营和不断发展，企业需要不断地把时间往产业附加值高的环节增加，使投入不断向能带来更多利润的位置移动——产业价值链重心往"微笑曲线"两端不断延伸。

行业的差异使得产业链上各环节的产业附加值有所差别，也导致"微笑曲线"所在位置及曲线的弯曲程度的差别。细究"微笑曲线"产生的深层原因，主要在于国际分工模式从产品分工向要素分工转变，表现了国际贸易从古典贸易理论向要素禀赋理论的转变。分工的不断深入，产品生命周期的每个阶段被定义为标准的格式、规范的步骤，再把这些步骤按照附加值的高低和内在功能结构顺序串联起来，形成"微笑曲线"的曲线型链式结构。

古典国际贸易理论中的比较优势理论，所主张的是拥有不同生产要素的国家根据各自的比较优势，在参与国际分工合作中无须再参与从事产品的所有环节，不再需要单一完成产品的一体化生产。企业可根据自身的要素禀赋、天然的优势，在产业价值链上选择自身最具有优势的一

---

① 张玉双：《基于"微笑曲线"理论的我国盾构制造业服务化转型研究》，上海大学，硕士学位论文，2012。

个或多个环节,避免在产品生命周期中吃力不讨好的情况的发生。按照要素禀赋的分工,现如今的国际贸易使得资本技术密集型的发达国家逐渐脱离生产制造环节,把加工组装等相对劳动密集型的加工制造环节向中国、印度等劳动、资源成本低下的发展中国家转移。各个国家通过制造成本的竞争来得到产品加工地点的转移,其中的利润空间被压缩得越来越窄,而发达国家却不断把重点向研究开发、品牌销售、服务等具有高附加值的产业环节转移,价值链分工的格局就此产生。

四 城市经济学视角下的港口经济圈理论

在经济全球化背景下,当代的城市发展问题越来越复杂,研究内容也发生了很大变化。西方国家以解决城市问题作为城市经济学研究的出发点,在理论探索的基础上,注重解决城市发展过程的实际问题。20 世纪 50 年代后期,随着经济全球化的发展,一些国际性中心城市和区域性中心城市发挥了越来越重要的作用。Paul N. Balchin、David Isaac 和 Jean Chen 出版的《城市经济学——全球化的视角》(*Urban Economics*：*A Global Perspective*),就把城市经济学放到全球化的背景下进行研究,从全球化的角度研究具体的城市经济问题。一些新的城市经济理论,如全球城市理论、新区域主义理论等不断涌现和不断纳入城市经济学的研究范畴。

(一) 圈层极化理论

作为城市经济地理学的新理论成果,圈层结构法和点轴法对港口经济圈腹地范围进行了界定。港口经济圈的吸引和辐射作用遵循"距离衰减律",腹地与港口之间的距离远近影响了腹地与港口之间的作用,距离越近,作用越明显;反之,亦然。这样就会形成一种空间分布结构,表现为腹地以港口为中心的集聚和扩散。这使得港口和港口腹地的经济景观由核心向外围呈规则性的向心空间层次分化,这在圈层结构中得到很好的体现。采取这种方法可以将腹地分为内圈层(港口城市及临港工业)、中圈层(直接腹地,经济较为发达,利用港口较多)和外圈层(间接腹地,利用港口较少),如图 2-5 所示。在港口群地区,圈层会出现交错叠置的现象。圈层法通常适用于大型港口腹地划分,尤其是城市群密集的沿海港口。圈层结构法重视港口已有腹地的细分,是在确定港口腹地范围基础上进行的，不再将港口腹地视作单一的、无差别的。这种细分更接近于港口腹地的实际状况，也能体现腹地的不同地区对港口的贡献值差异。

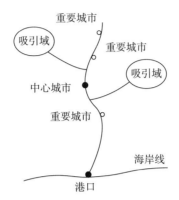

图 2－5　圈层法细分港口腹地示意

（二）点轴理论

继增长极理论之后，波兰经济学家萨伦巴和马利士将增长极理论和沃尔·松世特的生产轴理论相结合，并吸收了中心地理论等理论中的合理部分，形成点轴理论。从区域经济发展的进程看，经济中心总是首先出现在条件较好的少数区位，呈点状分布。随着经济的逐步发展，经济中心越来越多，经济中心之间由于生产要素互换等的需求，通过各种线状基础设施（包括交通线、能源和水源供应线、邮电通信线等）联系在一起，形成各种轴线。这些轴线是为区域中的点提供服务的，轴线一旦形成，将极大地提高中心城市的各种生产要素的流通速度，有效减少人才流动和物料移动的成本，形成有利的市场和投资环境，吸引劳动力、资源、产业向轴线两侧聚集，并产生新的增长点。增长点和增长轴就像一个引擎，具有极强的扩散效应，带动经济总量的增加和规模的壮大，以增长极为发展中心，以增长轴为连线的经济增长空间结构逐渐形成。点轴理论为抑制增长极的极化效应的负面影响，最大限度地扩大扩散效应，提出了一种空间网状结构的发展系统，在非均衡理论体系中属于操作层面的理论。

港口与腹地的交通联系强度在一定程度上体现了腹地与港口的经济联系强度。腹地与港口便捷的交通使二者的联系越来越密切。同时，腹地经济的发展与腹地交通基础设施建设也是密不可分的。点轴法的做法是把衔接港口及其腹地主要城市的交通基础设施建设集中成束，由此形成了腹地城市与港口之间的发展轴，将若干个重点城市沿着轴线布置，再逐渐向外扩散，这便在发展轴上形成了一块"紧密吸引区"，最后形成了一条交通经济带，这条经济带是以交通主干道为轴的。胶济兰烟经济带、宁杭甬经济带、京津塘经济带都符合这一分布与发展规律。

　　由于复杂的港口腹地空间结构以及发展不平衡的腹地区域，一般将圈层结构法和点轴法结合使用来确定港口腹地范围。为了更细致地对腹地的核心部分进行分析描述，首先以圈层结构法细分港口腹地（见图 2 - 6），其次在此基础上采用点轴结构法。这种点线面结合的方法，能更客观地评价港口经济圈腹地。

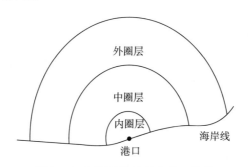

图 2 - 6　圈层结构法细分港口腹地

五　空间经济学视角下的港口经济圈理论

（一）中心 - 边缘理论

　　瑞典经济学家缪尔达尔补充论证了增长极理论的运行机制。缪尔达尔在《进退维谷的美国：黑人问题和现代民主》（1944）一文中提出"中心 - 边缘理论"，并在《经济理论和不发达地区》（1957）和《亚洲戏剧：各国贫困问题考察》（1968）等著作中，使用了"扩散"和"回波"概念，论证了增长极对周边落后地区意味着一把"双刃剑"，对其经济发展具有双重作用和影响，提出了"地理上的二元经济结构"理论。缪尔达尔认为，社会经济发展过程是一个逐渐变化的，种种因素相互作用、互为因果、循环积累的非均衡发展过程。在此过程中，由于受到各种因素的作用，一些地区的经济发展速度快于周围地区，出现了地区之间的经济发展差距。这种差距会引起"积累性因果循环"，使发达地区更发达、落后地区更落后，从而加大地区之间的经济差距。因为这种二元经济结构的存在，生产要素在地区之间的活动会引起两种效应：一种是增长极对周围落后地区的阻碍作用或不利影响，也就是"回流效应"，促使各类生产要素向增长极聚集和回流，削弱周边的发展潜力，进而会扩大两地区间的经济发展差距；另一种是对周围落后地区的促进作用或有利影响，即"扩散效应"，在一定发展阶段促进各类要素从增长极向周围不发达地区扩散，进而会缩小地区间的经济发展差距。从整体上看，由于市场机制的作用，回流效应总是大于扩散效应，并且比扩散效应出现得早。发达地区在经济发展过程中会逐渐积累有利于自己的因素，而落后地区则逐渐积累不利于自己的因素。在一个区域经济体系中，发展是趋向均衡还是极化（非均衡）取决于扩散效应和回流效应哪个占据主导地位。与佩鲁不同的是，缪尔达尔对此持悲观态度，他认为极化效应会占主导地位，穷国和落后地区尤是如此。两种效应的相对比重取决于交通、基础设施建设、教育水平、企业发展潜力等因素。区域发展会朝着不均衡的方向发展。因此，缪尔达尔主张政府应该干预经济增长，扩大"扩散效应"，抑制"回流效应"，抑制贫富地区两极分化。

（二）城市群理论

城市群理论又被称为都市圈理论或大都市圈理论。1957年，法国著名经济学家戈特曼提出了"城市群"这个概念，在全世界产生了深远的影响，并被广为应用。他以在一定区域范围内，围绕一个或者若干个中心城市发展的一定数量的城市"集合体"为研究对象。这些城市规模不一、功能各异、各具特色，城市与城市之间通过资金、技术、人才等生产要素的交换，产业结构的良好对接来加强彼此之间的经济联系。

虽然目前理论界对"城市群"概念还没有一个明确的定义，但是很多观点逐步趋于一致。城市群的出现是经济发展到一定阶段、区域空间发展的高级形式，是工业化和城市化进程不断推进的结果。城市群将以一定的自然环境和交通条件为依托，充分利用自身地理、产业、基础设施等方面的优势，合理优化群域乃至更大范围内的资源配置，促进城市群内部各城市自身的发展，与此同时，积极发挥城市群的辐射带动作用，促进城市群周边地区的经济发展。

（三）空间理论

城市间存在多种方式保持相互联系：区域间所发生的资金、信息、技术、商品、人口与劳动力等的相互传输过程，对区域间建立和经济关系有很大的影响。空间相互作用加强了相关区域的联系，拓展其发展空间。同时，空间相互作用也会引起区域间对发展机会、要素、资源等的竞争，也有可能对某些区域造成损害。虽然城市间在时间和空间上存在着不同层次的互动和作用，以此促进城市的发展，但是城市间的相互作用也要遵循一定的限制性条件。首先，城市间必须存在互补性才能产生相互作用，产生供需关系，发生联系。这时两个城市之间就会产生相互作用，相互间就会存在联系。其次，城市间运输要便利。无论是货物、信息还是人员，他们的流动是以交通运输为载体的，只有存在可进行的运输条件，城市间的相互作用才有可能发生。最后，两个城市间不存在中间干扰。即使两个城市间满足了上述两个条件，但是如果在这两个城市间存在第三方介入，而恰巧第三方也能够满足两个城市任意一方的需求，那么两个城市间的作用便会因此而中断。通常我们可以利用行政区划法、经济区域法、图表法、分析法、区位商模型、引力模型和重力模型来测定城市间相互作用量的大小。

第三节　"一带一路"建设下港口经济圈的发展定位

我国沿海港口将充分发挥"一带一路"建设的重要支点的优势，创新对外开放新模式，积极"走出去"，拓展国际服务空间和范围，推动与"一带一路"沿线国家深化合作，打造服务国际分工合作的战略平台。近年来，我国与"丝绸之路经济带"沿线国家和地区的经济互补性日益增强，对外贸易保持快速增长的势头。长江三角洲地区是我国外贸进出口的主要地区，但铁路能直达港区的港口只有连云港和宁波港。连云港是陇海兰新沿线地区传统的出海口岸，致力于打造"丝绸之路经济带"出海口。但随着"丝绸之路经济带"建设步伐的加快，连云港出海通道难以有效满足丝绸之路沿线国家和地区的货物运输需求，也不利于降低物流成本和提高服务水平。浙江港口处于沿海和长江"T"形交会点，紧邻亚太国际主航道要冲，对内通过"长江经济带"连接中西部广阔腹地，对外通过海上通道互联互通，区位优势突出，可以充分发挥自身优势，打造"丝绸之路经济带"沿线国家和地区商品向东出海的通道。

根据《浙江省沿海港口布局规划》，浙江沿海港口布局规划以符合腹地经济社会发展、参与国际经济合作和竞争为要求，以发展综合运输为目标，实现港口与多种运输方式有效衔接，充分发挥综合运输总体效益，适应国际海运大型化、专业化和运输组织联盟化的要求，发挥港口对生产力布局的引导作用，与城市化发展相协调，按照市场经济规律推进跨行政区域港口资源整合。在港口岸线开发上坚持深水深用、统筹兼顾、远近结合的原则，集约利用资源，预留发展空间，并与海洋功能区划、城市总体规划和土地利用规划相协调，注重满足环境保护和国防建设的需要。浙江沿海港口逐步形成了以宁波舟山港、温州港为全国沿海主要港口，嘉兴港、台州港为地区性重要港口的分层次布局；形成了煤炭、石油、铁矿石和集装箱四大运输系统。宁波舟山港是上海国际航运中心的主要组成部分，是集装箱运输的干线港，是长江三角洲及长江沿线地区工业所需能源、原材料及外贸物资运输的主要中转港和国家战略物资储备基地，是浙江省，特别是宁波市、舟山市发展国民经济尤其是海洋经济、开放型经济、临港工业、旅游业和开发岛屿、发展陆岛交通的主要依托；随着区域内综合运输体系的不断完善，港口的服务范围应进一步拓展，成为以能源、原材料等大宗物资中转和外贸集装箱运输为主的现代化、多功能的综合性国际港口。温州港是温州市国土开发、对外开放、发展外向型经济的主要依托，是浙西南及赣东、皖南、闽北地区经济发展和对外交往的重要口岸；温州港应发展成为以能源、原材料等大宗散货和集装箱运输为主、多功能的综合性港口。台州港是浙中南、闽北地区对外交往的重要口岸；是台州城市发展的依托和发展外向型经济的窗口；是发展临港产业基础的重要口岸，承担腹地经济发展所需能源物资、原材料的中转运输；是集装箱运输的支线喂给港。嘉兴港是浙北杭、嘉、湖等地区发展经济和对外贸易的重要窗口，是煤炭、油品等能源运输的重要口岸，是杭州湾北岸临海工业园区发展的重要依托，主要承担本地区所需能源、原材料沿海运输和外贸物资近洋运输的任务。在港口资源整合方面推进宁波港、舟山港域一体化，大力打造三大基地，推进台州港、温州港优势互补和协调发展。从港口定位来看，浙江沿海港口要从战略层面谋划参与国家"一带一路"建设,全面提升港口的辐射带动能力。以宁波舟山港为龙头,建设"一带一路"重要节点区域、"一带一路"全方位开放门户区、"一带一路"国际通道支点。

一　"21 世纪海上丝绸之路"的发展平台

港口是水陆交通和物流的枢纽,在一国国民经济中居于十分特殊的地位,历来有国家"门户"、"窗口"、交通"枢纽"之称,处在中国对外开放的最前沿地带。浙江港口重视对接国家战略,积极加入到国家重大战略规划之中,充当中国改革开放的排头兵。2008 年 2 月,国务院正式批准浙江省设立宁波梅山保税港区,这是中国迄今批准设立的第 5 个保税港区,宁波市抓住这一机遇,以自由贸易区的标准提升宁波港的国际化水平,推进与世界港口的战略合作,增强港口的国际竞争力。2011 年 6 月 30 日,国务院正式批准设立浙江舟山群岛新区,舟山成为我国继上海浦东新区、天津滨海新区、重庆两江新区后又一个国家级新区,也是首个以海洋经济为主题的国家级新区。2016 年,国务院同意设立舟山江海联运服务中心。由此可知,浙江沿海港口成为"21 世纪海上丝绸之路"的重要发展平台。各沿海港口逐步加快与东盟及其他国家和地区海运通道建设,推进"21 世纪海上丝绸之路"沿海港口互联互通,积极发挥宁波作为 APEC 港口服务网络秘书处成员单位的作用,扩大港口开放合作,推动完善中国 – 东盟港口城市合作网络和机制,加快与东盟港口建立友好港口,鼓励沿海城市企业到东盟国家参股港口建设;构建"21 世纪海上丝绸之路"客货运"穿梭巴士",促进相互贸易往来;开通海上邮轮,形成海上丝绸之路旅游圈;积极推进"海上驿站"建设,为海上丝绸之路提供安全的通道保障。

二　"一带一路"的链接平台

浙江沿海港口背靠中西部广阔腹地,向外可以加强海上通道的互联互通;对内以"长江经济带"连接"丝绸之路经济带",辐射中西部地区,属于国家确定的 42 个国家级综合交通枢纽城市、21 个全国性物流节点和长三角区域 3 个物流中心的一部分。浙江沿海区域以港口为节点,向内可连接沿海各港口,并通过江海联运、海铁联运,覆盖经济发达的长江流域，辐射广袤的中西部地区；对外面向东亚及整个环太平洋地区，是联结东南亚和日韩黄金航道的交通枢纽，依托港口优势，打造海铁联运枢纽，促进"一带一路"的融合对接。

2014 年 9 月，国务院发布了《关于依托黄金水道推动长江经济带发展的指导意见》。浙江沿海港口作为长江经济带的海上开放门户、海上丝绸之路的重要港口，要加快开放统领全局，发挥通江达海、连接"一带一路"与长江经济带的区位优势，加快打造"一带一路"、长江经济带海陆联运枢纽。目前，宁波已与 45 个"一带一路"沿线国家城市缔结友城关系。海铁联运作为联系内陆到沿海的快捷通道，其发展既有利于扩大沿海港口的集装箱生成腹地，也将增强内陆与国际经贸合作的能力，在长江经济带等国家战略规划中受到重视。

三 航运服务要素的集聚平台

2006 年，习近平同志任浙江省委书记期间提出，要充分发挥宁波港口资源得天独厚和港口经济、大桥经济、海洋经济、生态经济相得益彰的优势，积极打造辐射长三角、影响华东片的"港口经济圈"。2014 年 8 月，宁波市委提出要全力打造宁波"港口经济圈"，通过港口经济圈建设深度参与"一带一路"建设。2016 年 3 月，宁波市委《关于制定宁波市国民经济和社会发展第十三个五年规划的建议》中提出，宁波市未来要基本形成更具国际影响力的港口经济圈和制造业创新中心、经贸合作交流中心、港航物流服务中心（即"一圈三中心"）。所谓港口经济圈，就是依托港口经济的辐射带动作用所形成的特定经济发展区域。具体来说，是以港口这一独特资源为中心，以现代物流为基础，以综合运输体系和海陆腹地为依托，以贸易和产业的内在紧密联系所形成的特定经济发展区域。港口经济圈可大可小，其辐射范围的大小在很大程度上是由港口与各圈层区域之间的贸易和产业的联系紧密度所决定的，而物流则是纽带和基础。因此，发展港航物流业能够拓宽宁波港口经济圈的辐射范围，增强其辐射能力。

2016 年，国务院发布《国务院关于同意设立舟山江海联运服务中心的批复》，原则同意设立舟山江海联运服务中心。舟山江海联运服务中心范围包括舟山群岛新区全域和宁波市北仑、镇海、江东、江北等区域，陆域面积约 2500 平方公里，海域面积约 2.1 万平方公里。舟山江海联运服务中心区位优势独特，深水港口资源丰富，江海联运服务优势明显，大宗商品中转储备交易基础良好。设立舟山江海联运服务中心，是贯彻落实党中央、国务院有关决策部署的重要举措，有利于加强资源整合，促进江海联运发展，提高长江黄金水道运输效率，增强国家战略物资安全保障能力，对于实施长江经济带发展战略，加强与"21 世纪海上丝绸之路"的衔接互动，推动海洋强国建设具有重要意义。在这种情况下，浙江港口要想融入"长江经济带"战略，必须大力发展港航物流业，成为航运服务要素的集聚平台。

第三章　港口经济圈发展的国际经验与启示

第一节　港口经济圈的形成条件

一　优越的区位条件

港口经济圈作为区域经济的优势地区，必然要求具备优越的区位条件，特别是陆向和海向的腹地条件。

首先，港口经济圈需要具有强大的陆向腹地经济实力，充沛的进出口货源。一个港口经济圈必须经济腹地广阔，而且有良好的外向型产业结构，只有这样，才能保证有源源不断的国际贸易运量，从而为港口经济圈的运行提供坚实的支撑，使得其在众多的港口城市激烈的竞争中脱颖而出。例如，纽约港口经济圈的直接陆向腹地是纽约州和新泽西州，间接陆向腹地可辐射到美国东北部和中西部产业区及北美－南美等世界区域。广阔的经济腹地使纽约成为美国、加拿大、阿根廷的各大出口商和南美、澳大利亚、非洲等出口商云集的地方，纽约也因此成为世界上最大的国际金融中心以及交易和经济中心，为国际航运提供了充足的资金和货源。又如，鹿特丹港口经济圈的陆向经济腹地是莱茵河流域的瑞士、德国和荷兰三国。该地区也是世界上最发达的地区之一。发达的经济催生了大量货源的流动，从 20 世纪 70 年代中期起，鹿特丹港口年吞吐量达 3 亿吨，欧共体 30% 的外贸货、3/4 的莱茵河运转的货物都由鹿特丹港口进出口，鹿特丹港口由此确立了欧洲大陆的港口经济圈地位。无论是纽约、鹿特丹这样的欧美港口经济圈的形成和发展，还是东京、香港、新加坡等亚太港口经济圈的崛起都证明港口经济圈的形成离不开陆向腹地经济的发展和充沛的货源。

其次，港口经济圈需要具备交通便利的海向腹地区位优势。港口经济圈往往位于国际干线运输航线的附近，支线喂给网络的中心位置，由于运输线路短，运输成本低，并且具备适合大型船舶停靠的港口条件，吸引了大量的物流集聚于此。因此，航运中心应具备借助于密集的航线所形成的很强的海向运输辐射能力；航运中心的地位和作用主要体现在其服务功能的国际辐射范围，海向腹地的广度决定了航运中心是在全球范围还是在区域范围配置航运资源。

二　国际级的深水大港

不同模式的港口经济圈发展规模差别较大，但是都以世界级大港为依托，在硬件方面，拥有良好的港口条件，完善的港口设施，深浅配套、功能齐全的码头泊位，相应的装卸设备和堆存设施以及适应现代船舶大型化趋势的深水航道。在航运服务方面，广泛应用现代化的信息技术，具备发达和成熟的国际航运市场，其中包括拥有国际运输船舶、提供运输劳务的供给方；拥有国际运输货源、需要运输劳务的需求方；拥有供求双方的代理人、经纪人。该市场的市场交易众多，市场交易客体丰富，市场交易机制公开、公正、公平，市场交易信号全面、及时、准确，市场交易行为规范。此外，航线密集、运量巨大也是港口经济圈的一大特征。随着集装箱在航运市场的普遍应用以及国际航线上大型集装箱船舶的迅速发展，集装箱流量已成为一个国际港口航运、物流水平发展状况的重要标志。从当前世界范围内的国际航运市场来看，全球型和洲域型的港口经济圈首先应该是拥有大量的、充沛的集装箱流量的国际级集装箱枢纽港。伦敦是最著名的港口经济圈之一，具有悠久的历史，但是其港口吞吐量仅有 5000 万吨左右。而鹿特丹等世界级的港口吞吐量却达到 4 亿多吨。表 3 - 1 列出了 2015 年全球著名港口的吞吐量。但是无论哪一种模式的港口经济圈曾经都是世界级的大型港口，在港口功能的基础上不断延伸发展航运业及相关辅助服务业。根据比较可知，伦敦、纽约等老牌港口经济圈港口规模停滞不前，但是由于航运服务业比较发达，逐渐成为以航运服务为主导的港口经济圈。香港、鹿特丹等港口经济圈港口规模巨大，港口业务繁忙，是全球货物集散中心，并在此基础上不断发展航运服务业。伦敦航运服务业以航运业和金融业的结合为基础形成了以市场交易为特色的发展模式；香港航运服务业以航运业衍生品为基础形成了以船舶所有、经营、管理等集聚为特色的发展模式；纽约的航运服务业立足于纽约国际金融中心的优势，航运金融在全球处于领先地位；而新加坡航运服务业则以航运业和其先进制造业的结合为基础形成了以发展知识经济为特色的模式。

表 3 – 1　2015 年全球著名港口吞吐量

港口经济圈	集装箱吞吐量（千标准箱）	货物吞吐量（百万吨）
伦敦	1897	39.8
鹿特丹	46700	466.4
纽约	5292	81.392
香港	20114	256.6
新加坡	30922.3	547

三　发达的交通网络

港口经济圈作为物流中心的地位凸显，需要具备集疏运畅通、区域协同能力强的交通网络。港口经济圈虽然以所在城市为主要依托，但物流中心的地位使其辐射范围又超越所在城市，通过便利的集疏运网络使其功能向周边区域辐射与扩张。同时，周边区域的经济发展和产业提升也必然借助于集疏运通道与港口经济圈城市紧密相连，由此形成港口经济圈城市与周边区域协同发展的格局。港口经济圈具有高度发达的集疏运网络系统，包括铁路、公路、沿海、内河及航空等各种运输方式相互配合所形成的一个流畅的集疏运系统，从而为货物的分拨与配送提供流畅的服务。

四　完善的城市功能

港口发展与城市经济发展形成良性互动态势。港口经济圈与所在的城市和区域经济具有很强的关联性，它依托经济中心城市所拥有的货物资源，为其提供强大的国际物流支持，成为国家或区域性进出口贸易的航运枢纽。港口经济圈一般都位于国际经济和贸易的中心城市，港口经济圈所在的港口拥有巨大的物流量，众多的航线航班辐射世界上百个港口。例如，纽约、香港这类港口经济圈，其繁荣的贸易和金融使航运中心的地位经久不衰。国际贸易中心、金融中心和航运中心共同促进和发展。金融是经济发展的血脉，也是建设航运中心的中枢神经。港口经济圈需要金融资本的支撑，金融中心本身就是港口经济圈的重要组成部分。建设港口经济圈，需要大规模的物流集聚，而物流集聚的基础是资本集聚。资本集聚一方面表现为产业投资的集聚；另一方面是多元资本的集合，包括工业资本、商业资本、金融资本和人力资本等。大规模、多元化的资本集聚，意味着口岸区位优势转化为功能齐备的航运中心。以伦敦为例，其证券与外汇交易量在国际上遥遥领先，贷款额占世界借贷款的1/5左右，外汇交易约占全球的1/4。纽约的华尔街举世闻名，证券、外汇交易额仅次于伦敦而名列全球第二。同时，纽约是美国最大的口岸，成为当之无愧的贸易中心。

五　开放的市场环境

发达的港口经济圈发展航运服务都以其国际性的开放市场作为基础。例如伦敦，因其航运服务业具有以繁荣的国际贸易为基础，以丰富的航运金融服务为主要支撑的特点，所以其全球开放的外汇市场和保险市场就相当有代表性。

外汇市场开放性。国际外汇市场是指在国家间从事外汇买卖、调剂外汇供求的交易场所，是国际金融市场的主要组成部分，也是国际贸易和国际投资的重要支柱。伦敦外汇市场是一个典型的自由外汇市场，其连接了全球的外汇交易人，包括银行、中央银行、经纪商及公司组织，如进出口从业者及个别投资人。在伦敦外汇市场中，任何外汇交易人可以买卖任何币种和任何数量的外汇，其交易过程公开，买卖的外汇不受管制。伦敦外汇市场通过现代化通信设备和电子计算机行商网络与其他全球各大外汇市场紧密相连，形成了24小时连续运作的巨大全球外汇市场，为全球贸易和投资提供了没有时间和空间障碍的理想交易场所。而且其成本较为低廉，不收取佣金或手续费，只设定点差作为交易的成本，足以吸引全球贸易者和投资者。

开放的保险市场。无论是一般的保险公司市场还是劳合社市场，都允许国外保险公司的参与，世界顶尖保险公司都在伦敦设有子公司、分公司或办事处，这使得伦敦航运保险承保主体具有了相对出色的承保能力。此外，国际最大的船东保赔组织的主要办事机构也设在伦敦。另外，伦敦保险公司、劳合社、保赔协会在世界上广泛设立各种业务经营机构，提供全球化的服务，无论是"引进来"还是"走出去"都实行全球化战略。

六　政府的财税优惠和政策扶持

从港口经济圈发展历程和不同模式对比可以看出，港口经济圈的打造离不开政府政策的大力支持。一方面表现在制定一系列的扶持政策；另一方面表现在采用优惠的税收政策。

以航运服务业为例。航运扶持政策是主要航运国家的普遍做法，为各国和地区航运业的发展发挥了重要作用。这些扶持政策主要有船舶吨税制、特殊的折旧制度、船员和海运人才的收入补贴或者税制优惠等。

航运国家注重为本国航运业创建国际竞争优势。从扶持政策可以看出，各个国家和地区都更注重建立本国航运业的竞争优势，或者降低本国竞争劣势，所以无论是吨税制、造船补贴、营运补贴、船员工资补贴，还是税收优惠和对外竞争政策等，都意在提升本国航运业的竞争力，或者至少创建本国航运业在国际竞争中处于与他国航运业相仿的竞争地位。

间接补贴成为主要形式。直接补贴虽然仍在一些国家采用，但更多的已转向税收优惠等间接补贴方式。这种方式更能符合 WTO 等规则的要求，并且相对更能促进航运企业的经营自主与能动性。

扶持政策从船舶运输业扩展到相关海运服务业。英国的扶持政策不仅仅针对船舶以及运输企业，还扩展到航运经纪、金融等全面的海运服务业，以期推动海运要素的集聚。政府的扶持政策的目标都比较明确，并且能根据具体情况予以及时检验和更新。美国的政策就根据航运发展的不同阶段及时调整，而欧盟也注重扶持政策的研究和及时调整，以保证政策和法律的科学性。

采取非常优惠的税制可以发展促进港口经济圈建设。中国香港是全球经济最为自由的地区之一，其实行小政府、大企业的不干预政策，给予企业充分的市场自由。香港作为全球最著名的自由港之一，采用一级税制和"避税港"式的税制格局，始终把税种限制在少数范围内。

完善税制配套环境可以发展航运相关产业。伦敦等港口经济圈虽然在税收上不一定优惠很多，但注重培育综合的税制配套服务环境，从而部分弥补了高税率带来的影响。伦敦航运相关产业对税制的依赖性并不强，主要靠其综合配套发展环境和国际化的网络，注重综合环境的培育，强调综合的竞争力，但有时也是一种现实的选择。

第二节 港口经济圈的演进历程

港口经济圈从港口起源，不断自海向陆，向纵深发展，向全球辐射，经历了漫长的发展历程。其主要发展阶段按照经济形态和方式以及辐射范围的不同，可以分为萌芽期、形成期、发展期和成熟期（见表3-2）。

表3-2 港口经济圈的发展历程

发展阶段	时段	经济形态与方式	影响范围
萌芽期	原始时代至15世纪地理大发现	沿岸航运、易货交易	局限于港口点
形成期	15世纪地理大发现至18世纪工业革命	远洋航运、大宗交易、航运服务业	从港口点辐射到近岸地带
发展期	18世纪工业革命至"二战"	远洋航运、大宗交易、航运服务业、临港工业	沿海、沿江、沿（铁路）线
成熟期	"二战"后	远洋航运（集装箱化）、多式联运、大宗交易、航运服务业、临港工业	全球纵深

一 港口经济圈的萌芽——古代易货贸易

在原始时代，随着筏、舟等小型水上交通工具的发明，人类就开始了沿岸航行，并在天然港湾靠泊交易。如宁波发现的有7000年历史的河姆渡遗址，即发掘出多种船具和亚洲象、苏门答腊犀牛等热带动物遗骸，似曾与热带和亚热带区域存在往来和交易。随着航海技术的进步，远距离沿岸航线不断开辟，航海和贸易事业不断繁荣，如地中海和波罗的海等沿岸形成众多的港口和贸易中心，以及从我国东南沿海出发的海上丝绸之路等，均已有上千年的历史。古代航海和港口经济的显著特点是集中在运输和贸易领域，港口仅仅作为靠泊点和贸易中心，没有延伸产业链，也基本没有改变港口腹地的经济格局。

在港口经济圈的萌芽阶段，区域经济正处于传统社会的发展阶段中。

整个地区以农业生产为主，没有或者极少有现代化工业，生产力水平很低。当时区域内存在的只是一些停靠船只的码头，码头也几乎没有人工修建的痕迹。当时的码头分为内河码头和沿海码头，严格意义上的港口还没有在实际生活中真正出现。这个时期人们主要把码头视作沿海地区与其他内陆地区经济的沟通窗口，所以码头对于地理位置的依赖程度比较高。一些主要的沿海码头，一般出现在河口或者江口处，因为码头与周边地区大宗货物的运输沟通的主要途径是内河运输，所以将码头设置在河口或者江口主要是为了方便与内陆的沟通，而码头与周围内陆区域商品的陆上运输则是通过人力或者牲畜来完成的。码头的逐渐形成，成为地区间商品交易的集散地，周围的商品交易逐渐活跃，为码头周围区域今后经济的发展奠定了基础。这个阶段也是港口发展经历时间比较长的一段，从船只被广泛应用到生产、生活中开始，直到以 15 世纪末 16 世纪初出现的地理大发现和现代化工业的建立为标志的国际货物沟通的逐渐增多为止。

在这个阶段港口发展具有如下的特点。第一，与码头有经济联系区域的范围比较小，仅限于与江河较近的区域，通过陆运联系的腹地范围更不必多说。第二，码头与周围区域的联系很少。第三，码头与周围区域的沟通途径很少。所以在这个阶段码头与周围区域的沟通规模还没有形成，只是初步形成了以港口为枢纽的内陆地区与沿海地区商品的流通。总之，在这个阶段港口经历了从无到有的发展，可以说是港口发展历史上的一个飞跃，港口在其自身从无到有的发展过程中，同时作为一个新生增长点刺激了所在地区的经济发展，成为区域经济发展的动力。

二　港口经济圈的形成——近代远洋贸易

以 15 世纪航海大发现为开端，人们先后发现了美洲大陆和通往东方的新航路，近代意义上的国际贸易得到了快速发展，促使贸易商品的数量和商品种类急剧增加。欧洲各国之间的海上贸易往来日益频繁，海上贸易的发展刺激了航运业的发展。地中海沿岸和欧洲的部分港口城市在国际贸易、海上运输的带动下日益繁荣，逐步形成了伦敦、奥斯陆、里斯本、汉堡等一些规模较大的港口城市。在大规模的航运事业和国际贸易的带动下，航运和港口服务业应运而生，成为沿海港口贸易城市成熟发达的标志。此阶段的贸易商品在数量和种类上均大幅超越古代贸易，但仍然停留在以消费品和金属货币为主的水平。港口经济的辐射范围已经影响到近岸地带，港口经济圈初步形成。

三 港口经济圈的发展——临港工业时代

18世纪60年代开始的第一次产业革命，以蒸汽机的发明和采用为主要标志。利用第一次产业革命的科技成果，美国的富尔敦在1807年制造了"克莱蒙特"号——世界上第一艘轮船，并获得了成功。远洋运输以其通过能力大、运费低、运量大等优点，使轮船成为跨国远距离、大宗货物运输的主角。现在，伴随着轮船的推广应用，生产力水平的提高，人们对当时的码头进行了改造，扩大了规模以适应新的发展要求。港口与腹地的沟通和联系基本建立以后，港口周边区域社区、市场、交易的存在和发展，科学技术的进步，使得码头不断发展。随着生产力水平的不断提高，区域经济已经从传统社会阶段发展到工业化的初期阶段。根据区域经济发展阶段理论，产业结构由以落后农业为主的传统结构逐步向以现代工业为主的工业化结构转变，走上了工业化的发展道路，人民生活水平不断提高，市场逐渐扩大，生产规模不断扩大，因此，原有的码头规模已经不能适应新的生产力发展要求，扩大规模是码头发展的必然选择。

从18世纪的第一次工业革命开始，人类社会的生产方式迎来了划时代的变革。工业革命的重要影响在于第一次使工业重镇的原材料需求超越本地供应能力，也使得生产单位的生产能力远远超越本地的消费能力。通过航运寻找原料和燃料，并开拓市场，成为这一时期的重要特征，并且深刻影响到经济中心的布局——临港工业就此诞生。欧洲工业化国家之间的贸易愈加频繁，海上运输也得到长足的发展，航运要素和生产要素进一步向少数中心城市集聚。以港口为中心的港口经济圈基本成形。

专栏3.1 两次工业革命中形成的伦敦和纽约港口经济圈

到19世纪初，工业革命发源地的英国伦敦，由于其处于英国与欧洲大陆、北美洲及东方殖民地之间的航运枢纽地位，凭借着优越的地理位置、产业实力和港口条件，成为当时的第一港，港口吞吐量约占全球的50%。由此，伦敦借助于港口实现了英国向世界各地扩张的目的。随着航运业务的快速增长，沿着航运产业链衍生出来的航运服务业逐步兴起。早在17世纪，伦敦就开始建立波罗的海航运交易所及劳埃德保险中心，并逐步形成了一整套关于国际海上贸易、海上货物运输的法律体系。至19世纪初，伦敦的国际航运中心地位逐步形成。值得注意的是，伦敦作为国际航运中心并不是孤立存在的，在当时的欧洲，随着工业化和贸易的发展，有一批借助于港口和贸易兴起的中心城市，鹿特丹、阿姆斯特丹、安特卫普、汉堡等为其中杰出的代表。根据港口生长点理论，港口生长点效应在使港口城市获得比其他城市更快的经济发展速度中起到很大的作用。这些港口所在的城市都是经济发展的中心城市，城市的发展带动了航运业的发展，反过来又为城市经济发展起到十分重要的推动作用。

19世纪后期，特别是第一次世界大战以后，世界经济增长的重心转向了美国。美国凭借其领先于世界的技术和科技创新，在第二次工业革命浪潮中超过英国成为新的世界经济中心。经济的高速发展带动了国际贸易的兴旺，促进了北美地区航运业的快速发展，并由此促使一些美国沿海的港口城市走向繁荣。纽约是其中当之无愧的代表，成为当时全球最大的国际金融、贸易和经济中心。纽约凭借其特殊的地理位置成为与欧洲贸易的重要港口城市。同时，运河的开通，使其与湖区之间建立了全天候的通航水道，而美国本土铁路的修建又使它成为横跨美国铁路东西干线的枢纽。作为美国的主要海港，纽约一度承担了全美外贸海运量的40%。

在这个阶段港口经济发展具有如下的特点。第一，港口与地区间的联系渠道日益通达，使得港口腹地不断延伸。随着科学技术的发展和推广应用，其他各种运输工具如火车、汽车、飞机的相继出现，以及公路、铁路的修建使港口与周边区域的沟通更加便利，联系渠道增多而且联系方式多样化。同时，与港口周围联系密切的区域的范围也随着交通的通达便利逐渐增大。例如，19世纪中叶，美国铁路的修建使得纽约港辐射区域扩大到美国东北部和中北部产业区的14个州。第二，港口的外引内联力度逐步显现，港口在经济发展中的作用逐步显现。由于世界市场的形成和世界贸易的扩大，加之港口和周边区域之间联系渠道日益通畅，港口的活动范围有所扩展、服务活动领域不断扩大。港口区内开始出现工业设施，如海运、港口装卸、仓储等，此时的港口主要运输与工业相关的机器设备、生产原材料以及产成品等，使得港口有了向周边区域发展和扩充的机会，港口初具内引外联的能力。第三，港口地区在产业结构、空间布局上开始出现分工和功能上的专门化。港口地区间的经济地域内部分工加深，区域横向经济联系开始密切，各地与港口的联系渠道畅通。初步体现出港口与腹地经济上的"一体化"，形成了合理的内外分工职能。总之，在这个阶段不难看出，区域本身基础设施建设的不断完善，科学技术的不断发展，进一步加快了港口原有的存在和发展的模式。区域经济的发展，迫使港口设施的升级换代和港口相关产业类型的不断增多。因此，港口经济圈的逐步发展是在港口经济与区域经济的互动刺激下发展起来的。

四 港口经济圈的成熟——贸易全球化

第二次世界大战以后，亚太经济快速增长，世界经济增长的重心从大西洋地区转移到太平洋地区。通过上一阶段港口经济的发展，初步一体化的形成，为港口经济圈进一步向纵深发展奠定了基础。国际贸易进入全球化阶段，港口经济圈的发展进入成熟阶段。日本经过连续 20 年的经济增长，曾持续相当长的一段时间成为世界第二大经济强国。亚洲"四小龙""四小虎"相继兴起，亚洲地区经济贸易在世界经济贸易总量中的比重不断扩大。东亚经济的发展催生出一批在国际航运界具有重要地位的大港，如东京、神户、横滨、新加坡、香港、釜山、高雄、上海等。其中，在国际航运界影响力最大的当属新加坡和香港。新加坡受惠于世界经济增长东移的影响，地处欧亚两大经济区域航路中点，优越的地理位置和港口条件，造就了一个国际中转大港，国际航运中心的地位得到确立。香港在 20 世纪 50 年代还是以转口贸易为主的区域性港口城市，但凭借其自身外向型出口加工业的发展，中国内地经济转口贸易的需要和优惠的自由港政策，逐步成为在世界上有较大影响力的国际航运中心。

亚洲新兴航运中心的出现并没有取代欧美传统航运中心的地位，随着世界经济中心由单极向多极的转变，全球航运网络中逐步形成了多个航运中心。除了亚洲一些新兴航运中心的出现，在欧美地区也诞生了一些在航运界具有举足轻重地位的港口城市。例如，欧洲的鹿特丹通过对港口航道进行大规模整治，吞吐量猛增，从 1965 年起超过纽约，成为世界第一大港。又由于其具有欧洲门户的优越地理位置、依托莱茵河 - 马斯河流域的强大经济腹地、良好的水深条件和高效的服务，确立了其在欧洲大陆的国际航运中心地位。随着亚太经济的兴起，美国太平洋沿岸的洛杉矶、长滩的航运中心地位不断提升，随着加州地区经济的高速增长及新兴工业领域的发展，在吞吐量上一跃超过纽约成为北美最大的商港。

这一阶段的主要特点是港口经济圈逐渐成为区域发展的基础和中心，是区域内运转、工业和商业的中心。港口是整个区域经济增长最活跃的部分，在它的拉动下地区经济迅速增长，处在这个时期的沿海地区的经济活力远大于内陆地区，成为国家乃至世界经济发展的亮点。

第三节　港口经济圈的发展模式

港口经济圈经历了上百年的发展，各个港口所处的区位条件不同、发展阶段不同，以及港口所依托的城市功能不同，形成了不同发展模式的港口经济圈。纵观世界的港口发展史，按照功能形态的特点，大致可以分为港航服务型的港口经济圈、腹地经济型的港口经济圈、全要素型的港口经济圈和国际中转型的港口经济圈。

一　港航服务型的港口经济圈

港航服务型港口经济圈的典型特征，顾名思义就是具有强大的港航服务业集聚。其港航服务业的辐射范围往往远超本经济区而至国际范围，其重要性甚至超过港口本身的航运业务。伦敦港口经济圈是这一类型的典型，我国的上海港口经济圈（上海国际航运中心）就其发展趋势而言，也与之相类似。

伦敦港口经济圈的模式以市场交易和提供航运服务为主，是全球航运服务中心，是航运服务集聚模式的代表。伦敦港始建于公元前 43 年，16 世纪海运昌盛，18 世纪已发展成为世界大港之一，19 世纪成为全国贸易和金融中心，而且是世界航运中心，集中了世界各地的船舶和船公司的代表机构，有世界上最大的保险组织——劳合社（LLOYD'S）。20 世纪 40 年代，随着伦敦港口硬件设施外移到离市中心以东 40 公里的提尔伯里和沿河低端，伦敦采取了港区分离的模式，陆续关闭紧挨市区的两大港区。为了适应集装箱船靠泊需要，从 1967 年起在泰晤士河口以北离伦敦市中心近 100 公里的费利克斯托兴建集装箱枢纽港。1990 年，又在泰晤士河口离市中心 56 公里外，新建泰晤士港。而原市内码头区已用于非海运的商业办公、娱乐休闲和房产开发。依靠波罗的海航运交易所，在市中心城区建设航运服务软环境，大力发展产业链高端产业，如航运融资、海事保险、海事仲裁等。如今这些都已成为航运服务业方面的世界品牌，并且拥有数千家上规模的各类航运服务企业。伦敦凭借其规模巨大的航运服务产业，保持着全球顶级港口经济圈的地位。世界上大约有一半的船舶交易业务在此成交，聚集着国际海事组织总部、国际海运联合会、国际货物装卸协调协会、波罗的海航运交易所和国际海事公会等诸多国际航运组织。"二战"以后，在英国工业总体衰退的大形势下，老码头已经不能适应新的航运技术和达到现代交通联系的要求，伦敦码头区逐渐衰退。英国政府通过立法向伦敦道克兰码头区城市开发公司进行授权，对道克兰码头区进行重新规划开发，将该地区打造成伦敦的一个全新的金融、商业、商务区，使其成为伦敦的一个新地标和最有活力的区域。通过引入私人公司对老码头进行改造，伦敦码头区的开发取得了巨大的成功。伦敦通过海事服务创造比传统港口业更大的收益，保持着世界航运"神经"节点地位。

（一）港口业务

伦敦港属于全球、全国和地区性的运输枢纽港。伦敦港处理的货物涉及全球 80 多个国家和地区。对于英国而言，伦敦港在英国进出口贸易和国内贸易方面都发挥着关键的作用。伦敦港是英国东南部最大的港口，2010 年货运量达到 4810 万吨，集装箱吞吐量约 143 万标准箱。伦敦港由 70 个独立经营的码头及其港口设施组成，包括印度及米尔瓦尔（India and Millwall）、蒂尔伯里（Tilbury）、皇港区（Royal），直接就业人数超过 3 万人。伦敦港务局地产包括城市仓库，计 1605.8 公顷；码头和港池水域面积 207 公顷；直线泊位长 35.4 公里。

港区装卸设备现代化，有各种岸吊、可移式吊、集装箱吊、突堤吊、门吊、跨运车、叉车、载运车及滚装设施等，还有起重能力达 200 吨的浮吊及直径为 152.4~406.4 毫米的输油管供装卸使用。码头上装备了雷达计算机管理及检测系统，是目前世界上最现代化的自动化管理系统。河口北岸的科里东（Coryton）码头宽 300 多米，可停靠 20 万载重吨的大型油船，往上到伦敦塔桥收缩到 100 多米，5000 载重吨的船舶可自由直达伦敦市中心。两岸泊位可同时停靠 150 多艘海轮。现代化的粮仓容量约 11 万吨，油库容量达 158 万立方米。在印度及米尔瓦尔港区有英国最大的酒类装卸码头，拥有一座巨大的现代化酒库，其散装酒货棚可容纳 3000 吨的玻璃纤维酒罐，并有紫外线消毒设备。在 20 世纪 80 年代末，港口当局曾将蒂尔伯里改为两个独立港。它是英国主要集装箱码头之一，也是欧洲现代化集装箱码头之一。伦敦港同世界上 100 多个国家和地区的港口有往来，历史上年货物吞吐量曾达 8000 万吨，近年来有所下降，徘徊在 5000 万吨左右。伦敦港进口货物主要有石油、煤炭、钢铁、木材、矿石及粮谷等，出口货物主要有水泥、机械、车辆、石油制品、化工产品及日用杂货等。该港还有特殊规定：一是没有港口卫生当局及海关的同意，活牲畜禁止上岸；二是对装有原油、化学品、爆炸品和其他危险品的船舶，制定限制措施，凡装载这些货物的船舶应向港口当局报告，并查明是否准许航行。

（二）航运服务业

随着英国经济发展和结构调整，港口在全球的地位逐渐下降。在航运服务领域，伦敦仍处于世界领导中心地位，尤其是航运金融和海事专业服务方面，具体涉及银行、保险、船舶经纪、法律、会计、船级社、出版等方面的服务。以 2008 年为例，其保赔保险、油轮租船及二手船吨位均占据国际市场份额的一半或以上；干散货租船市场约占据国际市场份额的二分之一；其余单项并不低于国际市场份额的 10%。

1. 航运金融

航运金融服务的主要提供者包括商业银行、投资银行和小额信贷机构。伦敦航运金融中心与汉堡、纽约两个同样在航运金融领域发挥重要作用的航运中心比较有一个鲜明特点，即具有创新性的融资结构和多种融资方式选择的机会，如租赁融资。汉堡以传统的船舶信贷和非公开融资为主，纽约则以利用股票市场进行公开融资为特色，伦敦则兼具两者的做法。伦敦国际金融服务组织（IFSL）发布的报告显示，英国商业银行提供的船舶融资余额在世界该项船舶融资贷款总额中占有较高比例。

投资银行在航运金融业的作用有两个方面：一是提供融资服务；二是提供咨询服务。但从业务总量上看，投资银行提供的融资规模不是很大。同时，航运公司市场价值增幅较大，其增幅反映了融资市场的复苏和发展，而投资银行在其中发挥的作用具体体现为兼并和资产买卖、信贷、债券发行和其他结构性融资业务。伦敦国际金融服务组织（IFSL）发布的报告称，2008 年底，全球船舶融资总额达 3910 亿美元，其中伦敦占世界份额的 13%，约 508 亿美元，居世界第三。

2. 航运保险

伦敦保险市场是国际贸易领域占主导的保险和再保险市场。海上保险是典型的高风险保险。在一个地方性的保险市场中，很难建立相当规模、业务全面的海上保险市场。伦敦保险市场上的劳合社、保险公司和再保险公司提供了范围广泛、种类齐全，涵盖船舶、货物、能源和责任的各种海上保险。保赔保险协会（P&I Club）则提供保赔保险。伦敦国际金融服务组织（IFSL）发布的报告显示，近年来，船舶、货物、能源和责任的直接保费收入有不小的增幅。英国海上保险市场份额也有所上涨。伦敦保赔保险协会是世界上最大的保赔保险中心，占据世界保赔保险份额的大部分市场，2008 年占世界保赔保险份额的 62%，总保费额达到 17.9 亿美元；挪威是世界第二大保赔市场，2008 年占世界保陪保险份额的 25%；剩余份额基本上被日本、美国和瑞典占有。伦敦大部分保险业务是通过保险经纪人来安排的，保险经纪人在投保人和保险人之间提供中介服务。这是因为伦敦保险市场上一笔保险业务通常是由几个保险人承保的，这依赖于保险经纪人提供合适的安排，使每个保险人只承保该业务的一定比例。在伦敦船舶保险市场中，尽管有多家船舶经纪公司提供中介服务，但业务有逐渐集中到大经纪公司的趋势。伦敦保险市场中还拥有众多海损理赔公司和专门从业人员。通过这些海损理赔人（Average adjuster），就海损索赔提供理算和咨询服务。

3. 船舶经纪

船舶经纪人（Shipbroker）有两种主要功能：一是为船东和承租人订立租约提供服务；二是为船舶买卖双方，包括船舶建造企业，订立船舶买卖合同提供服务。2008 年，伦敦大约 400 家船舶经纪公司产生了 9.48 亿英镑的净出口利润，为英国占全世界 50% 的油轮租船经纪市场份额和 30% ~40% 的干散货租船经纪市场份额发挥了关键作用。伦敦也是全球最主要的船舶买卖市场之一，每年的世界船舶买卖市场都有超过 340 亿美元的船舶交易，伦敦船舶经纪人介入了半数以上的全球新船和二手船买卖经纪业务。此外，由英国船舶经纪人在场外衍生品交易市场完成的远期运费协议的交易额达 1630 亿美元。

以雇员多少为标准，伦敦最大的船舶经纪公司有 Clarkson，Simpson Spence & Young Ltd.，Braemar Seascope，EA Gibson Ltd.，G. 等，船舶经纪公司共有 400 家左右，从业人员有 5000 人。伦敦大部分的船舶经纪机构都是波罗的海交易所（The Baltic Exchange）的成员。波罗的海交易所成员来自国际不定期船舶运输业的各个领域，分市场成员（Marketmember）和非市场成员（Non-marketmember）。市场成员包括船舶经纪人（Shipbroker）、船东（Shipowner）、货方（Cargointerest）；非市场成员包括专业人士及与国际航运紧密相关的机构，如海事律师、保险人、船舶登记机构、船舶融资机构、船级社等。波罗的海交易所实行董事会制，其董事会由 15 位董事组成，其中，12 位由股东选出，3 位由会员选出（这些会员不要求拥有股份）。董事会下设 20 余人的秘书部进行日常业务管理，负责监督、分析市场变动，为其成员提供服务。

4. 航运人才培养

伦敦重视航运服务业专业人才的培养，许多大学设有与航运教育有关的设计、工程、科学与经济学方面的课程。伦敦城市大学的卡斯商业学校和伦敦都会大学设置国际航运商业课程，直接支持航运业和城市航运服务的发展。此外，伦敦还设置一些船员培训机构。2009 年，英国海事从业人员总计约 15600 人，其中，船舶经纪约 5000 人，船舶入籍人员 3000 人，保险人员 2950 人，法律机构从业人员 2050 人，银行从业人员 200 人，其他相关人员约 2400 人。

5. 法律服务

英国的法律服务业是英国经济的主要来源之一。根据伦敦国际金融服务组织的统计，2015 年英国法律服务业的总收益为 257 亿英镑，占英国全年国内收入的 1.19%，而且在 2015 年提供了 370000 个就业职位，包括 91062 个私人执业律师和 42305 个非私人执业律师。伦敦是英国法律服务业的主要板块，尤其是航运法律服务业，是国际海事法律服务中心。英国法律比其他任何国家的法律被更广泛地用于解决航运纠纷。海事法律服务通常可分为诉讼和非诉讼两类，服务范围涉及租约、造船、金融、商品、能源、保险、货物、碰撞、打捞、共同海损、污染等。很多争议是在专门的海事法庭和商事法庭解决的，或通过其他各式各样的争议解决方式。

伦敦是解决国际航运争议的集聚地，在商事法院和海事法院通过诉讼解决的国际性争议超过80%。1985年在英国高等法院开设了独立的商事法院来解决国际商事争议，2015年商事法庭发起了近1100起争议，虽然比2007年的1593起争议少，但也高于2000年至2006年每年解决的争议数量，其中，有半数以上的争议属于海商海事争议，包括租船争议、货损争议以及海上保险保单争议等。英国海事法院从14世纪就存在了，但近年来解决争议数量有所下降，2008年只解决了128起争议。

6. 船级社服务

在全世界50多个船级社中，有10个组成了国际船级社联盟（International Association of Classification Society，IACS），其总部就在伦敦，船级社为船舶设计、建造和检验提供了技术性标准，符合船级社标准的船舶将获得该船级社颁发的证书。船级社服务包括检验船舶看其是否达到结构上及机械上的要求，因此，至今海上保险业界还依赖船级社对船舶的评估。此外，伦敦是全世界最早的主要船级社——世界闻名的劳埃德船级社总部所在地，也是其他世界顶尖船级社的集聚地，可为全球90%的货物吨位的船舶提供船级评估服务。2008年，劳埃德船级社评估的船舶毛吨位为1.47亿吨，占全球海运商船吨位的18%。

7. 其他服务

其他服务包括会计服务、出版服务、研究服务、教育培训服务、技术和工程咨询服务等。伦敦著名的会计与管理咨询机构包括普华永道国际会计公司、德勤会计师行、安永国际会计公司、马施云公司、奥拉海运风险管理咨询有限公司、集装箱化国际资讯中心等；其出版、研究与活动著名的机构包括克拉克松研究公司、伦敦海事研究中心、Informa出版社、劳埃德船级社出版中心等；伦敦还有一些船员培训机构，提供航运人才的培训服务；此外，技术与工程咨询服务主要企业有英国伦敦国际战略研究所、Drewry咨询公司、Clarkson咨询公司等。

（三）管理机构与体制

伦敦港是一个自治港，由伦敦港务局（Port of London Authority，PLA）负责管理、运营。伦敦港务局是按照自筹资金、公共信托组建的港口管理机构。从其本身的性质及其履行的职责分析，伦敦港务局同时具有商业经营和公共管理双重角色，是政企合一的机构。

首先，伦敦港务局是一个独立于中央和地方政府的商业性机构，不是英国政府或地方政府所属的机构，但有半官方的性质。港务局除经营码头出租业务外，还从事货物装卸业务。码头设施的租金和货物装卸收入直接上缴港务局，用于港口发展，一般不向国家缴税。

其次，作为公共管理主体，英国法律授予其广泛的权力，因此，意味着其需要承担非经营性质的政府管理职责，其基本职责包括确保在泰晤士河上航行安全、促进泰晤士河充分利用和保护环境。伦敦港务局按照《1908 年伦敦港法》（*Port of London Act 1908*）设立。《1908 年伦敦港法》在 1968 年进行了重大修改，被命名为《1968 年伦敦港法》（*Port of London Act 1968*）。在此之后又经过若干次修改。与 1908 年法相比，伦敦港务局享有范围更广泛的权力，同时，也承担起更多的职责。新增权力和职责有：①根据泰晤士河章程、一般指导规则和其他相关规则，对泰晤士河航行进行管理；②对于泰晤士河水利工程疏浚实施许可管理；③泰晤士河水文测量；④对商船实施监督和许可；⑤对沉船和其他危及航行的物体进行打捞；⑥对普通船员和驳船船员核发许可证等。《1987 年引航法》（*Pi Lotage Act 1987*）赋予伦敦港务局引航管理职责，伦敦港务局作为伦敦引航区引航管理机构发挥作用。《1987 年港口区域危险品条例》（*Dangerous Substancesin Harbour Areas Regulations 1987*）授权伦敦港务局制定实施细则，对泰晤士河散货危险品运输船舶实施管理。该条例同时要求伦敦港务局制定实施港口应急预案和程序。《1995 年商船法》（*The Merchant Shipping Act 1995*）授权伦敦港务局制定规则预防油污，同时，授权港务局在港口区域提供航行灯塔、浮标和航行标志。

（四）政府政策

伦敦不仅是现代航运发展的引领者，还是现代航运高端产业的聚集地。在这一发展与进步的过程中，英国在制定各项政策，为航运企业创造便利、安全的经营环境，提供高端、优质的航运服务等方面的举措是其他航运发展地区可资借鉴的样板。

口岸监管。自由区的货物可以进行有形控制，如使用围墙、篱笆或其他实物障碍，但更常见的货物管理方式是以审计为基础的商业记录检查，类似于海关仓库的管理。

自由港税费政策。在自由区内，货物在被获准在欧盟内部自由流通或再出口到欧盟以外地区之前，可进行各种交易而不需缴纳关税、增值税和其他费用。

自由区内加工、仓储政策。自由区被认为处于欧盟关税区以外，可以进口本来要征收反倾销关税的货物，加工成为只征收正常关税的制成品。大多数货物可以在自由区内无限期存放。公司也可以建立自己的自由区。经关税与消费税署（HM Customs & Excise）批准后，只要符合安全和注册要求，这些公司可进口或储存货物，并可在自己的基地进行各类加工。

海关仓库优惠政策。除了自由区外，伦敦设有海关仓库，提供与自由区同样的优惠条件。所不同的是，这里一般只可存储货物，进行物品再包装或分类整理。政府允许对货物作进一步处理，例如，将货物临时移走进行加工后再运回仓库。货物可在海关仓库无限期存储。

（五）航运税费

1. 税收立法及征管

英国税收分为国税和地税。英国税收收入和权限高度集中于中央。全国的税收立法权由中央掌握，地方只对属于本级政府的地方税享有征收权及适当的税率调整权和减免权等。但这些权限也受到中央的限制。英国的中央税收征管划归两个征管系统负责。一是直接税征管系统，由国内收入局负责征收个人所得税、公司所得税、石油收益税、资本利得税、资本转移税、土地开发税和印花税等。二是间接税征管系统，由关税和消费税局负责征收增值税、消费税和关税。国内收入局、关税和消费税局受财政部的监督指挥，并直接向政府财政大臣负责。

2. 航运税收政策

（1）折旧政策。英国允许船东采取余额递减法对船舶固定资本进行折旧，以降低应税利润的比例。折旧期一般为 8 年，可折完 94.2%。在 1985 年前，英国还曾对新船实行自由折旧制，其限度为 100% 的折旧额，各年度可提取任何数额的折旧额，即使第一年全部折旧完也在允许之列。1985年规定，船舶第一年的折旧率可为75%，目前已降低至25%。在1985年之后，英国的自由折旧制已逐渐被取消了。

（2）对于老旧船处分以后，以新的船舶来代替的船东，对于船舶处分利益可享受1994年所实施的关税优惠制度。

（3）实行吨位税制度。吨位税的费率非常低，所以与免税措施有相同的效果。吨位税的计算方式为，首先根据营运船舶的吨数来计算名目上的企业利润，然后将企业利润与法人税率相乘便可得出应纳税额。

二　腹地经济型的港口经济圈

所谓腹地经济型的港口经济圈，是指以其国家（或地区）内部的直接经济腹地为主要服务对象，以本国外贸直达运输服务为主的港口经济圈。腹地型港口经济圈通常是依托本国强大的腹地经济以及现代化的集疏运网络建立起来的。本国经济与贸易的发达程度，直接影响到腹地型港口经济圈的运营规模与效率。腹地经济型港口经济圈主要依赖本国的市场，这也易于导致其自身服务水平参差不齐，受到本国相关政策环境的强烈干扰，因此，该类港口经济圈的竞争力和服务效率差别较大。

鹿特丹是腹地经济型港口经济圈的典型代表。鹿特丹港口经济圈背靠欧洲大陆，依靠欧盟强大的腹地经济以及现代化的集疏运网络，是整个欧洲与世界各主要港口联络的枢纽，以本地区外贸直达运输服务为主，是典型的腹地经济型港口经济圈。

鹿特丹港位于莱茵河和马斯河入海口，自1868年莱茵河交通自由化和1872年新水道的开通，鹿特丹港得以快速发展。港口区位优势带动城市迅速崛起，尤其在第二次世界大战后，原油冶炼、石化制造、贸易运输等产业向鹿特丹加快聚集，全年集装箱吞吐量从1970年的20万标准箱增加到1998年的601万标准箱。作为主要的集装箱枢纽港，鹿特丹是目前荷兰经济的重要指标之一。作为一个典型的腹地经济型港口经济圈，鹿特丹承担了美国向欧洲出口货物43%的中转、欧共体30%的外贸货物、莱茵河75%的转运量、日本向西欧出口货物34%的中转。优异的航运服务业是鹿特丹港长期雄踞世界航运榜首的重要原因。目前港域拥有：多系列14米以上的深水泊位；配合密切与便捷的海陆空联运网络——良好的注册泊位和岸场；多个深水修造船厂；健全的综合服务设施（装卸、加工、包装、驳运与保税仓库等）；舒适的海员休息、旅游、娱乐设施等。另外，在市区拥有众多银行、保险公司、贸易中心和大型商品交易市场等服务于航运业的功能设施。

现在鹿特丹港口经济圈航运服务功能基本形成以下格局：港口服务功能以及相应的物流配送、拼拆箱等作业主要布局在靠近北海岸线一带；市中心及毗邻地区主要集聚了高端航运服务和管理功能，驻扎了鹿特丹港口当局和邮轮母港。

（一）港口业务

鹿特丹港位于莱茵河出海三角洲的北侧，新马斯河河口的东侧，港口总面积约 105 平方公里，其中，水域 35 平方公里，工业区域 47.97 平方公里，港区面积 22 平方公里，东西港口延伸约 40 公里，码头岸线总长 77 公里，全港有大小远洋船泊位 380 余个，入港航道水深 25 米。鹿特丹港铁路、公路、航空与欧洲内陆的联系都很方便，该港东北约 310 海里即到德国著名港口汉堡港，海轮顺莱茵河而上可至德国科隆，500 吨汽船可达瑞士巴塞尔。除了背靠荷兰经济腹地外，莱茵河、马斯河流域以及欧洲中西部发达经济地区的辐射效应，也为鹿特丹港提供了大量货源。优越的地理位置使鹿特丹港内通莱茵河、马斯河流域航运网，外联北海航线，将西北欧经济圈与世界紧紧相连，成为全球吞吐量最大的国际集装箱枢纽港。鹿特丹港是欧洲最大的物流枢纽港和航运产业集中地。有 500 多个班轮航次将鹿特丹与世界上 1000 多个港口联系起来。2005 年鹿特丹港货运量是 3.7 亿吨；2006 年为 3.8 亿吨；2007 年，鹿特丹港货物装卸量在欧洲所有港口中第一个突破 4 亿吨，达到 4.07 亿吨；2010 年集装箱货物达到 1114.6 万标准箱，同比增长 14%。

（二）航运服务业

鹿特丹是欧洲的门户，是世界上最繁忙的港口之一，每年有 31000 艘海船和 133000 艘内河船挂靠鹿特丹港，500 多条班轮航线连接世界 1000 多个港口，这使鹿特丹港成为船舶建造、修理和其他海事服务的理想地点。鹿特丹港通过提供各种海事服务为船东和航运公司从事经营活动营造了良好的运作环境，如拖航服务、通信服务、引航服务、船舶修理船坞、海事装备供应、检验和检查、生活用品供应、维修、废物处理、船员交接等。鹿特丹港也是世界第二大油轮港，每年吸引越来越多的油轮，能够保障燃油产品的供应和具有吸引力的燃油价格。

海事服务企业在鹿特丹提供服务具有选择不同营业地点的优势，可以是在市区、港口地区或大鹿特丹地区。另外，人才和技术储备也是鹿特丹吸引海事服务企业的优势，如船舶管理、船舶租赁、船舶经纪等方面的人才较为集中。鹿特丹因地制宜，依靠自身优势逐渐形成了具有特色的航运服务集群。现有的主要产业集群如下。

1. 港口工业

（1）炼油和化工工业。壳牌石油公司、埃索石油公司、科威特石油公司。

（2）食品工业。联合利华公司、可口可乐公司等。

2. 航运产业

（1）货代。敏捷公司、阿勒斯鹿特丹公司、ABX 物流（荷兰）公司、Acetra 物流解决方案公司、施康物流等 391 家货代公司。

（2）内河运输。Contargo 公司、Lehnkering 物流公司、易北河赖恩劳埃德公司、阿梅尔运输公司等 102 家内河运输公司。

（3）班轮代理。比荷卢公司、马士基、达飞轮船（荷兰）公司、自鲸租船公司、商船三井（欧洲）公司、日本邮船（比荷卢）公司等 85 家船舶代理。

（4）无船承运人。全球联盟公司、GLE 海事公司、网上货运鹿特丹公司等 112 家无船承运人。

（5）船务经纪商。英荷船务经纪商、阿梅尔运输公司等 93 家船务经纪商。

（6）船务公司。达飞轮船（荷兰）公司、欧洲赖恩国际公司、泛亚班拿国际运输公司等 132 家船务公司。

3. 金融、咨询和服务业

（1）会计师、律师和公证员。安永会计师事务所、普华永道会计师事务所等 21 家公司。

（2）银行保险。荷兰国际集团、荷兰银行、富通银行等 33 家公司。

（3）咨询。安永会计师事务所、普利姆索尔管理顾问 BV 公司等 113

家公司。

4. 港口推广业

鹿特丹港口管理局、荷兰造船协会、鹿特丹港口促进委员会等。

5. 运输业

力士船务货运公司、Broekman 航空物流公司、驳船公司阿姆斯特丹公司、驳船码头蒂尔堡公司、法国国营铁路公司等。

6. 相关产业

挪威船级杜－挪威船级社公司、库拉索拖船公司/库拉索港务局（代表处）、北极冷藏服务和维修公司、Transmo 集装箱服务公司、荷兰铁行·渣华公司等。

鹿特丹港口经济圈服务的核心企业包括壳牌石油公司、埃索石油公司、科威特石油公司、渣华飞利浦配送中心、联合利华公司、可口可乐公司、荷兰铁行·渣华公司等，其发展推动了鹿特丹港口经济圈建设的推进。

（三）管理机构与体制

鹿特丹港是典型的地主型港口。港口的土地、岸线和基础设施的所有权为鹿特丹市政府，市政府下设港务局（Port of Rotterdam Authority），负责港口的开发建设和日常管理工作。鹿特丹港务局对港区内的土地、码头、航道和其他基础设施进行统一开发，通过短期出租和长期租赁的形式将港口的基础设施（港区、码头等）出租给私人企业，如码头装卸公司、仓储公司、分拨中心、工业货物和液化货物码头等由私营企业经营，所有的日常业务，如货物装卸、储存、运输等都由这些公司自己安排和执行，企业只需投资码头上的机械设备、库场和其他配套设施，雇用码头工人和管理人员，而港务局收取一定的租金。

（四）政府政策

鹿特丹港拥有完善的海关设施，便利、适宜的海运政策，保税仓库区域内企业在海关允许下可进行任何层次的加工。对集装箱货物的仓储和配送来说，坐落在港区和各个工业区内的物流配送基地可以为其提供最完善的各种增值服务。

1. 口岸监管

海关提供 24 小时通关服务（周日除外）、先存储后报关、以公司账册管理及存货数据取代海关查验，企业可以选择适合的通关程序。

2. 造买船政策

（1）合同价的 10% 补贴（5 年内船），5 年以上支付（准备 9%）。

（2）可提供 2% 利率补贴。

（3）出口担保，按经济合作与发展组织（OECD）标准。

3. 自由港口政策

鹿特丹货源的 75% 以上为转口贸易，港区设"保税仓库"，专供待售和转口货物整船寄存，仅收仓储费用，免征关税，海关在手续上尽量适应各自商人过境、转口和分销要求，除毒品和军火外，几乎所有商品都可自由出入，不受种类和数量限制。

（五）航运税费

1. 税收立法及征管

荷兰实行中央和地方两级课税制度，采用的是以所得税和流转税为"双主体"的复合税制结构。荷兰的税收立法机构和税收执法机构相分离，政策实施机构与政策研究机构相分离，基层征收分管按税区设置。荷兰税务当局依据不同纳税人分为个人，中小公司，大公司，参与进口、出口和商品转移的纳税人四大类。荷兰税务总局按照四大类下设五个业务司，即大公司税务司、南部税务司、北部税务司、个体税务司和关税司。各税务分局负责管理各纳税人所有税种的应纳税额。

2. 税收种类

企业所得税、个人所得税、增值税和消费税等税种在税制结构中居重要地位，与其他直接税和间接税共同组成了荷兰税制结构的完整体系。

3. 税收优惠

（1）直线或全额递减折旧法。船舶所有人可以选择使用直线折旧法，折旧期为 12~20 年；也可以选择余额递减折旧法，折旧率为 12%~16%，最高折旧额为船舶原价减为 10% 的津贴以及出售另一船舶的纯利。除某些例外情况外，经营亏损可以移后扣减 8 年或移前扣减 3 年。减征船员所得税和社会保险费的各 35% 退还业主。

（2）远洋船舶免增值税。远洋运输船舶（除不用于公共运输的游艇外）免征增值税，建造这些船舶、装置和修船所用的产品和服务也同样免征增值税。进口的船舶不收增值税。

（3）远洋造船之原料免关税。用于远洋船舶建造、修理、保养或改装的物品免征关税，用于对远洋船舶装修和装备的物品也免征关税。

（4）法人所得税除了原有的以实际净利润为对象外，还可选择吨位税这种新方式，船公司可以自由选择原方式或新方式，但至少要保持所选方式 10 年不变。同时鼓励雇用荷兰本土船员，对船主雇用荷兰船员征收的雇佣税的减免幅度从 19% 提高到 38%。

三　全要素型的港口经济圈

目前，世界上占主流的港口经济圈是在继续发展货运中心的基础上，大力发展和健全航运服务产业体系，特别是高端航运服务业，以形成航运全要素集聚的发展模式。例如，纽约新泽西港作为港口经济圈，通过纽约和新泽西之间的联手，使其不仅利用新泽西所具有的强势的港口资源，而且充分利用纽约作为世界重要的金融、贸易、商业中心的地位，在保持其货运功能发展的同时，依靠发达的综合服务功能，发挥着全球重要港口经济圈的作用。我国的天津港口经济圈有与之相类似的发展趋势。

纽约位于美国东北部哈得逊河流入大西洋的河口处，是美国最大的金融、商业、贸易和文化中心，也是世界著名的国际大都市。"二战"之后，纽约港口经济圈是在纽约国际金融中心的支撑下形成的。纽约港是世界上天然深水港之一，目前有两条主要航道。一条是哈得逊河口外南面的恩布委斯航道，长 16 公里，宽 610 米，维护深度 13.72 米，由南方或东方进港的船舶经这条航道进入纽约湾驶往各个港区。另一条是长岛海峡和东河，由北方进港的船舶经过这条航道。哈得逊河入海口的狭水道，水深 30 多米，东河水道大部分河段水深在 18 米以上，最深处近33 米。港内淤积量小。纽约港腹地广大，公路网、铁路网、内河航道网和航空运输网四通八达。其主要分布在上纽约湾沿岸、哈德逊河西岸，以及西部纽瓦克湾岸等地。属纽约州地界的有以下几个码头。

①曼哈顿岛西南的哈德逊和东河沿岸码头群。前者有几十座突堤，前沿水深 13 米，曾长期是横渡大西洋的班轮停靠码头，目前是全港最大的客运码头群，还有众多企业所有码头；后者水深 11 米，第 36～42 号突堤为杂货装卸码头。

②长岛西岸的布卢克林集装箱码头群。其也有几十座突堤，前沿水

深 13 米，港务局所属码头泊位 36 个，雷德·霍克集装箱码头和南布卢克林集装箱码头亦分布于此，是纽约港最大的远洋杂货港区；还有众多的企业自备码头，其中石油码头就有 5 座。

③斯坦敦北部港区，既有东北纽约第一外贸区沿岸的码头群，又有西北岸的霍兰·霍克集装箱码头。属新泽西州地界的有哈德逊河西岸码头群，既有何宝根沿岸的海运杂货码头，也有波特·西雅津终端的集装箱码头，以及从威豪根到爱德华沿岸的众多企业自备码头。

④泽西城码头区，位于上纽约湾西北岸，有十多座突堤，其北部是水陆联运散货码头区，其南部有格洛巴尔集装箱码头。

⑤纽瓦克和伊丽莎白港区，位于纽瓦克湾西岸，有 2 个各长约 2 公里的挖入式港池，是全港最大的集装箱港区，特别是伊丽莎白港区，共有 6 个集装箱码头，28 个泊位，码头线长 6 公里左右，前沿水深 11 米，码头总面积 380 公顷，此外，纽瓦克港池还有 20 多个杂货泊位。巴约尼、阿瑟河两岸，以及纽瓦克西北岸的专用码头区，主要卸石油。全港共有 400 多个远洋深水泊位，其中，包括 40 个集装箱泊位在内的杂货泊位 100 多个，年装卸货物 1.5 亿吨左右。

纽约港伴随着美国经济结构的调整，吞吐量逐渐萎缩。1983 年货物吞吐量为 1.49 亿吨，居世界第三位；集装箱装卸量达 206.5 万标准箱，为世界第二大集装箱港。此后，纽约港逐步趋向停滞衰落，1995 年集装箱装卸量为 225 万标准箱，货物吞吐量不足原来的一半，世界排名大幅下滑。2015 年，纽约－新泽西港集装箱吞吐量约为 1002 万标准箱，逐渐恢复到金融危机前的水平。

（一）航运服务业

纽约是世界最大跨国公司总部最为集中之地。在财富 500 强中就有 46 家公司总部选在纽约。纽约有制造业公司 1.2 万家，许多全球制造企业都在这里设立了总部机构，制造业的发展拉动了纽约配套的新型服务业。在纽约，每天都要发布重要公司和产品的信息，使纽约成为名副其实的国际经济中心。依托于纽约国际经济中心的地位，纽约成为全球航运金融最发达的地区之一。英国伦敦"劳埃德航运经济学人"于 2007 年 4 月提供的资料显示，截至 2006 年 11 月 30 日，在全球 37 家证券交易所正式挂牌上市的航运公司有 180 家，总共拥有 8645 艘货轮船队，相当于全球航运公司船队货船拥有总量的 35%。其中，集装箱运输公司 28 家，油轮公司 47 家，干散货船公司 37 家，燃气运输船公司 9 家，轮搜公司 11 家，其余 48 家为以航运为辅助业的混合经营型轮船公司。总共获得市场资本 2090 亿美元。

（二）管理机构与体制

港口经营管理模式独特。纽约新泽西是一个组合港，港口包括三部分：纽约、新泽西、纽瓦克，分属纽约和新泽西两个州的辖区内的组合港。纽约港有 16 个主要港区：纽约市一侧 10 个，新泽西州一侧 6 个。

港口实行政企分开的管理模式。港政管理机构是由两州政府成立的港务局，它代表政府管理港口的岸线资源和港口的资产，参与港口的规划和航道疏浚、码头前沿等基础设施建设。港务局将码头建成后，租给码头公司或船公司负责经营，港务局收取码头的租赁管理费用，但不参与码头的日常性业务经营活动。港务局由管理委员会管理。委员会由 12 名委员组成，两个州的州长经参议院批准各任 6 名委员。12 名委员作为公共官员，不受薪，任期为 6 年，其任期相互交叉。州长保留对该州任命的委员的行动进行否决的权利。港务局只能从事两个州授权从事的业务和项目。委员会会议是公开的。管理委员会任命一位执行总裁负责执行该机构的政策以及日常管理。码头公司管理码头装卸业务，但没有直接雇用码头工人的权利，码头上的每个就业岗位及其待遇都由码头工会控制。这样的体制，能较充分地发挥船公司、码头公司等企业的经营活力，促进港口在基础设施、投资营运和管理方面的良性发展，也保证了码头工人优厚的待遇。

（三）政府政策

1. 造船政策

（1）贷款利率政策。美国政府往往向船东提供低息的长期贷款，促进船东建造新船。

（2）造船补贴政策。美国的造船补贴政策主要是 CDS，即建造差额补贴政策。这个政策规定政府对美国航运企业在国内建造船舶与在国外建造船舶的差价给予一定补贴。该政策对美国海运业的发展起到了一定的推动作用，一定程度上刺激了美国船东在国内造船的积极性，促进了美国船舶工业的发展。

2. 营运补贴政策

美国是一个营运补贴大国，营运补贴政策的主要形式是ODS，即营运差额补贴。该政策规定，对那些悬挂美国国旗，使用美国籍船员的航运企业，实行营运差额补贴，以使得美国籍船舶同外国船舶的最低营运费用相当。

3. 货载保留政策

货载保留政策就是国家通过立法等种种手段为本国船舶保留承运一定比例的对外贸易货物的优先权。美国政府物资的50%、军需物资的100%、对发展中国家粮食援助的75%需由美国籍船舶承运，美国能源部每年的战略是石油储备进口的原油，进出口银行贷款项目下的运输等都是美国籍船舶稳定的货源。美国籍船舶每年承运的货物中有40%是依靠货载保留政策获得的。

4. 航运税费

美国的资本建设基金制度（Capital Construction Funds，CCF），可用于在美国境内建造、登记的船舶。CCF中需要设立三个账户，即资本账户、资本收益账户及一般收入账户，将已完税收入（即折旧费）存入资本账户，将延期纳税收入（即资本收益）及一般收入分别存入资本收益账户和一般收入账户，从而将已完税存款与延期纳税存款加以区别，经营人能享受到税收补贴的是存入资本收益账户与一般收入账户的存款。它对何种船舶所有人、何种收入不能存入该基金没有任何保留性限制，使得该制度可以让美国船舶所有人最广泛地享受美国政府对航运业的税收优惠补贴。该制度对船方来说，主要是获得税收延期带来的收益。CCF只是美国政府通过税收延期的方式给经营人以资助，税收延期并不等于免税，但它确实在一定程度上减少了部分税收。延期时间越长，折现率越高，则税收延期所减免的税收就越多。或者说，经营人可以把款项用于新造船的再投资存入CCF，这样纳税人就可以无限期地延期。

美国政府对航运业税制的优惠，除对于进口船舶从事国际航运者不需缴纳关税及设立专项基本建设基金（CCF），使船东通过将多种收益和折旧提成等存入基金可免纳或缓纳税金而受益外，还通过采用加速船舶折旧的方式给船东以税收优惠。美国基本上采取余额递减法使船舶快速折旧。其折旧年限仅为 5 年，时间之短已不符合船舶正常的使用寿命。另外，美国还采取年限总和法及双倍余额递减法折旧。这些快速折旧法使美国船东得以将每年提取的折旧作为免税资金尽快地继续投入经营，并可将这些资金当年取得的税后利润也作为资金转入第二年度的经营活动。由于美国船舶折旧年限短、折旧速度快、折旧资金大，故使其船东在整个折旧经营中获利相当丰厚。这种折旧的实质就是政府通过对航运企业余额递减折旧所获利润缓征课税，以及对该部分资金经营而产生的企业税后利润征税延迟，将国家原来应得的部分税收利益让渡给企业，从而起到扶植企业发展的作用。

四 国际中转型的港口经济圈

所谓中转型港口经济圈，是指以国际货物中转及其相关服务为主的港口经济圈。一般来说，中转运输型港口经济圈所在国家或地区内部的直接外贸货物运量有限，其国内（或区内）腹地（主要通过陆运）难以支撑起港口经济圈庞大的物流及其相关服务需求，因而需要以境外腹地（主要通过海运）作为其重要的经济腹地，即将其他国家或地区的国际货物作为其服务的重点目标对象。应该说，中转型港口经济圈的运营内容，客观上要求其必须具备优良的区位条件以及上佳的自由贸易政策环境。

中转型港口经济圈的代表是香港和新加坡，这与世界三大经济区中的东亚经济区相对比较破碎，区内的经济联系主要是靠海运来完成有着密切的关系。2015 年，新加坡码头完成集装箱吞吐量为 3092.2 万标准箱，中转箱量占总量的 80%，全球每 7 个中转箱就有 1 个由新加坡码头处理；同年，香港的中转吞吐量（重箱）约占当年集装箱重箱总吞吐量的 60%。

香港是以提供货物运输服务为主的实务操作型港口经济圈，拥有完善的港口基础设施和巨大的港口货物吞吐量以及集装箱量，并以巨大充沛的货源货流影响着华南及周边地区的航运市场与产业。同时，香港是全球最大的集装箱港口之一，集装箱吞吐量总量居世界前列，其中，集装箱中转比例保持在 60% 以上，是典型的中转型港口经济圈之一。香港在保持港口迅速发展的同时，注重营造航运业的自由发展环境，航运经纪、船舶管理、航运金融、海事仲裁等航运服务业也得到迅速发展，逐渐成为世界最大的独立商船队总部和亚太地区港口经济圈。

新加坡港口经济圈地处马六甲海峡东端，是东西方商贸往来的必经之地，是东南亚的海上枢纽，被誉为"东方十字路口"，是亚欧航线、澳新航线等重要航线的必经之地，是世界最繁忙的集装箱港口之一，国际中转比例超过80%，是中转型港口经济圈的典型代表。早在19世纪初，新加坡就已经是海运货物的集散和中转地，成为原始意义上的航运中心。从1960年开始，集装箱运输在世界上逐渐兴起。新加坡抓住机遇，开始大力兴建集装箱专用泊位，首个泊位于1972年投入运营。通过逐步改建和新建集装箱专用码头，配合积极的集装箱中转政策，并与政府当局和相关行业紧密协作，新加坡港迅速发展、转变成为地处东南亚的集装箱国际中转中心，超过80%是国际中转箱，是最典型的中转型港口经济圈。新加坡港与世界上120多个国家和地区的600多个港口建立了业务联系，每周有430个航班发往世界各地，为货主提供多种航线选择。有了如此高密度、全方位的班轮航线作保证，需要中转的集装箱到达新加坡后很快就会转到下一个航班运往目的地。新加坡港的大部分集装箱在港堆存时间为3~5天，其中20%的集装箱堆存时间仅为1天。新加坡作为国际集装箱的中转中心，极大地提高了全球集装箱运输系统的整体效能，成为国际航运网络中不可或缺的重要一环，是新加坡港口经济圈的最大特色。

（一）港口业务

1. 香港

香港的集装箱码头坐落于葵涌－青衣港池，一共有9个码头，由5家营运商管理和营运。这5家营运商是现代货箱码头有限公司、香港国际集装箱码头有限公司、中远国际集装箱码头有限公司、杜拜环球港务和亚洲集装箱码头有限公司。9个码头占地279公顷，提供24个泊位，共7694米深水堤岸。葵涌－青衣港池水深达15.5米，集装箱码头总处理能力为每年逾1900万个集装箱标准箱。

香港是全球最繁忙和最高效率的国际集装箱港之一，集装箱吞吐量连续多年居世界前三位，2015年香港进出口货运量达2.83亿吨，其中，海运为1.68亿吨，集装箱吞吐量近2011.4万标准箱。2015年，进出香港的船舶有 376040 航次，平均每天在港作业的远洋船舶有 248 艘左右。现在，香港每星期提供约 400 班集装箱班轮服务，连接香港至世界各地约 480 个目的地。

2015 年，葵涌－青衣集装箱码头的吞吐量达 1560 万个标准箱，占全港口集装箱吞吐量的 77.6%。余下 22.4% 的集装箱则在中流作业区、内河货运码头、公众货物起卸区、浮泡和陡泊处及其他私人货仓码头处理。

2. 新加坡

新加坡港是东南亚第一大海港，是世界自由港、海峡港、基本港之一。地处马来半岛南端的新加坡岛上。港口有天然掩护，水深而潮差小。港口转口贸易很发达。新加坡港有 6 个港区，位于岛北岸的仅有森巴旺码头区，其余 5 个港区位于岛的南岸，即裕廊港区、帕西班让港区、克佩耳港区、丹戎巴葛集装箱码头区和特洛克亚逸港区。泊位总长 1.35 万米，其中 10 米以上深水泊位约 1 万米。码头装卸设施齐全，在锚地可进行货物倒载作业。在帕西班让港区和特洛克亚逸港区有专门的倒载驳船码头。港口管理广泛应用计算机，管理水平先进。

新加坡港属热带雨林气候。年平均气温 24℃～27℃。每年 10 月至次年 3 月为多雨期。全年平均降雨量 2400 毫米。新加坡港属全日潮港，平均潮差为 2.2 米。港口自然条件优越，水域宽敞，很少有风暴影响，港区面积达 538 平方米，水深适宜，吃水在 13 米左右的船舶可顺利进港靠泊。港口设备先进完善，并采用计算机化的情报系统，同时谋求用户手续的简化和方便。

港口装卸设备先进，效率高。海上泊位多，最大可泊 35 万载重吨的超级油船，丹戎巴葛码头为集装箱专用码头，有 9 个干线泊位和 3 个支线泊位，其中有 6 个泊位可靠 6 艘第三代集装箱船舶同时作业，集装箱堆场可存放 3.1 万个标准箱，有最新式的用于堆垛集装箱的橡胶轮胎式装卸机。裕廊码头的周围是新加坡最大的裕廊工业区，它对该码头干、液、散货的输入、输出起了一定作用，该码头有 9 个深水泊位，最大可停靠 30 万载重吨的船舶，有仓库 8.5 万平方米，堆场 23.4 万平方米，谷仓容量达 4.8 万吨，有链带式干散货卸货机，可直接把货物运往仓库，散货的装卸能力每天达 1.4 万吨。该港炼油厂的储藏容量达 80 万立方米，精炼能力每天为 120 万桶（约 16 万吨），居世界第三位，仅次于鹿特丹和休斯敦。自由贸易区分布在港区内，面积达 4.05 平方公里，码头岸线长达 4.83 公里。过境货物仓库为 12 万平方米，露天堆场为 8.4 万平方米。

新加坡港是新兴的港口经济圈，新加坡自称是国际海事中心（International Maritime Centre，IMC）。进入 21 世纪，新加坡更加重视海事产业集聚及其对国际海事中心的意义。许多船公司、船舶管理公司、船舶经纪公司、船舶代理公司、船舶金融公司、海上保险公司、船级社、海事法律服务组织等在新加坡设立总部。2015 年，新加坡港货物吞吐量为 5.75 亿吨，集装箱吞吐量为 3092.2 万标准箱。

（二）航运服务业

1. 香港

香港是世界上著名的国际航运中心，同时也是亚太地区第三大国际金融中心。20 世纪 70 年代，香港在成为重要的银团贷款中心的基础上逐渐发展成为国际航运中心。目前，香港外汇市场日均交易量占全球的 6% 左右，银行外汇结存量约占世界总量的 7%，衍生工具成交量占全球的 5% 左右。在这样的金融环境之下，香港提供全面航运服务的能力应运而生，包括香港船舶注册、融资、保险、船舶管理等。香港拥有不少国际知名的船舶所有人，是世界上最繁忙的集装箱处理港之一，是亚洲区内与航运业有关企业的集中地，也是远洋船舶停泊中心。

香港有其开放的金融政策，在船舶融资及航运业资金结算领域占据一席之地。航运业还通过组成联盟来增强其在港航产业价值体系中的地位，如跨越太平洋稳定收费协议组织、远东船工会、亚洲运费协议组织等。香港港口经济圈一个重要的特征还表现在其航运服务业以及其他相关辅助服务业在港航产业价值体系增值中有着重要地位。香港航运发展局香港航运业统计摘要 2016 年公布的数据显示，2015 年，香港航运服务业（包括船务代理及经理、海外航运企业驻港办事处以及船只经纪）业务收益为 74 亿港元；香港一般保险业务、船舶损坏及一般法律责任的保险业务的毛保费和净保费从 2000 年以来都有较大幅度的增长，2011 年毛保费达到 16.3 亿港元，净保费达到 11.1 亿港元；其他比较高端的子产业如船舶注册、海事法律与仲裁、船舶融资与海事保险等较发达，对港航产业价值体系增值的作用不容忽视。

（1）船舶管理。香港大约有400家公司经营船舶管理和代理业务，有约8000名雇员。香港由第三方管理的船舶为450～500艘。香港的船舶管理服务内容丰富，除了船舶管理外，还包括船员管理和其他各种船舶管理服务。全球六大专业船舶管理公司，包括VShips，Hanseatic，Columbia，Barber，Wallem和Anglo Eastern，都在中国香港进行船舶管理服务，其中，华林船舶管理公司（Wallem）和英国东方集团（Anglo Eastern）的总部就在香港。香港华林船舶管理公司创建于1971年，在船舶管理业界享有盛名。通过自身培训、管理和雇用的6000名船员服务于其管理的350多艘各类船舶上，再加上岸基大量的技术人员组成了强大的服务体系，可以给世界上绝大多数种类的船舶提供专业的个性化管理服务。

英国东方集团创建于1974年，目前管理着将近300艘不同类型和吨位的船舶以及对70多艘船舶进行船员管理服务。其雇用了将近11000名各个国籍的船员，并有600多名全日制岸基技术人员进行辅助服务，船员主要以印度和菲律宾人为主，其运营了一个17000平方公里的培训中心，设有专门的船员研修设施和事务所，提供LNG船、LPG船、化学药品船、邮轮等船舶的管理服务培训以及船上和岸基的机器操作培训等。英国东方集团的最大特点是其工作人员有着丰富的专业知识，公司高级职员具有海洋工程、船长等许多工种的专业知识。该公司的工务监督都具有轮机长的资历，有丰富的海上工作经验。

（2）船舶注册。香港是全球最好的船舶注册地之一。香港船舶的（国际）航运收入全部免税，无须缴纳任何营业税（内地规定为营业全额的3%）、所得税（内地规定为利润额的15%～33%）。挂中国香港特区旗的船东可以选择在香港注册成立船公司或光船租赁公司，实际在香港营业；也可以选择不在香港设立任何形式的公司，只悬挂中国香港特区旗，有关费用则聘请香港代理代付。与五星红旗相比，挂中国香港特区旗的船舶可以进入中国台湾港口，而进入中国内地港口的吨税也比挂其他国家（地区）的国旗优惠29%。

截至2014年5月1日，根据丹麦航运统计数字（Danish Shipping Statistics，2014）的统计，香港以2201艘船舶、1.41亿载重吨，保持着全球第四大船舶注册中心的地位，香港注册船舶数量占世界总量的

3.9%，载重吨位量大约占世界总量的8.7%，总吨位量约为世界总量的8%。此外，中国香港航运发展局提供的香港主要航运业组别相关数据也表明，香港主要航运业组别的数量都有所增长，其中，船务代理及管理人和海外船公司驻港办事处比2008年的192家增长了29.7%，远洋轮船船东及营运者比2008年的64家增长了62.5%，往来香港与珠三角港口轮船船东及营运者比2008年的67家增长了7.5%（见表3-3）。

表3-3　2013年中国香港主要航运业组别相关数据

行业组别	数量（家）	就业人数（人）	业务收益及其他收入（百万港元）
船务代理及管理人和海外船公司驻港办事处	249	7764	5205
远洋轮船船东及营运者	104	3781	69413
往来香港与珠三角港口轮船船东及营运者	72	1829	5871

资料来源：中国香港航运发展局。

（3）航运金融。中国香港拥有自由开放的金融体系，资金流动不受限制，已经成为亚洲首屈一指的国际船舶融资中心，为船东提供了理想的营商环境。目前，很多来自欧洲、日本、中国内地和中国香港的大型银行或船舶融资机构，都活跃于香港船舶融资市场。这些银行或机构的业务，从新船或二手船融资，已扩展到其他航运活动服务范畴。

（4）航运保险。中国香港设立亚洲船体保险市场，为亚洲区船东提供服务。世界最大、最有信誉的一些海损理算公司在香港开设永久办事处，以合宜的收费、提供完备的服务而闻名。目前，香港拥有超过100名的核准船舶承保人，每年承保船舶的毛保费超过港币10亿元。

（5）海事法律与仲裁。中国香港司法制度独立，不受立法和行政制度的影响。所实施的法例与海事法、仲裁法、商业法等都与国际法接轨。许多国际海事律师事务所都在香港设立办事处。律师事务所的海事法律师都通晓中英双语，且熟悉国际航运事务，能为航运界提供包括船舶注册、买卖、租赁、保险等法律服务。法律仲裁方面，香港国际仲裁中心成立于1985年，运作独立，财政自给自足。中心的仲裁员均由熟悉海事法、国际贸易法等多个范畴的香港出色商业和专业人才组成。10多年来，中心提供的仲裁服务、处理的仲裁个案数量已超越伦敦及不少亚洲和欧洲国家的对等机构。

（6）船舶检验。除船级社外，中国香港还有很多其他验船公司，其拥有高技术的验船人员，为到港船舶检查船体、机器和设备。国际船级社协会的 10 个成员中，有 9 个在香港设有分处。

（7）船务经纪。中国香港船务经纪蓬勃发展。一方面，船务经纪商具备开拓国际客源的能力；另一方面，中国香港具有作为国际商贸中心的优越条件，世界许多具备一定规模的船务经纪商都在香港设立地区总部。香港的船务经纪商获得船务经纪专业学会、波罗的海商业与航运交易所等国际组织的认可。

（8）航运人才培养。中国香港在培养航运人才、培育市场创新意识等方面做法独到。如为了储备香港航运业的后备人才，中国香港海事处早在 2004 年就开始推出航海训练奖励计划，鼓励香港年轻人接受并完成航海训练，希望他们日后投身港口和航运的服务业。目前，已有 120 名高级船员实习生和轮机员实习生受惠。

2. 新加坡

作为国际海事中心的航运服务业在新加坡被称为海事辅助服务（Maritime Ancillary Services）。新加坡通过提供综合、无阻碍的海事辅助服务追求"一站式"枢纽港的目标，以满足船公司、船舶经营者以及航运供应链上所有其他企业多方面的需求。新加坡海事辅助服务较具特色和规模的主要有以下几个领域：①船舶管理和代理；②船舶经纪；③船舶融资；④海上商业保险和保赔保险；⑤海事法律服务和仲裁服务。

新加坡海事基金会（Singapore Maritime Foundation，SMF）在 2004年成立金融仲裁工作小组（Finance Arbitration Working Group）。工作小组的职责是协助促进新加坡成为国际海事金融中心。在工作小组、政府金融主管机构、海事和港口当局、金融企业等的不懈努力下，新加坡已经形成了为航运公司提供多种金融选择和鼓励措施的环境。主要包括如下几点。

（1）航运信托。目前在新加坡交易所有三个信托基金，分别是太平洋航运信托（Pacific Shipping Trust）、第一船舶租赁信托（First Ship Lease Trust）和 Rickmers 海事航运信托（Rickmers Maritime Shipping Trust）。

（2）海事金融创新。海事金融创新计划（Maritime Finance Initiative）提供以下鼓励措施。①对于被核准的船舶投资管理人，就其与管理有关的收入降低 10% 的税率，为期 10 年。②从核准的船舶投资的运输获得的以下收入免税：向非新加坡居民纳税人提供船舶租赁获得的收入；在新加坡注册登记的船舶的租赁收入；承租外国籍船舶，但由核准的国籍航运企业计划（Approved International Shipping Enterprise Scheme，AIS）内的公司经营获得的收入。作为海事仲裁中心，新加坡具有的优势包括：有吸引力的法律成本、裁判的一致性、廉正性、公正性等。

（3）航运企业集聚情况。根据新加坡海事与港口管理局的统计，新加坡目前有 5000 多家航运公司，2010 年所创造的价值占国内生产总值的 7%，并且为新加坡提供了 150000 多个就业岗位。其中，参加新加坡航运协会的船东公司 107 家，油轮船东公司 16 家，远洋轮船船东公司 72 家，以及拖船、载驳船和供应船船东公司 21 家。截至 2015 年底，新加坡拥有的船舶为 1968 艘，居世界首位；载重吨位为 32609000 吨，占世界船舶载重总吨位的 2.8%，居世界第十位。虽然船舶管理服务并不是新加坡航运服务业的强项，但也占一定比例，据新加坡航运协会统计，其会员中船舶管理公司有 62 家。

（4）船舶登记规模。新加坡以其高质量的船舶登记闻名。新加坡船舶登记处（Singapore Registry of Ships，SRS）成立于 1966 年，以其高效的服务、多样化的选择性、污染控制标准和良好的安全纪律而为世界所认可，已登记的船舶储量超过 3000 艘，成为新加坡发展港口经济圈的支柱之一。根据新加坡海事与港口管理局 2017 年的统计，截至 2016 年底，新加坡登记船舶的总吨位为 8800 万吨，比 2015 年增加了 170 万吨，上涨了 2%，使其排名于全球十大顶尖船舶登记地之内。

（5）航运保险发展状况。新加坡是亚洲主要的保险和再保险中心，新加坡的保险业在近几年发展迅速，10 年间总保险业资产增长了 5 倍。世界上主要的保险和再保险公司都在新加坡设立了办事处，劳合社从 1999 年起就把新加坡作为其亚洲基地中心开展业务。新加坡保险业的发展也带动了保险产品的完善，包括航运保险。根据新加坡普通保险协会（General Insurance Association，GIA）2009 年年度报告，新加坡普通保险业务的毛保费为 29.2 亿元新币，比 2008 年增长了 1.6%。其中，其航运保险（包括货运保险和船舶保险）业务的毛保费为 3.05 亿元新币，占新加坡一般保险业务保费收入总额的 10.4%。

根据新加坡金融管理局（MAS）的统计，截至 2009 年 12 月 31 日，新加坡经营直接保险业务的保险公司有 47 家，其中，有 26 家保险公司经营船舶及其责任保险业务，有 31 家保险公司经营货运保险业务；新加坡经营再保险业务的保险公司有 22 家，其中，有 16 家保险公司经营船舶及责任保险业务和货运保险业务。

根据新加坡普通保险协会的统计，其船舶保险业务的毛保费为 1.84 亿元新币，比 2008 年的 1.58 亿元新币增长了 16%。而且，新加坡金融管理局公布的 2009 年统计数据表明，截至 2009 年 12 月 31 日，新加坡经营直接保险业务的保险公司所获取的船舶及其责任保险毛保费为 2.4 亿元新币，经营再保险业务的保险公司所获取的船舶及责任保险毛保费为 3533.3 万元新币。此外，根据新加坡普通保险协会 2006～2009 年发布的年报，新加坡船舶保险业务的毛保费经过了 2007 年和 2008 年的低落期，在 2009 年取得了大幅的增长，并比 2006 年增长了 4.5%。

根据新加坡金融管理局的统计，截至 2009 年 12 月 31 日，新加坡经营直接保险业务的保险公司所获取的货运保险毛保费为 1.27 亿元新币，经营再保险业务的保险公司所获取的货运保险毛保费为 1532.7 万元新币。

（6）法律服务。新加坡独立高效的司法系统具有很强的国际性，其海事法院一直致力于快速高效地解决海事海商案件。新加坡是国际法律服务尤其是海事海商法律服务的集聚地，目前新加坡有 30 家律师事务所提供海事海商法律服务。同时，新加坡也是具有相当一批高质量的国际人才的仲裁中心。新加坡海事仲裁委员会于 2004 年成立，致力于通过仲裁方式解决海事海商争议。新加坡海事仲裁委员会有 68 个来自不同国家的个人会员和 26 家公司会员，集聚了 45 位国际性的仲裁员，为新加坡海事法律及仲裁服务的发展做出了重大贡献。

（三）管理机构与体制

1. 中国香港

中国香港对航运业实施的是"积极不干预"政策，一方面，实行严格的、高度集中的监督与管理；另一方面，原则上不参与和不干预企业的具体经营，让其自由发展。中国香港航运管理的机构设置及运作特点与这一政策相适应。

（1）中国香港特区政府运输和房屋局（Transport and Housing Bureau) 受政务司（中国香港特区政府下设有三司，另两个是财政司和律政司）直接领导，分别管理运输和房屋两方面事务。运输和房屋局设立的职能机构有：民航处、路政署、房屋署、海事处和运输署。在运输领域，其履行下列职责：①就兴建和改善本港的运输基础设施，做出规划和予以落实，并着重发展铁路；②改善公共交通服务的质素和加以协调，从而进一步鼓励市民使用公共交通服务；③有效地管理道路的使用，减少交通挤塞，并促进道路安全；④在有关交通运输的范畴内，继续支持改善环境措施；⑤加强和提升香港作为国际及区域运输和物流枢纽的地位；⑥与机场管理局合作，加强香港国际机场的竞争力，并提升香港作为国际及区域航空中心的地位；⑦加强中国香港港口的竞争力，并提升中国香港作为国际航运中心的地位。为加强香港港口的竞争力和吸引力，巩固香港作为主要国际航运中心的地位，特区政府于 2003 年 6 月将香港原港口及航运局分成两个机构：中国香港港口发展局（The Hongkong Port Development Council）和中国香港航运发展局（The Hongkong Maritime Industry Council）。在物流领域，2001 年 12 月成立中国香港物流发展局（The Hongkong Logistics Development Council）。需要注意的是，这三个机构都是由业界及政府官员组成的高层专责咨询组织。

（2）中国香港特区海事处。运输和房屋局海事处负责香港一切航行事务和所有等级、类型船只的安全标准。其主要职能如下：①促进香港水域内船舶航行、客货运输安全快捷；②确保在香港注册、领牌和使用香港水域的船只，均符合国际和本地的安全、海上环保标准；③管理香港船舶注册、制定符合国际公约规定的政策、标准和法例；④确保在香港注册、领牌和使用香港水域的船只所聘用的海员均符合国际和本地规定的资格，并规管香港海员注册和聘用等事务；⑤履行香港应有的国际责任，协调海上搜救行动，并确保行动符合国际公约所订标准；⑥清除香港水域内的油污、收集船只产生的垃圾和清理香港水域内特定范围的漂浮垃圾；⑦以最具成本效益的方式，提供并保养大量政府船只，配合各部门的需要。

（3）中国香港特区港口发展局。中国香港特区港口发展局由香港特别行政区运输及房屋局局长出任主席，是一个高层专责咨询组织，为私营机构与政府提供议事机制，以便讨论及协调有关港口发展及推广业务。

该局负责就香港港口发展策略及港口设施策划以应付未来需求等事宜向政府提出意见，协助政府宣传香港作为区域枢纽港和全球首屈一指的集装箱港。中国香港特区港口发展局就一切有关港口规划及发展等事宜，通过运输及房屋局局长向行政长官提供意见。具体而言，该局的职责是：①在顾及对港口设施不断转变的需求，以及港口生产力和表现的情况下，评估香港港口发展的需要，并提升香港相对于区内主要港口的竞争力；②协调政府与私营机构参与规划和发展港口服务的工作；③听取并反映参与香港港口发展或受其影响各方的意见；④举办宣传活动以推广香港港口；⑤制定和建议最佳的港口设施规划及配置策略；⑥在认为有需要时成立专家小组；⑦执行可能由政府转介与上述各点有关的其他工作。

（4）中国香港特区航运发展局。中国香港特区航运发展局是一个由业界及政府官员组成的高层专责咨询组织，负责就制定措施和拟定计划以进一步发展香港的航运服务向政府提出意见，亦会协助政府推广香港的全面航运服务和宣传在港经营航运业务的优势。中国香港特区航运发展局就一切有关维持及进一步巩固香港作为国际航运中心的地位等事宜，通过运输及房屋局局长向行政长官提供意见。其职权范围包括：①在顾及对航运服务不断转变的需求，及其生产力和表现的情况下，评估香港航运业的需要，并提升香港相对于世界各地航运中心的竞争力；②协调政府与私营机构参与巩固和促进香港作为国际航运中心的工作；③听取并反映参与香港航运业发展或受其影响各方的意见；④举办宣传活动以推广香港的航运业；⑤制定政策和建议措施，以改善航运业的效率和竞争力；⑥在认为有需要时成立专家小组；⑦执行可能由政府或航运业转介与上述各点有关的其他工作。

（5）中国香港特区物流发展局。成立中国香港特区物流发展局的目的是：提供一个平台供投资人商讨及协调推进物流发展的事宜。来自公营及私营机构的成员由政务司司长委任，运输及房屋局局长担任主席。

中国香港特区物流发展局辖下成立五个专项小组，分别是：①物流资讯专项小组（专责研讨数码及资讯科技基建事宜）；②物流人力资源专项小组（专责研讨人力资源事宜）；③物流市场推广专项小组（专责研讨市场推广事宜）；④物流基建专项小组（专责研讨基础建设及规管事宜）；⑤支援中小企业物流专项小组（专责研讨协助中小型企业事宜）。

2. 新加坡

新加坡海事及港务管理局（Maritime and Port Authority of Singapore，MPA）是新加坡海事、港口和航运的管理机构。新加坡海事及港务管理局是根据《1996年新加坡港口和海事局法》（*MPA Act 1996*）于1996年2月2日成立的，是新加坡海事、港口和航运的管理机构。MPA由三个机构合并而来，分别是交通部海事局（Marine Department）、国家海事理事会（National Maritime Board）和新加坡前港务局监管部（Regulatory Departments of the Former Port of Singapore Authority）。在职责上承担三个角色，即港务管理者、发展者和促进者，以及作为国家海运代表。其他职责包括：促进港口使用、改善和发展；管理港口产业经济行为；管理新加坡商船队。新加坡对港口实行一级管理，不存在中央和地方关系问题。1996年以前，新加坡港口实行政企合一体制。1996年1月，新加坡港口实行体制改革，实施政企分开的管理体制。新加坡海事港务局的使命是将新加坡港建设成为一流的全球枢纽港（Apremier Global Hubport）和国际海事中心（International Maritime Centre），确保新加坡战略性的海事利益（Strategic Maritime Interests）。新加坡海事及港务管理局主要职能如下。

作为海港管理部门，主要负责港口船舶的交通动态、航海安全的观测与保障、海事服务与设施服务、环境保护等。

作为港口规划机构，主要是规划限制船舶数量，使港口资源得以高效利用；对常用航道、通道、锚地以及公共码头地区进行规划等。

作为港口管制机构，主要是管制港口服务、港务业的经济贸易活动；通过制定政策，吸引、发展商船队，发展海事及港口事业等。

作为海事管制机构，主要负责国际标准、船员雇用、船员培训和船员福利等管理。

作为全国的海域运输代表，主要是确保水域交通安全及水路免受污染，参与国际海事组织、航道组织、港口协会等。

作为"国际海事中心"，主要是研究发展航运中心，原设在贸易局，现划归海事海港局。其任务：吸引更多的大船公司，为其提供各种便利，包括提供企业注册、人员安置、办公地点选择等服务；提供海事服务、海事仲裁、海事法律服务。

（四）政府政策

1. 中国香港

香港之所以有国际航运中心的美誉，得益于所拥有的一大批经验丰富的船东、船舶管理公司及其他相关公司，并能提供广泛的航运服务，而这一切与香港所贯彻执行的航运政策、营造的航运环境息息相关。

第一，口岸监管。货物进入香港时，一般货物不需要事先取得许可，只有拟进口禁运货品或应税货品方须事先取得由工业贸易署或有关部门签发的进口证、许可证或产地来源证明书。航运业者或代理商必须在船只抵达香港前24小时内，向香港海事处递交有关船只的动向资料后方可入港。

中国香港采用风险管理方式。海关收到进口舱单后，海关人员会利用海关管理系统浏览收到的进口舱单，并选出欲查验的受托运载货品。针对转口货物，海关并未另行制定特别的管理办法，而是比照一般进口及出口的通关程序加以处理。2003年4月1日以后，开放式保税仓库逐步取代现场监督的制度。在开放式保税仓库系统下，海关管制将会以定期海关审计以及突击巡查的方式进行，有别于以往在封闭式保税仓制度下由海关人员全日在保税仓库监督的办法。另外，针对一般进口货物，海关实行集装箱到港14天内进行宣报的制度；针对码头运营商，海关实行一周一次抽检的方式，主要依靠先进的技术手段和资料分析来控制应税产品。不管是港口还是机场的货运站，因已经由民营公司经营管理，人员进出由民营公司核准及自行管制。

第二，自由港政策。

税费政策。一般进口或出口货物均无须缴付任何进口关税，也不设任何增值税或一般服务税。一般货物不受进口配额或其他进口证规定所限，除属管制类的物品应课税并需获相关政府部门批准方可进口。对货物的进出口经营权不设限制，任何香港机构及个人均有办理进口和出口货物的权利，而该权利无须向中国香港特区政府申请或登记。内地企业在香港开设的公司亦享有上述同等权利。

金融政策。中国香港实行自由汇兑制度，其货币市场是全球最开放的市场之一。无论实行何种汇率制度，本地资金和外国资金均可自由进出、没有限制。中国香港对银行提供信贷融资没有订立任何准则，业界通常有自己的内部规则。

人员出入政策。中国香港入境事务处对到香港旅游及从事商务活动的访客和香港居民提供方便的出入境措施。中国香港对国外访客实施宽松的签证政策，以方便其前往香港。许多国家的公民都可免签证在香港短期停留。

投资政策。中国香港对本地公司及外商投资一视同仁，实行少干预、无补贴政策。中国香港对内地机构、组织或个人在本地投资并不设任何限制，同时，中国香港特区政府亦没有制定投资产业政策及相关目录，但投资受中国香港特区政府监管的行业除外；中国香港没有规定外商投资专项必须要有本地业者参与。中国香港并无特别针对外商的投资审批程式，但所有公司必须遵从《公司条例》的注册规定。中国香港对大部分新投资项目不设任何管制，但在某些业务或行业，投资者必须申领牌照或许可证。

物流通关措施。在空港物流方面，香港国际机场的货物委托空运站负责处理。在海港物流方面，采取外包方式。货柜码头全部外包民营企业经营。各家码头公司完全采用自主管理方式全天候 24 小时作业，并各自与船运公司电脑连线以办理货物的进出口和转口业务。

2. 新加坡

从 20 世纪 80 年代中期开始，新加坡贸易发展当局就开始致力于航运政策的发展以及自由环境的培育，也正是由于这些优惠自由的政策体制，新加坡迅速发展成为现代重要港口经济圈。

第一，口岸监管。新加坡自由贸易区采用境内关外制度，所划设的自由贸易区均有围墙和外界隔离，进出自由贸易区的出入口都由海关检查站加以管理。

"一线放开"环节。公司自他国购货后，再出售给另一国的时候，可以免申请进口及出口许可证；除应税货物或管制货物应于出口前申报出口并取得货物出口许可证外，原则上，出口贸易商于货物出口或复运出口后 3 日内，向进出口业务办公室申报货物输出。转运须于货物进入新加坡前，通过 Trade Net System 取得货物转运许可证。

"二线管住"环节。货物自国内课税区移运至自由贸易区或保税区为出口。货物自新加坡境内出口前，出口贸易商应先准备必要的文件，通过 Trade Net System 向海关进出口业务办公室申报货物输出。海关对直接进入新加坡课税区供当地消费使用的集装箱货物在离开自由贸易区时，多只做文件的检查，极少对集装箱进行查验，以增加货物通关的速度。外来人员应先向警察局申请或换发自由贸易区进入通行证；进出由民营公司自行管制。

第二，专项基金与扶持政策。

航运中心基金。航运中心基金是由新加坡海事及港务管理局（MPA）设立的，其目的是为新加坡航运中心的发展提供便利。它可在海事行业范围内用于开发人力资源、本地培训基础设施和能力。公司和个人均可申请航运中心基金的计划和项目。

造船信贷。新加坡政府不给船舶所有人直接补贴，只是通过银行发放贷款支持造船业。20世纪70年代以来，政府对贷款条例多次修改，使得贷款来源和发放范围有所扩大。原来只有发展银行一家可发放信贷款项，如今已扩展到所有商业银行。发放范围也从订造新船扩大到100万新元以上的船舶改装以及钻井平台和海洋工程结构。目前通行的贷款条件为：对国内外船舶所有人贷款额为船价的85%，利率为8%，对出口船实行固定利率，偿还期为7~10年，2年宽限期。

第三，自由港政策。

税费政策。在新加坡，从国外运入自由港区内的物品，原则上视同关税领域外，免征各种税费。年终需课征所得税。

金融政策。新加坡没有物价管制和外汇管制，实行金融自由化。

人员出入政策。新加坡政府提供方便的出入境措施，采用非常宽松的签证政策。

自由区内加工、仓储、采购政策。应课征关税的烟、酒货物，原则上禁止储存于自由贸易区，严禁危险品在港口停留；对进出口集装箱提供48小时或72小时的免费仓储时间；对转运或再出口集装箱提供168小时的免费堆存时间；对散装货物的进出口提供72小时的免费储存服务；对等待复运出口或转口的货物提供28天的免费储存服务。新加坡允许一般商业性加工，限制深加工。只要货物未离开自由贸易区前，除应税货物外，货主或托运人对于货物进行简易的重新包装等行为，均不需向海关报备（特许仓库的货物，需进行拆、封装时，需海关查验完成方可进行）。但进口方对其存放于自由贸易区内的货物进行重新包装、修理、分类或测试前，需事先取得海关的许可，未取得海关许可证前，不得从事货物重新包装的活动。在新加坡，拟于自由贸易区内从事制造活动的从业者，需以书面形式向关务局局长提出申请。如果从业者必须从事除简易加工以外的制造功能，则必须将其进口的原料移运至自由贸易区外的物流分销园区或工业区内进行。若运往位于自由贸易区外的物流园区进行加工时，则视同进口，需征收进口消费税或关税，属于一般商业性加工。加工前须取得海关管理机构的许可证。国内货物以出口为目的进入自由贸易区，无论是原料还是制造后的成品均免关税及货物税。

（五）航运税费

1. 香港

第一，税收立法及征管。中国香港采用一级税制，即在中国香港特区政府的一级财政体制下，相应设置一级税务机关。中国香港实行议会政体，税法由立法部门的律政司制定，作为全港税务最高行政机关的税务局负责执行税法，但又有相当大的独立性，可以就税收法规修改问题提出意见和建议，而财政司对执法的具体工作不直接干预。税务局按照法律的规定进行工作，并将征、管、查三种职责分开，形成互相制约、互相促进的征管机制。

第二，税收种类。中国香港实行"避税港"式的税制格局，始终把税种限制在少数范围内。中国香港实行以直接税为主体税的税收模式。直接税主要由所得税和财产税组成，目前征收的税种为：利得税、薪俸税、物业税和遗产税。间接税主要有印花税、消费税及几个零星税种。不征收增值税、销售税和资本增值税，只有源于香港的收入才需课税。并且，除了烟酒或特殊产品之外，香港没有进出口税。

第三，税收优惠政策。为了鼓励船东在香港注册船舶，按照香港商船（注册）条例注册的国际运营船舶可以免征利得税。

2. 新加坡

第一，税收立法及征管。新加坡是一个单层次政府，没有地方行政机构，中央政府直接管理各项事务，税务署则负责国内税务，机构设置比较精简。

第二，税收种类。新加坡的主要税种有：所得税、财产税、印花税和关税等。新加坡税种少，税制结构简单。曾为重要税种之一的遗产税已于 2008 年 2 月 15 日废除。新加坡对关税与消费税的征收相对较少，消费税的征收对象主要是烟草、石油产品和酒类。只有极少数产品需缴纳进口税，主要针对汽车、烟草、酒类和石油产品。

第三，税收优惠政策。

从国外运入自由港区内的物品，原则上视同关税领域外，免征各种税费。年终须课征所得税。

船舶注册在新加坡的船东或船舶经营人经营这些船舶的国际运输、租赁业务所获得的收入全额免税。

拥有或经营外籍船的本土航运企业在证实其企业在新加坡控制、管理新加坡船队，并符合船队规模、企业规模、新加坡业务支出等标准后，外籍船经营国际业务和租赁所获得的符合条件的收入 10 年免税（可延长至 30 年）。此外，非本土航运企业的船舶租赁支出可免预扣税。

符合条件的船舶租赁公司获得的租赁收入全额免税。

海事金融激励计划。经核准的船舶投资公司，运营租赁和融资租赁业务收入全额免税。经核准的船舶投资管理人（基金管理公司或信托管理人）所获得的管理相关收入，可享有 10% 的优惠税率，为期 10 年。经核准的船舶投资公司（船舶租赁公司、海事基金和海事信托）从事的租赁业务，只要符合条件，将豁免缴税，直至相关船只被售出为止。

核准船务物流企业计划。获颁核准船务物流企业奖项的公司，从事批准活动中获得的新增收入，将享有不少于 10% 的优惠税率。

船旗转换优惠计划。允许符合该计划的船只可豁免缴付海外贷款的预扣税。

双重减税计划。大多数双重减税协议使得非新加坡本土企业来源于新加坡的国际航运业务的利润可全额免税。不能全额免税的协议提供税收减半的优惠。

第四节　不同模式港口经济圈的特点比较与经验启示

一　不同模式港口经济圈的特点比较

伦敦、香港、鹿特丹、纽约及新加坡作为港口经济圈核心城市，依托于自身的特点和优势，结合国际航运发展的大环境，逐步打造适合自身的发展模式，在特定的航运领域逐渐形成一定的优势和影响力。根据比较可知，不同模式的港口经济圈具有不同的特点（见表3-4）。

表3-4　不同模式港口经济圈主要特点比较

国际航运中心模式	特　　点
伦敦——航运服务集聚型中心模式	①港口规模及港口业务量较小；②航运服务业非常发达，航运服务体系非常完善；③国际性的航运组织集聚，是全球航运咨询、教育及航运信息发布的中心，知识型航运业务非常发达；④优良完善的法律环境，繁荣的航运文化，并拥有全球航运资源的配置能力
香港、新加坡——中转型国际航运中心模式	①港口规模庞大，港口业务非常繁忙，基础航运业务非常发达；②区位条件非常优越，具有国际中转的天然优势；③自由港政策比较发达，拥有便利、高效的口岸环境（税收环境优良、较低的税负条件和优惠的政策）
鹿特丹——腹地型国际航运中心模式	①港口规模庞大，港口业务非常繁忙，基础航运业务非常发达；②背靠庞大的经济腹地，集疏运体系非常高效、便利；③自由港政策比较发达，拥有便利、高效的口岸环境
纽约——全要素型的国际航运中心模式	①港口规模及港口业务较繁忙，基础航运业务依旧具有一定规模；②依托于纽约国际金融中心的优势大力发展航运金融等高端航运服务业，形成健全的航运服务体系，高、中、低端航运要素齐全

二　不同模式港口经济圈的经验启示

根据不同发展模式的比较，可以得出港口经济圈发展的启示。

（一）港口经济圈的形成立足于世界级大港

不同模式的港口经济圈港口发展规模差别较大。伦敦是最著名的港口经济圈之一，具有悠久的历史，但是其港口吞吐量仅有5000万吨左右，而鹿特丹等世界级的港口吞吐量却达到4亿多吨。表3-5列出了2015年全球著名国际航运中心的吞吐量。

表3-5　2015年全球著名国际航运中心吞吐量

港　　口	集装箱吞吐量（千标准箱）	货物吞吐量（百万吨）
伦敦	1897	39.8
香港	23699	114
鹿特丹	11146	429.69

港　　口	集装箱吞吐量（千标准箱）	货物吞吐量（百万吨）
纽约	5292	81.392
新加坡	28431.1	503.3

　　但是无论哪一种模式的港口经济圈曾经都是世界级的大型港口，在港口功能的基础上不断延伸发展航运业及相关辅助服务业。根据比较可知，伦敦、纽约等老牌港口经济圈港口规模停滞不前，但是由于航运服务业比较发达，逐渐成为以航运服务为主导的港口经济圈。香港、鹿特丹等港口经济圈港口规模巨大，港口业务繁忙，是全球货物集散中心，并在此基础上不断发展航运服务业。伦敦航运服务业以航运业和金融业的结合为基础形成了以市场交易为特色的发展模式；香港航运服务业是以航运业衍生品为基础形成了以船舶所有、经营、管理等集聚为特色的发展模式；纽约的航运服务业立足于纽约国际金融中心的优势，航运金融在全球处于领先地位；而新加坡航运服务业则以航运业和其先进制造业的结合为基础，形成了以发展知识经济为特色的模式。

（二）　自由开放化的市场环境是重要的推动力

　　发达的港口经济圈发展航运服务都离不开其国际性的开放市场作为基础。例如伦敦，因其航运服务业具有以繁荣的国际贸易为基础，以丰富的航运金融服务为主要支柱的特点，所以其全球开放的外汇市场和保险市场就相当有代表性。

　　1. 外汇市场开放性

　　国际外汇市场是指在国家间从事外汇买卖、调剂外汇供求的交易场所，是国际金融市场的主要组成部分，也是国际贸易和国际投资的重要支柱。伦敦外汇市场是一个典型的自由外汇市场，其连接了全球的外汇交易人，包括银行、中央银行、经纪商及公司组织，如进出口业者及个别投资人。在伦敦外汇市场中，任何外汇交易人可以买卖任何币种和任何数量的外汇，其交易过程公开，买卖的外汇不受管制。伦敦外汇市场通过现代化通信设备和电子计算机行商网络与其他全球各大外汇市场紧密相连，形成了24小时连续运作的巨大全球外汇市场，为全球贸易和投资提供了没有时间和空间障碍的理想交易场所。而且其成本较为低廉，不收取佣金或手续费，只设定点差作为交易的成本，足以吸引全球贸易者和投资者。

2. 开放的保险市场

无论是一般的保险公司市场还是劳合社市场，都允许国外保险公司的参与，世界顶尖保险公司都在伦敦设有子公司、分公司或办事处，这使得伦敦航运保险承保主体具有了相对出色的承保能力。国际最大的船东保赔组织的主要办事机构也设在伦敦。另外，伦敦保险公司、劳合社、保赔协会在世界上广泛设立各种业务经营机构，提供全球化的服务，无论是"引进来"还是"走出去"都实行全球化战略。

（三）航运支持政策助推发展

从各国航运发展的历史和现状来看，航运扶持政策是主要航运国家的普遍做法，为各国和地区航运业的发展发挥了重要作用。这些扶持政策主要有船舶吨税制、特殊的折旧制度、船员和海运人才的收入补贴或者税制优惠等。

1. 航运国家注重为本国航运业创建国际竞争优势

从扶持政策可以看出，各个国家和地区都更注重建立本国航运业的竞争优势，或者降低本国竞争劣势，所以无论是吨税制、造船补贴、营运补贴、船员工资补贴、税收优惠还是对外竞争政策等都意在提升本国航运业的竞争力，或者至少创建本国航运业在国际竞争中处于与他国航运业相仿的竞争地位。

2. 间接补贴成为主要形式

直接补贴虽然仍在一些国家采用，但更多地已转向税收优惠等间接补贴方式。这些间接补贴方式更能符合WTO等规则的要求，并且相对更能促进航运企业的经营自主性与能动性。

3. 扶持政策从船舶运输业扩展到相关海运服务业

英国的扶持政策不仅仅针对船舶以及运输企业，还扩展到航运经纪、金融等全面的海运服务业，以期推动海运要素的集聚。英国的扶持政策的目标都比较明确，并且能根据具体情况予以及时检验和更新。美国的政策则根据航运发展的不同阶段及时调整，而欧盟也注重扶持政策的研究和及时调整，以保证政策和法律的科学性。

（四）航运税制增强港口经济圈竞争力

1. 采取非常优惠的税制发展促进港口经济圈建设

香港是全球经济最为自由的地区之一，其实行"小政府、大企业"的不干预政策，给予企业充分的市场自由。香港作为全球最著名的自由港之一，采用一级税制和"避税港"式的税制格局，始终把税种限制在少数范围内。

2. 完善税制配套环境，发展航运相关产业

伦敦等港口经济圈虽然在税收上不一定优惠很多，但很注重培育综合的税制配套服务环境，从而弥补了高税率带来的影响。伦敦航运相关产业对税制的依赖性并不强，主要靠其综合配套发展环境和国际化的网络，注重综合环境的培育，强调综合的竞争力，但有时也是一种现实的选择。

第四章 "一带一路"背景下港口经济圈圈层结构

第一节 宁波港口经济圈发展历程

一 区域性内河港

宁波港口自公元 738 年开港，距今已有近 1300 年的历史，是我国"海上丝绸之路"沿线港口之一。港口位于大陆海岸线中段，东海之滨和长江入海口。向外直接面向东亚及整个环太平洋地区，海上至中国香港、高雄、釜山、大阪、神户均在 1000 海里之内；向内不仅可以连接沿海各港口，而且通过长江、京杭大运河，直接覆盖整个华东地区及经济发达的长江流域，是中国沿海向美洲、欧洲、大洋洲等港口远洋运输辐射的理想集散地。表 4 - 1 是 1949 ~ 1972 年宁波港口吞吐量统计表。

表 4 - 1　1949 ~ 1972 年宁波港口吞吐量

年份	吞吐量		年份	吞吐量	
	旅客（万人次）	货物（万吨）		旅客（万人次）	货物（万吨）
1949	27.06	4.25	1959	65.51	137.47
1950	4.36	7.38	1960	76.93	162.72
1951	12.95	20.62	1961	124.42	89.06
1952	53.99	29.91	1962	109.09	74.94
1953	91.34	44.72	1963	78.15	90.31
1954	91.33	46.23	1964	71.32	89.25
1955	73.77	48.34	1965	66.60	86.74
1956	79.48	58.32	1966	65.83	93.69
1957	82.56	59.98	1967	96.94	94.08
1958	69.74	88.53	1968	92.50	89.00

年份	吞吐量		年份	吞吐量	
	旅客（万人次）	货物（万吨）		旅客（万人次）	货物（万吨）
1969	86.56	92.00	1971	78.43	117.39
1970	85.48	99.91	1972	79.27	138.46

1973年以前，宁波港的范围全部集中在三江口和白沙一带，分布在姚江、甬江和奉化江上，主要以航运功能为主，货物主要以煤炭、矿建材料、木材、粮食、燃料和建筑材料为主，产业主要以发展港口贸易为主。因此，历史上的港城宁波是一个以贸易为主的商业城市。宁波地区1949年的工农业总产值为4.2亿元，1957年的工农业总产值为9.3亿元，1965年的工业总产值为6.08亿元，到1975年工业总产值达13.77亿元（见表4-2）。

表4-2 宁波地区工农业生产总值

单位：亿元

年份	工农业总产值	
	农业总产值	工业总产值
1949	4.2	
1957	5.7	3.6
1965	8.39	6.08
1970	9.66	7.69
1975	10.66	13.77

二 河口港

1973～1978年，宁波港的范围从市内的三江口跃进到甬江口门以及口门外的金塘水道的算山一带，开始向现代化的大港迈出了第一步。这一时期，进出宁波港的船型和码头靠泊能力提高了一个数量级，从千吨级发展到万吨级以上，全港新增500吨级以上的14个泊位中，千吨级以上3个，3000吨级以上5个，万吨级1个，2.4万吨级1个；泊位总长由545.3米增加到1960米，速度超过新中国成立初期到1973年的24年。1978年，港口年通过能力97万吨，货物吞吐量214万吨，当年GDP仅为20.17亿元（见表4-3）。

表4-3　1973～1978年宁波港客运、货运吞吐量

年份	吞吐量	
	客运（万人次）	货运（万吨）
1973	92	138
1974	104	107
1975	109	131
1976	109	159
1977	108	172
1978	109	214

1974年后，宁波港新港区（镇海港区）的开发，为新兴工业的引进和大规模建设提供了优越的条件，以港促工、以工兴港，宁波港口工业兴起。随着镇海港区的建设，镇海炼化打下了工厂的第一根桩，宁波临港工业企业开始了"前港后厂"，从无到有、从小到大、不断发展、扩大规模。

一是油码头和炼油厂的建设。镇海石油化工总厂，地处镇海区城关镇西北郊的甬江北侧，距算山原油码头约15公里。该厂筹建于1974年，1978年12月部分炼油装置建成并投入试生产，年设计原油加工能力为250万吨，该厂的原油和成品油的进出口都由水路经宁波港输入。

石化总厂的原油码头建在甬江口门外南侧的算山。码头前沿紧靠金塘水道。该码头于1975年6月开始"三通一平"，1978年12月建成，泊位总长305米，前沿水深-13米。

二是镇海电厂建成。镇海电厂位于镇海区城关西侧，南临甬江，北靠宁镇公路，水路交通便捷，具有港口电厂的特点。厂建工程于1976年11月开始，两台发电机组于1978年底和1979年9月先后安装完毕，并网发电。到1988年全部并网发电，发电总量达105万千瓦。

厂区南侧的沿江段，建有靠泊能力为1000吨级的简易浮码头1座，泊位长42米，前沿水深-5米。码头设有卸油管道，是供发电厂燃油的专用码头。该码头始建于1978年，次年建成并投产。该码头建成后，在油码头的上游新建一座泊位长203米、靠泊能力为2000吨级的高桩承台式卸煤码头。

三是渔业基地的建设。镇海渔业基地，坐落在镇海区清水浦镇的东

侧，面临甬江，北依宁镇公路，距甬江口门约 8 公里。基地宽 260～320
米，长约 1800 米，占地面积 64.8 公顷。该工程于 1974 年 12 月 12 日经
国家计委批准，1976 年初开始"三通一平"。基地的设计规模，当时按
照 100 艘渔轮、年产 10 万吨渔货的要求进行设计。基地由港口码头、鱼
品加工厂、渔捞后勤（包括绳网厂、油库、电台）、修船厂、水电供应设
施、公司本部及生活福利设施、钢丝绳厂、省港工程处及物资中转站构成。

钢丝绳厂的建设及投产。钢丝绳厂是渔业基地中建成并投产的唯一工
厂。该厂始建于 1977 年 8 月，1979 年建成，同年 10 月投入试生产，设计
生产能力年产钢丝绳 3000 吨。建成不久，该厂就脱离渔业基地自成体系。

这一时期，宁波港进入大规模建设阶段，包括宁波老港的扩建、镇
海新港区的开发，以及大型化货主码头的出现，到 1978 年吞吐量由 138
万吨上升到 214 万吨，而且港区的重心由口内转向口门，迈出了具有历
史意义的一步。与此同时，宁波港靠泊船型的吨位上升了一个数量级，
即从千吨级一跃而为万吨级。宁波港深水泊位的开发，为大规模的新兴
工业的兴起提供了优越的条件，特别是浙江炼油厂（镇海石化总厂）和
镇海电厂的建成和投产。反之，这些新兴工业所需的原料与能源，又为
港口提供了大宗货源，形成了以港促工、以工兴港、港口建设与港口工
业相互促进的良性循环。

三 海港

1978 年，党的十一届三中全会决定，把全党的工作重点转移到社会主
义现代化经济建设上来。要大力发展国民经济，现代化的港口建设已刻不
容缓。面临国内、国际的新形势，宁波港口迎来了又一个大的建设时期。

1978 年 1 月 3 日，上海宝山钢厂矿石中转码头选址在北仑。北仑矿
石中转码头是上海宝山钢铁总厂的重要配套工程，是中国第一个现代化
的 10 万吨级矿石中转码头，这标志着北仑新港区建设的开始。

1979 年 1 月，宁波实行港航分开。港口部分，将宁波港、镇海煤码
头和北仑矿石中转码头 3 个单位组成一个统一的宁波港务管理局，由交
通部和浙江省双重领导，以交通部为主；航运部分，成立浙江省航运公
司宁波分公司，隶属浙江省航运公司领导。1979 年 6 月 1 日，宁波港对
外正式开放，外贸业务迅速发展，外轮进出港日益频繁，为港口生产和

生活配套服务的涉外机构和服务单位逐步建立。1978 年 9 月，国务院正式批准建立中华人民共和国宁波海关。1979 年 6 月 1 日，中国外轮代理总公司宁波分公司建立并对外营业，同时成立的涉外机构还有：中华人民共和国宁波边防检查总站及下属北仑、镇海边防分站和宁波边防监护站，中华人民共和国宁波卫生检疫站和宁波动植物检疫所，中华人民共和国宁波进出口商品检验局，宁波外运办事处，宁波租船公司，宁波外轮供应公司。同年 9 月，中国外轮理货总公司宁波分公司和中国远洋运输总公司宁波分公司成立；10 月，中华人民共和国船舶检验局宁波船检组成立，为宁波开放提供了一系列的管理和服务机构。1984 年 4 月，成立宁波海关北仑办事处。

1984 年 8 月，宁波港国际集装箱运输开始，从镇海港区出运，1984 年集装箱吞吐量为 543 标准箱。1985 年，货物吞吐量首超 1000 万吨，跨入大港行列，旅客吞吐量达 282.61 万人次。1987 年，港口货物吞吐量约为 1940 万吨，从全国沿海港口的第 12 位跃居第 6 位（见表 4 - 4）。

宁波北仑港口的建设和发展，带动了临港工业的兴起，北仑发电厂、北仑钢铁厂、浙江化工厂、浙江腈纶厂和北仑木材厂等工程相继建成。宁波的船舶修造业有了新的发展，其中，具备千吨级船舶修造能力的厂家有宁波渔轮修造厂、7815 船厂、浙江船厂和宁波航运公司船厂等。

1984 年 10 月 18 日，继大连、秦皇岛之后，国务院批准建立宁波经济技术开发区，首期开发面积为 3.9 平方公里，1987 年增至 5.44 平方公里，致力于发展现代化临港型大工业、先进制造业和高新技术产业。1987 年，工业总产值为 3874 万元，财政收入为 851 万元，出口总额为 8 万美元。

1986 年 12 月 11 日，国务院批准建立宁波市北仑港工业区。1988 年 1 月 5 日，北仑港发电厂一期工程开工。北仑区 1984 年前隶属镇海县，同年 1 月始建滨海区，1985 年 7 月按甬江分界，南为滨海区，1987 年 6 月更名为北仑区。

港口的建设发展和对外开放，带动了外贸进出口的增长。1982 年，宁波开始有口岸对外贸易，当年口岸进出口额为 1.49 亿美元，但自营进出口还没有。1984 年，宁波被列为全国 14 个沿海开放城市之一。1985 年，宁波开始自营进出口贸易，当年自营进出口额仅为 1029 万美元（见表 4 - 5）。

表 4 - 4 1978 ~ 1989 年宁波 GDP 和港口货物吞吐量

年份	GDP（亿元）	港口货物吞吐量（万吨）
1978	20. 17	214
1979	24. 15	236
1980	29. 53	326
1981	31. 99	349
1982	36. 88	371
1983	41. 68	483
1984	53. 17	597
1985	71. 05	1040
1986	80. 22	1797
1987	95. 99	1940
1988	118. 62	2002
1989	137. 25	2209

表 4 - 5 1982 ~ 1989 年宁波对外经济贸易基本情况

单位：万美元

年份	外商直接投资情况			自营进出口		口岸进出口	
	新批项目数（个）	合同利用外资	实际利用外资	进出口	出口	进出口	出口
1982	—	—	—	—	—	14917	10963
1983	—	—	—	—	—	17683	12173
1984	8	850	21	—	—	26336	16102
1985	11	682	359	1029	389	45474	23521
1986	7	447	500	2079	540	54690	34432
1987	13	4341	429	2061	791	52493	29999
1988	62	4002	689	14766	11458	78717	39155
1989	64	6295	1758	22024	18005	110175	53615

四 集装箱支线港

1990 年，宁波港口集装箱吞吐量为 2. 2 万标准箱。1991 年，宁波港货物吞吐量突破 3000 万吨；1993 年，宁波港货物吞吐量突破 5000 万吨。1992 年 10 月 21 日，国务院批准将宁波经济技术开发区与北仑港工业区合并，统称宁波经济技术开发区，开发面积调整为 29.6 平方公里。

2000 年，集装箱吞吐量完成了 90.2 万标准箱，年均增长 45%，实现了集装箱喂给港到支线港的转变。2000 年，货物吞吐量首次过亿吨，是 1979 年的 49 倍，年均增长约 20%，而这个阶段实际 GDP 的增长约为 1979 年的 20 倍（见表 4-6）。

表 4-6　1990～2000 年宁波 GDP、港口货物吞吐量和集装箱吞吐量

年份	GDP（亿元）	港口货物吞吐量（亿吨）	集装箱吞吐量（万标准箱）
1990	141.40	2554	2.2
1991	169.87	3390	3.6
1992	213.05	4367	5.3
1993	315.11	5321	7.9
1994	459.66	5850	12.5
1995	602.65	6853	16.0
1996	784.07	7638	20.2
1997	879.10	8220	25.7
1998	952.79	8707	35.3
1999	1017.08	9660	60.1
2000	1144.57	11547	90.2

镇海经济技术开发区成立于 1992 年，是经浙江省人民政府批准的省级经济开发区，首期规划面积 9.22 平方公里，延伸开发 34 平方公里。镇海经济开发区按功能划分为精密机械工业、高科技电子工业（北欧工业园区）、精细化工工业、仓储物流加工工业四大产业园区。

1992 年 11 月 19 日，国务院批准设立宁波保税区，面积为 2.3 平方公里，首期开发 1.2 平方公里，1993 年经海关总署批准正式运作。1994 年 1 月 8 日，国务院特区办公室、海关总署复函，同意宁波保税区规划调整，调整后的规划分设东、西两区，面积分别为 1.2 平方公里和 1.1 平方公里。宁波保税区是全国批准兴建的 15 个保税区之一，也是浙江省内唯一的保税区。

1993 年 3 月 5 日,国务院原则同意中国国际信托投资公司(现名中国中信集团公司)成片开发大榭岛,实行经济技术开发区政策。1993 年 10 月 23 日,宁波大榭开发区管理委员会建立。大榭开发区确立了港口、能源、临港石化工业的产业格局,明确了发展石化、能源、储运中转、液体化工、出口加工、国际集装箱运输的产业定位,众多跨国公司和国内知名企业相继在岛上投资。1994 年 5 月 18 日,总投资 940 万美元的第一家中外合资企业——宁波综研化学有限公司落户大榭岛。引进的重大项目有:利万石化、万华工业园、招商国际集装箱码头、日本三菱化学 PTA(精对苯二甲酸)和中油奥里油等。宁波对外经济贸易基本情况如表 4-7 所示。

象山经济开发区创建于 1992 年,1994 年批准为省级开发区。规划面积达到 36.04 平方公里,主要由示范园、滨海工业园、科技创业园三大板块组成。2010 年,开发区规模以上企业完成工业总产值 101 亿元,形成了以针织服装、机械装备、输变电、汽配模具、新能源为主导的产业格局,成为象山工业经济发展的主要平台。

表 4-7 1990~2000 年宁波对外经济贸易基本情况

单位:万美元

年份	外商直接投资情况			自营进出口		口岸进出口	
	新批项目(个)	合同利用外资	实际利用外资	进出口	出口	进出口	出口
1990	89	5624	2197	29840	27962	125527	63253
1991	184	17460	2680	57339	47532	219638	87101
1992	636	156725	11497	99072	78389	260387	101699
1993	1015	107152	34455	169434	110824	328871	120138
1994	680	77149	35812	251462	174992	375919	168340
1995	496	114630	39909	385335	226825	521501	232789
1996	322	87838	50162	418573	233003	586140	252248
1997	260	45849	55408	460896	293332	663807	311848
1998	281	51198	50329	421237	296386	610109	339904
1999	364	65660	52035	500898	347721	774194	411200
2000	550	95151	62186	754065	516781	1372547	703357

五　国际干线港

2001 年，宁波港集装箱吞吐量首次突破 100 万标准箱，2006 年突破 700 万标准箱，跻身于我国沿海港口第 4 位、世界港口第 13 位。2008 年，宁波港集装箱吞吐量突破 1000 万标准箱，达到 1084.6 万标准箱，年均增长约 36.7%，保持中国沿海港口第 4 位，进入世界港口第 8 位。2001 年，货物吞吐量约 1.29 亿吨，到 2008 年货物吞吐量完成了约 3.6 亿吨（见表 4-8），是 2001 年的近 3 倍，年均增长约 16%。

表 4-8　2001~2008 年宁波 GDP、港口货物吞吐量和集装箱吞吐量

年份	GDP（亿元）	货物吞吐量（万吨）	集装箱吞吐量（万标准箱）
2001	1278.75	12852	121.3
2002	1453.34	15398	185.9
2003	1749.27	18543	277.2
2004	2109.45	22586	400.5
2005	2447.32	26881	520.8
2006	2874.42	30969	706.8
2007	3418.57	34519	935.0
2008	3946.52	36185	1084.6

2003 年，宁波经济技术开发区和北仑区合并，实行一套班子、两块牌子的新的管理体制和运行模式，开发范围扩大至北仑新区全境。同年，穿山港区开港。

宁波国家高新技术产业开发区（简称宁波国家高新区）的前身是宁波市科技园区，始建于 1999 年 7 月。2007 年 1 月，经国务院批准，升级为国家高新技术产业开发区，是宁波建设创新型城市的重要载体和长江三角洲南翼的科技创新基地，已引进中科院材料所、兵科院宁波分院、宁波中科集成电路设计中心、宁波微软技术中心、TRW 亚太技术中心等科技研发机构 145 家；集聚日本三洋、美国伊顿和日银 IMP 微电子、升谱光电、永新光学等各类企业 2000 多家；建成了宁波市科技创业中心、浙大科创中心等总面积达 25 万平方米的高水准"孵化器"。

杭州湾新区从 2001 年起步建设，包括：①国际汽车产业城和高端汽

车零部件产业园。其占地面积约8.8平方公里,主要发展汽车整车及关键零部件产业,打造中国最重要的汽车产业基地,为国内外汽车生产企业提供产品设计、研发、制造、销售、服务等一体化的产业发展平台。②新材料基地。该基地已被国家发改委确定为国家级高性能金属新材料基地。以新型铜钢复合材料、高精度电子铜带及高精电工线为主的新材料产业已形成一定规模的生产能力。宁波盛泰电子金属材料、宁波金田新材料、浙江兆隆合金3家公司成为金属性新材料产业园的重要支撑。③新能源新光源产业园。其占地面积1.33平方公里,将建成国内具有影响的新能源新光源产业园区。④医疗器械产业园。其占地面积约0.67平方公里。园区着眼于打造长三角地区重要医疗器械制造基地的目标,重点发展"四高产品",即高精度医疗器械及配件、高质量医疗器械耗材、高技术中小型医疗设备、高品位治疗保健产品及理疗型医疗设备。⑤海洋装备产业园。园区重点发展传感器、水文监测器等小型海洋装备制造,建成沿海小型海洋装备生产基地;重点发展反渗透海水淡化膜元件、高压泵、能量回收器等海水淡化装备制造产业,开发膜蒸馏海水淡化技术,建立海水综合利用示范工程。目前初步形成以海水淡化设备、海洋防腐钢管、海洋特种紧固件、海用特种电器等新产品为代表的海洋经济制造业产业集群。⑥智慧产业园。其占地约1.33平方公里。园区大力发展智慧产业,生产传感器、射频设备、无线连接设备等智慧产品,为宁波及全国其他智慧城市建设提供服务。

2008年2月24日,国务院批准设立宁波梅山保税港区,这是继上海洋山、天津东疆、大连大窑湾、海南洋浦之后的中国第5个保税港区。宁波梅山保税港区位于梅山岛,规划面积7.7平方公里。2001~2008年宁波对外经济贸易的基本情况如表4-9所示。

2009年,宁波提出加快国际强港建设。2010年,宁波港口集装箱吞吐量突破1300万标准箱,达1300.4万标准箱,首次跃居中国港口第3位、世界港口第6位;港口年货物吞吐量为4.12亿吨,居中国沿海港口第2位、世界港口第4位,旅客吞吐量306万人次,见表4-10。

目前,宁波港拥有甬江、北仑、镇海、大榭、穿山、梅山、象山和石浦八大港区,集内河港、河口港、海港于一体,是中国最大的矿石中转基地、最大的原油中转港口、最大的液体化工产品中转基地,华东地

表 4 - 9　2001～2008 年宁波对外经济贸易基本情况

单位：万美元

年份	外商直接投资情况			自营进出口		口岸进出口	
	新批项目数（个）	合同利用外资	实际利用外资	进出口	出口	进出口	出口
2001	806	195519	87446	889202	624500	1613794	869768
2002	1017	320024	124696	1227343	816304	2145755	1232723
2003	1209	344382	172727	1880962	1207398	3394193	1888206
2004	1081	413633	210322	2611222	1668967	5157576	2664100
2005	873	421015	231079	3349427	2223256	6749471	3614462
2006	1034	442746	243018	4221188	2877052	8649306	4958297
2007	854	450107	250518	5649909	3825509	11176033	6744103
2008	528	412339	253789	6784036	4632638	14018503	8371436

表 4 - 10　1980～2015 年宁波港口货物、集装箱吞吐量

单位：%

年份	货物吞吐量		外贸货物		集装箱吞吐量	
	万吨	年均增长	万吨	年均增长	万标准箱	年均增长
1980	293	—	22	—	—	—
1985	1040	28.9	317	70.5	—	—
1990	2554	19.7	812	20.7	2.2	—
1995	6853	21.8	2812	28.2	16.0	48.7
2000	11547	11.0	5193	13.1	90.2	41.3
2001	12852	11.3	5475	5.4	121.3	13.4
2002	15398	19.8	6242	14.0	185.9	53.3
2003	18543	20.4	8213	31.6	277.2	49.1
2004	22586	21.8	10233	24.6	400.5	44.5
2005	26881	19.0	12845	25.5	520.8	30.0
2006	30969	15.2	13860	7.9	706.8	35.7
2007	34519	11.5	15794	14.0	935.0	32.3
2008	36185	4.8	16800	6.4	1084.6	16.0
2009	38385	6.1	18179	8.2	1042.3	- 3.9
2010	41217	7.4	20337	11.9	1300.4	24.8
2011	43339	5.1	23034	13.3	1451.2	11.6

续表

年份	货物吞吐量		外贸货物		集装箱吞吐量	
	万吨	年均增长	万吨	年均增长	万标准箱	年均增长
2012	45303	4.5	24533	6.5	1567.1	8.0
2013	49592	9.5	27628	12.6	1677.4	7.0
2014	52646	6.2	29723	23.6	1870	11.5
2015	51004.5	-3.1	30203.6	22.9	1982.4	6.01

区主要的煤炭、粮食等散杂货中转和储运基地。

2010年12月30日,经国务院批准,宁波化工区成为国家级经济技术开发区,并命名为宁波石化经济技术开发区,规划面积56.22平方公里,是中国国家化工新材料高新技术产业化基地。园区内有全国最大的镇海液体化工码头,年吞吐能力超500万吨。宁波化工区成立于1998年8月,2006年3月成为省级开发区,主要发展炼油、乙烯、合成材料、高分子产品和精细化工。区内主要企业有镇海炼化、LG甬兴(韩国)、阿克苏诺贝尔(荷兰)、大安化学(日本)、中金石化、中化化学品等。

目前,宁波建成了10个国家级开发区和10个省级开发区,拥有梅山保税港区、保税物流园区、保税仓库等各类海关特殊监管区域。与全球100多个国家和地区有贸易往来,已经成为长三角和中西部地区对外开放的重要窗口,进入到全方位、深层次开放的新阶段。

宁波临港工业已经形成了以大项目、大企业为特色的石化、钢铁、能源、车船装备、造纸、装备制造六大产业十二大门类;具有每年3000万吨炼油、100万吨乙烯、400万吨钢铁、200万吨不锈钢、250万载重吨造船、150万吨白纸板、30万辆汽车的产能;成为全国重要的石化产业基地、能源基地和制造业基地。在2011年度宁波纳税企业前50强中,临港石化产业的镇海炼化、台塑台化、烟台万华、中海油大榭石化、乐金甬兴、逸盛石化,钢铁产业的宁波钢铁公司,能源产业的国华浙能发电有限公司、浙能富兴燃料有限公司、北仑发电厂、镇海天然气发电有限责任公司,以及交通设备的吉利汽车等,都昂然在册。

自改革开放以来,宁波港以其优越的区位优势及建港条件,成为中国优先重点开发建设的国际深水枢纽港。"以港兴市、以市促港"发展战略的实施,以及我国加入WTO后对外贸易的快速发展,促进宁波港的快速发展。宁波港由地方性港口发展成为一个多功能、综合性的现代化国际深水大港；成为我国主要的原油、铁矿、集装箱、液体化工中转、储存基地，华东地区主要的煤炭、粮食和散杂货中转、储存基地，国际集装箱干线港，并正在向国际强港发展。

宁波全港由北仑、镇海、大榭、穿山、梅山、甬江、石浦等港区组成。经过不断建设与发展，目前宁波港口拥有生产泊位 331 个，其中，万吨级以上大型泊位 102 个，5 万吨级以上的特大型深水泊位 66 个，拥有大型矿石、煤炭、原油、集装箱、液体化工、LNG 等专业化码头，成为我国沿海大型和特大型深水泊位最多的港口。宁波港主要进港航道水深在 22.5 米以上，30 万吨级巨轮可自由进出港，40 万吨级以上的超级巨轮可候潮进出。目前，宁波港已与世界上 100 多个国家和地区的 600 多个港口通航，拥有集装箱航线 235 条，其中远洋干线 117 条。丹麦马士基、新加坡太平船务等全球前 20 名的集装箱班轮公司均已登陆宁波港，是世界上最繁忙的港口之一。

2015 年，宁波 - 舟山港完成货物吞吐量 8.89 亿吨，其中，外贸货物吞吐量 4.21 亿吨，集装箱吞吐量 2062.6 万标准箱，连续 7 年居全球之冠，集装箱吞吐量居全国第 3 位、全球第 4 位。宁波 - 舟山港承担了全国港口进口原油总量的 27%，进口铁矿石总量的 1/8，为国家主要战略物资进口提供有效的安全保障。2015 年，宁波港域完成港口货物吞吐量 51004.5 万吨，其中外贸货物 30203.6 万吨，完成集装箱吞吐量 1982.4 万标准箱（见表 4 - 10）。

从主要货种来看，完成煤炭及制品吞吐量 6102 万吨，金属矿石吞吐量 9521 万吨，石油及制品吞吐量 8286 万吨，化工原料及制品吞吐量 1433 万吨，粮食吞吐量 234 万吨（见表 4 - 11）。从区域构成来看，约有 30% 来

表 4 - 11　2015 年宁波港域货物吞吐量

单位：万吨

指标	吞吐量		其中			
			出口量		进口量	
	总计	外贸	合计	外贸	合计	外贸
货物	51004.5	30203.6	19871	10922	31134	19281

续表

指标	吞吐量		其中			
			出口量		进口量	
	总计	外贸	合计	外贸	合计	外贸
转口货物	10806	5246	5403	14	5403	5231
货物分类	—					
煤炭及制品	6102	599	687	—	5415	599.5
石油及制品	8286	5694	1694	160.5	6593	5534
金属矿石	9521	5692	3828	—	5693	5692
钢铁	839.9	74	77	18	763	56
矿建材料	1566	—	489	—	1078	—
水泥	929	0.2	210	0.2	718	—
木材	13	5	0.03	—	13	5
非金属矿石	452	8.4	8	2	443	6.5
化肥及农药	28	25	25	25	3	—
盐	122	67			122	67
粮食	234	161	57	—	177	161
机械设备	2	0.5	9543	1662	9894	3068
化工原料及制品	1433	909.5	198	22	1234	887
轻工、医药	62.5	21	2.7	—	60	21
农林牧渔业产品	11	9	1.5	0.4	9	9
其他	21387	16932	12592	10693	8794	6239
旅客（万人次）	159.2	—	—	—	—	—

自浙江省外。2014 年，宁波港共完成集装箱水水中转量 427 万标准箱，水水中转比例为 22.8%。水水中转业务范围至福州，长江沿线以及省内的乍浦、温州、台州等港口。

综上所述，从国际港口城市的港口产业发展的轨迹可以看出，港口产业自身的特点使其往往有空间集聚发展的趋势，并迅速成长为区域的优势产业和主导产业。总体而言，港口产业的演进是以港口为核心的"波浪"式扩张，概括为以下过程：港口作业区建设—港口产业核心区域形成—港口产业带的形成—临港产业集群。

    宁波港口产业空间演化同样遵循着这个轨迹。首先，宁波港从 20 世纪 70 年代之前的内河港到 70 年代的河口港和内河港的复合港，再到 80 年代的内河港、河口港和海港三位一体的复合港，详见图 4 - 1。"十二五"期间，首先，宁波港正由国际大港向国际强港迈进，宁波港现由 8 个港区组成；其次，在北仑、大榭、镇海和梅山等港区的带动下，推动了相关产业区的开发，并以这些港区为纽带，形成了北部海洋经济产业带和南部海洋经济产业带；最后，以上述产业带为基础，逐渐形成宁波 10 个临港产业集群。

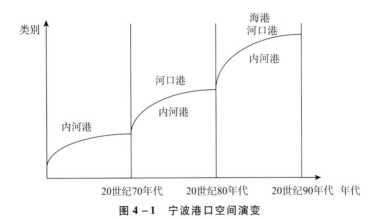

图 4 - 1　宁波港口空间演变

    从宁波港的发展历程，我们也可以清晰地发现，宁波港口经济圈的形成曾经历了以临港功能区块为主的临港工业，以国际贸易为支撑的港航物流的发展历程（见图 4 - 2）。其发端于 20 世纪 70 年代，形成于 20

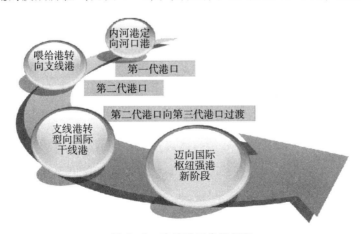

图 4 - 2　宁波港口发展历程

世纪 90 年代。要真正实现立足长三角、影响华东片、服务中西部、对接海内外的港口经济圈，仍然任重而道远。

第二节　宁波港口经济圈的发展模式

世界各国港口经济圈的发展历程、形成条件和不同的发展模式与特点为构筑宁波港口经济圈提供了有益的经验借鉴和启示。

一　宁波港口经济圈的基础

（一）区位条件优越，港口资源优势得天独厚

宁波 – 舟山港区位于东亚地区国际航运枢纽的"扇面"中心，我国黄金海岸和长江黄金水道交会处南侧，与国际主航道①相距不足 50 公里，沿长江而上溯可至苏、皖、赣、湘、鄂、渝、川等省市，向外可直达韩国釜山、日本神户、中国香港、新加坡等港口，航运条件优于上海、天津和大连，符合国际中转大港发展的自然条件，非常适合以海运为依托开展国际自由贸易。

打造港口经济圈必须具备两个前提条件：一是必须是国际深水枢纽港，因为只有深水枢纽港才有能力将国内外的支线港、喂给港纳入自身范围，喂给港、支线港只能接受枢纽港的辐射；二是必须是国际远洋干线港，因为只有干线港才具备实现港口对内和对外两个扇面辐射的能力，从而不断拓展港口的圈层结构。宁波港是我国沿海四大深水枢纽港之一，也是集装箱远洋干线港，岸线资源丰富，航运条件优越，常年不冻不淤，30 万吨级的船舶可随时进出，40 万吨级的船舶可候潮进出，是国内一流、国际少见的深水良港。自改革开放以来，宁波港以其优越的建港条件成为中国优先重点开发建设的国际深水港。"以港兴市、以市促港"发展战略的实施，以及我国加入 WTO 后对外贸易的快速发展，使宁波港由地方性港口发展成为一个多功能、综合性的现代化国际深水大港，成

---

① 这条主航道指大西洋东海岸（英法等国）—地中海—苏伊士运河—红海—非洲东海岸—西亚—印度洋—马六甲海峡—日本海—北太平洋—美国西海岸航道，承担了国际货物贸易量的 60% 以上和全球 60%～70% 的集装箱运输，也是主要国际中转港的集中地。

为我国主要的原油、铁矿石、集装箱、液体化工产品中转、储存基地，华东地区主要的煤炭、粮食和散杂货中转、储存基地，国际集装箱干线港，并正在向国际强港发展。

（二）港口集疏运体系不断完善，海铁联运快速发展

宁波港口集疏运体系不断完善。高速公路、铁路直达港区，宁波港已经形成了以"一环六射"高速公路网为骨架，由铁路、公路、水路、管道、航空共同组成的海陆空立体式对外集疏运交通网络结构。北向：通过杭州湾跨海大桥实现与上海、苏南等地的便捷连接；西向：形成了杭甬高速、杭甬运河 500 吨级航道、萧甬铁路，连接国家铁路网、高速公路网以及长江、京杭大运河沿线地区。南向：甬台温铁路、沈海高速公路、甬台温沿海高速公路等，连接台州、温州以及福建等地区；西南向：通过甬金高速公路联通沪昆高速公路等，联通金华、江西、湖南等内陆地区；东向：甬舟跨海大桥的建成连接宁波与舟山本岛，促进了宁波－舟山的一体化发展。

海铁联运快速发展。宁波港具有发展海铁联运的优势，铁路直通宁波港口主要港区，并通过萧甬、甬台温铁路与全国铁路网相连接。宁波－华东地区铁水联运是国家集装箱海铁联运物联网应用示范工程项目，并列为全国 6 个集装箱海铁联运示范通道之一。近年来，宁波港加快布局海铁联运集疏运网络，持续扩大业务覆盖面，实现了箱量快速增长。2015 年，宁波港海铁联运集装箱 17.05 万标准箱。至 2015 年底，已开通的海铁联运城市达 20 个，覆盖省内的台州、金华、绍兴、衢州以及省外的南昌、上饶、鹰潭、景德镇、萍乡、新余、西安、襄阳等地。海铁联运班列 12 条，其中"五定班列"线路 4 条，直达列车线路 8 条。2014 年初又开通宁波至新疆海铁联运业务，实现海铁联运集装箱 13.50 万标准箱，同比增长 28.2%。

（三）海洋经济发达，港航物流服务体系不断完善

宁波作为浙江省海洋经济发展示范区的核心区，在海洋经济创新发展方面先行先试，在积极构建大宗商品交易平台、海陆联动集疏运网络、金融和信息支撑系统"三位一体"港航物流服务体系方面取得了重大成绩。一是目前宁波紧紧围绕港口，积极发展各类交易市场，包括宁波航

运交易所、宁波大宗商品交易所、宁波（镇海）大宗生产资料交易中心、华东物资城钢材交易中心等，大宗商品交易所交易发展迅速，实现年交易总额超 2000 亿元，原油、铁矿石、塑料、液体化工等品种市场交易量已经居全国前列，特别是余姚中国塑料城、镇海液体化工市场以及镍交易市场已经具有一定的市场权威。二是宁波与港口配套的电子商务、航运信息、金融租赁等港航服务业快速发展。目前，宁波市是跨境贸易人民币结算试点城市、国家金融体制改革试点城市、金融电子化试点城市、金融对外开放城市和私募股权投资试点城市以及国家电子商务试点城市、全国首个实施电子支付的城市和国家城市公共服务信息化试点城市；金融业规模、金融市场发育程度、金融基础设施建设水平等均居长三角城市中的前列。三是宁波海洋经济科技支撑体系也基本形成，海洋新兴产业加速发展，海洋资源产权交易改革积极推进。目前，宁波市拥有宁波大学海洋学院、生命科学与生物工程学院、宁波市海洋与渔业研究院等一批科研机构，拥有海洋与渔业领域重点实验室 9 家，海洋科技工作人员 2000 余人，在航海航运、海洋养殖、海洋生物等领域取得一些关键技术成果。

（四）产业基础雄厚，临港工业发达

自 2000 年以来，宁波市国内生产总值以年均 11.9% 的速度增长，高于同期全国增速近 2 个百分点。其中，第一产业年均增长 3.4%；第二产业年均增长 11.9%，第二产业的工业年均增长 12.1%；第三产业年均增长 13.0%。2015 年，全市实现地区生产总值 8011.5 亿元。其中，第一产业 285.2 亿元，第二产业 3924.5 亿元，第三产业 3801.8 亿元；三次产业之比为 3.6∶49.0∶47.4。按常住人口计算的人均生产总值为 102475 元（16453 美元），是全国人均水平的 2.1 倍。

（五）腹地经济条件良好，经济外向度高

在陆向腹地方面，整个长三角地区都是宁波港的直接腹地；长江经济带是宁波港与上海港的竞争腹地；而广大的中西部地区，特别是经重庆、新疆最后到达中东欧国家和地区的是宁波港的潜在腹地。随着内陆"无水港"的布局和"五定班列"的开设以及海铁联运的加快推进，宁波港的经济腹地将进一步扩展。

宁波也是我国首批 14 个沿海开放城市之一，对外开放时间早、领域宽、层次高。2015 年，全市实现口岸进出口总额 1936.4 亿美元，其中，外贸自营进出口总额首次突破 1004.7 亿美元，成为浙江首个、长三角地区第 3 个、全国第 8 个外贸总额超千亿美元的城市。全年一般贸易出口占全市出口总额的比重为 81.0%，进口占全市进口总额的比重为 71.9%；全年加工贸易出口和进口占全市出口和进口总额的比重分别为 16.8% 和 18.2%。直接开展贸易往来的国家和地区达 221 个，其中欧盟、美国、东盟贸易额占比分别为 20.1%、15.6% 和 8.2%。其中，宁波市对"一带一路"沿线重点国家（地区）进出口额达 244.8 亿美元、境外投资额达 10.4 亿美元，分别占全市总额的 24.4% 和 18.7%。与东盟国家和地区双边贸易额达到 82.6 亿美元，东盟国家和地区已成为宁波市第三大贸易伙伴。

在投资方面，2015 年，全市实际利用外资首次突破 40 亿美元，达 42.3 亿美元。其中，第三产业实际利用外资 19.4 亿美元。对外投资方面，宁波市积极实行"走出去"战略，企业在境外营销网络建设、资源开发、境外并购等领域投资活跃。2015 年，全市批准境外投资企业完成对外投资额 8.4 亿美元，完成境外承包工程劳务合作营业额 16.9 亿美元。目前，宁波市已与 45 个"一带一路"沿线国家（地区）的城市缔结友城关系。

综上所述，宁波已经具备了打造港口经济圈的各项有利条件。

（六）五大港口群格局基本形成

我国现有沿海港口 150 余个（含长江南京及以下港口），沿海港口作为国民经济和社会发展的重要基础设施，有力地促进了经济、社会和贸易的发展以及人民生活水平的提高。2007 年通过的《中国沿海港口布局规划》明确指出，要形成环渤海、长江三角洲、东南沿海、珠江三角洲和西南沿海 5 个港口群体。经过 10 年发展，《中国沿海港口布局规划》再次修订，明确我国已基本形成上述五大港口群。

环渤海湾港口群由辽宁、津冀和山东沿海港口群组成。辽宁沿海港口群以大连东北亚国际航运中心和营口港为主，由丹东、锦州等港口组成；津冀沿海港口群以天津北方国际航运中心和秦皇岛为主，由唐山、黄骅等港口组成；山东沿海港口以青岛港、烟台港、日照港为主，由威海等港口组成。

长三角港口群依托上海国际航运中心,以上海、宁波 - 舟山、连云港为主,充分发挥温州、南京、镇江、南通、苏州等沿海和长江下游港口的作用,促进长三角地区以及长江沿线地区的经济和社会发展。

东南沿海港口群以厦门港和福州港为主,由泉州、莆田、漳州等港口组成,服务于福建省和江西省等内陆省份地区,促进经济、社会发展,以满足对台"三通"的需要。

珠三角地区港口群由粤东港和珠江三角洲地区港口组成,在巩固中国香港国际航运中心地位的同时,以广州港、深圳港、珠海港、汕头港为主,响应发展汕头、惠州、虎门、茂名、阳江等港口,服务于华南、西南部分地区,加强广东省和内陆地区与港澳地区的交流。

西南沿海港口群由粤西、广西沿海和海南省的港口组成。以湛江港、防城港、海口港为主,相应发展北海、钦州、洋浦、八所、三亚等港口,服务于西部地区开发,为海南省扩大与岛外的物资交流提供运输保障。

我国五大港口群形成后,港口群内综合性、大型港口的主体地位更加突出,港口与港口之间的分工更加有序,实现优势互补。其中,大连、青岛、天津、上海、宁波、苏州、厦门、深圳、广州九大港口是国际干线港,集装箱运输发达,喂给港较多,为我国航运服务能力增强奠定了基础。

港口群在发挥装卸集装箱货物的运输功能外,还将参与组织各个物流环节业务活动及彼此之间的衔接与协调,逐步成为全球国际贸易和运输体系中的物理基地,显然,各港口之间应强调协作,有序竞争。

二 构建腹地型港口经济圈是宁波的选择

伦敦、香港、鹿特丹、纽约及新加坡作为港口经济圈核心城市,依托于自身的特点和优势形成了各具特色的港口经济圈。不同的港口经济圈发展模式,其侧重点也有所不同:港航服务型港口经济圈,以发达的航运服务业为其最显著的特点;腹地经济型港口经济圈,以广阔的经济腹地和便利的集疏运网络体系为其最显著的特点;全要素型港口经济圈高、中、低端航运要素齐全;而国际中转型港口经济圈则高度依赖于其优越的区位条件和开放的政策环境(见表 4 - 12)。

表 4 – 12　不同模式港口经济圈主要特点比较

发展模式	典型代表	主要特点
港航服务型	伦敦	①港口规模及港口业务量较小；②航运服务业非常发达，航运服务体系非常完善；③国际性的航运组织集聚，是全球航运咨询、教育及航运信息发布的中心，知识型航运业务非常发达；④优良完善的法律环境，繁荣的航运文化，并拥有全球航运资源的配置能力
腹地经济型	鹿特丹	①港口规模庞大，港口业务非常繁忙，基础航运业务非常发达；②背靠庞大的经济腹地，集疏运体系非常高效、便利；③自由港政策比较发达，拥有便利、高效的口岸环境
全要素型	纽约	①港口规模及港口业务较繁忙，基础航运业务依旧具有一定规模；②依托于纽约国际金融中心的优势大力发展航运金融等高端航运服务业，形成健全的航运服务体系，高、中、低端航运要素齐全
国际中转型	香港、新加坡	①港口规模庞大，港口业务非常繁忙，基础航运业务非常发达；②区位条件非常优越，具有国际中转的天然优势；③自由港政策比较发达，拥有便利、高效的口岸环境，税收环境优良，较低的税负条件和优惠的政策

　　如上所述，宁波区位条件良好、港口资源得天独厚；经济发展基础好，临港工业发达。同时，作为我国贸易大市，外向型经济特征明显，已经具备了打造港口经济圈的各项有利条件，但是，其最突出和最优越的条件表现在两方面：首先，港口资源优势以及围绕港口资源优势形成的港航物流服务体系；其次，腹地资源优势。而这两者是形成腹地型港口经济圈的必要条件。因此，以鹿特丹港为样板，努力打造腹地型的港口经济圈是未来宁波的发展方向。

　　长期以来，宁波港曾被定位为上海国际航运中心的组合港，在洋山深水港启用前具有明显的互补性。随着洋山深水港的投用和江苏长江沿岸、长江以北港口的深度开发建设和兴起，长三角港口群竞争加剧。就上海而言，在面临周边港口群激烈竞争的同时，依托国际航运中心和金融中心优势，积极落实自贸区等先行政策，已经明显地显示出向港航服务型甚至全要素型港口经济圈演进的趋势。上海港作为"航本位"的国际航运中心，更加强调金融保险、法律咨询、标准制定、指数发布、船舶交易与国际贸易、大宗商品交易等服务业发展，与伦敦港航服务型港口经济圈类似。而宁波港区位条件优越，经过30多年的发展，港口规模不断壮大,是我国四大国际深水枢纽港之一,也是著名的集装箱远洋干线港,世界级大港已经形成;港口集疏运体系不断完善,海铁联运快速发展;港航物流服务体系配套较好,可以充分发挥自身国际大港优势,借鉴鹿特丹港口经济圈发展模式,同上海实现错位发展,打造腹地经济型港口经济圈。

三 建设国际航运中心是宁波的方向

打造港口经济圈,其核心是围绕港口建设国际航运中心。无论是伦敦、鹿特丹、纽约、新加坡还是中国香港,其港口经济圈的核心就是国际航运中心的形成。建设独立于上海国际航运中心的宁波国际航运中心,是否可行、是否必要,不少人会持怀疑态度,认为以上海为龙头打造上海国际航运中心的是中央的既定方针,宁波的定位是上海国际航运中心的主要组成部分,形成这种观点有其历史原因。20 世纪 80~90 年代,党中央明确提出要发挥宁波港和上海港的组合优势,共同建设上海国际航运中心,共同服务于长三角、长江流域和中西部地区经济发展。2009年,国务院出台《关于推进上海加快发展现代服务业和先进制造业建设国际金融中心和国际航运中心的意见》,提出到 2020 年基本形成以上海为中心,以江浙为两翼,以长江流域为腹地,与国内其他港口合理分工、紧密协作的国际航运枢纽港,进一步强化国际航运中心建设中上海的中心地位。但是笔者认为,这一观点值得商榷,原因有三个。

一是条件有变化。中央提出的上述意见,是在 20 世纪 90 年代中期,确切地说是在 1996 年,时任国务院总理的李鹏首先倡议的。当时,江苏外向型经济发展迅猛,集装箱生成量大;上海作为国际化大都市,国际化程度高,城市功能特别是与港口相关的金融保险、港航服务、国际经贸、科技创新等功能强大,但苦于没有深水良港;浙江,特别是宁波,港口条件优越,同时也是沿海首批对外开放的城市,但由于城市功能不足,港口腹地拓展受到限制。正因为如此,上海和江浙两省一起,共同组建上海国际航运中心,在当时的背景条件下,其科学性是不言而喻的。而如今,这些背景都已发生根本变化。随着上海大小洋山的开发和长江沿江港口腹地的拓展,上海港的深水岸线资源得到有效弥补,在建设国际航运中心过程中对宁波的依赖程度有所减弱,上海港的发展已自成一体；而江苏，随着南京长江大桥下游的不断疏浚，在长江口流域也具备了深水大港的条件。随着宁波这几年的发展，城市功能不断提升，交通集疏运网络不断完善，国际航线密度不断增加，已自成一体。所以组合型的上海国际航运中心，其基础已不复存在。事实上，国务院出台上海"两中心"的意见时，其政策也从未覆盖江浙两省。

二是宁波有条件。经过 30 多年的发展，宁波港口已具备相当规模，陆向腹地已经辐射到新疆等西部地区，海向腹地已经与世界各主要港口有业务来往，港口货物吞吐量和集装箱吞吐量分别稳居全球第 3 位和第 5 位，且增幅连续 6 年领先全球。随着城市功能的提升，宁波正从"以港兴市"走向"以市促港"的新阶段。金融保险、港航物流、大宗商品交易、航运平台建设、保税区等各类功能区的建设，呈现出良好的发展势头。同时，从逻辑上分析，如果宁波不能成为国际航运中心，只是上海国际航运中心的重要组成部分，那么宁波港口经济圈这一命题就难以成立，只能成为上海港口经济圈的组成部分。

三是国际有借鉴。提出宁波只是上海国际航运中心的重要组成部分，其理由之一是宁波与上海地域相邻、交通相连。笔者认为，这一逻辑不成立。大家知道，英国伦敦与荷兰鹿特丹地域相邻，交通也相连（已在英吉利海峡建立了海底通道），但是它们仍形成了两个不同功能的国际航运中心，同时屹立于国际航运中心之林，只不过，英国是"航本位"的国际航运中心，更加突出金融保险、海事服务、船舶交易、指数发布等高端航运服务业；而荷兰鹿特丹依托其区位条件，更加突出临港制造、港航物流（整个欧洲大陆都是鹿特丹港的经济腹地）等，是腹地型的"港本位"国际航运中心。当前，宁波与上海的关系也呈现出同鹿特丹和伦敦关系的特点。随着城市功能和产业的不断升级，上海金融、贸易和航运等优势明显，高端航运服务业发展迅速，正在加快建设"四个中心"和自贸区，有望发展成为航运服务型国际航运中心，"航本位"优势越来越突出；而宁波依托大港优势和腹地优势，"港本位"（腹地型港口）特色越来越明显。因此，笔者认为，今天的伦敦、鹿特丹就是明天的上海和宁波。借鉴西欧的伦敦港和鹿特丹港的关系，在上海建设"航本位"的国际航运中心的同时，宁波可以建立腹地型国际航运中心，与上海航运服务型国际航运中心一起，共同服务于长三角、长江流域和中西部地区经济发展。

第三节 宁波港口经济圈的圈层结构

随着港口经济圈辐射力和影响力逐步向外扩散，以港口为原点，形成了核心圈、辐射圈和影响圈三大圈层结构。本章首先静态分析宁波港口经济圈圈层结构划分的依据，提出宁波港口经济圈的三大圈层结构，进而动态分析宁波港口经济圈圈层结构的拓展路径和动力，为拓展宁波港口经济圈提供思路。

一 圈层结构划分的依据

(一) 港口的基础条件

从港口经济圈的内涵分析可知，港口岸线、航道、锚地及相关辅助服务等基础条件，是港口经济圈结构划分的重要依据。港口基础设施完备，能够支撑货物吞吐量的持续增长，为港口经济圈辐射范围持续扩大、圈层向外拓展提供物质基础；同时，港口基础设施完备不仅表现在硬件设施较好，还表现在围绕港口建设与运营的相关服务能力上。港口的服务能力强会大大提升港口的综合竞争能力，这是港口经济圈形成和发展的主要驱动。

从发展现状来看，宁波港口目前拥有生产泊位 331 个，其中，万吨级以上大型泊位 102 个，5 万吨级以上的特大型深水泊位 66 个，拥有大型矿石、煤炭、原油、集装箱、液体化工、LNG 等专业化码头，是我国沿海大型和特大型深水泊位最多的港口；主要进港航道水深在 22.5 米以上，30 万吨级巨轮可自由进出港，40 万吨级以上的超级巨轮可候潮进出。目前，宁波港已与世界上 100 多个国家和地区的 600 多个港口通航，拥有集装箱航线 235 条，其中远洋干线 117 条。丹麦马士基、新加坡太平船务等全球前 20 名的集装箱班轮公司均已登陆宁波港，是世界上最繁忙的港口之一。良好的港口基础条件支持了货物吞吐量的持续增长，也使得宁波港口经济圈的辐射范围持续扩大，圈层逐步外扩。

这里存在一个港口基础设施的梯度化问题。一般而言，多式联运的枢纽和节点所在的区域便成为港口经济圈的核心区域；按照点轴理论，沿交通线向外拓展的区域便构成了辐射层乃至影响层。

（二）港口产业的发展程度

港口产业是指以港口资源的开发、利用和管理为核心，港口城市为载体，综合运输体系为动脉，港口相关产业为支撑，海陆腹地为依托，发展形成的一种开放型产业集群。

港口产业是港口城市国民经济中的一个支柱产业。港口产业包括港口城市经济的诸多方面，在港口城市经济中占有举足轻重的地位。这种地位的确立来源于港口的巨大拉动作用。一是战略区位中心作用。港口区域是多元产业发展的首选空间，是城市经济的支撑点，是带动城市产业结构升级的引擎。二是大流通枢纽作用。港口不再是传统意义上的水陆交通枢纽，而是经济贸易的中心环节，是促进与国际、国内经济交流，增加城市集聚和辐射功能的主要条件。三是商业服务扩展和增值作用。它扩大了城市的服务范围，提高了城市服务质量和效益，提升了城市水准。

港口产业一般具有三大特征，即港口产业内涵的复合型、港口产业的关联性和港口产业发展的阶段性。港口产业内涵的复合型特征是指港口产业在国民经济行业分类中没有专门的类别与之相对应，具有一种复合性。港口产业的关联性是指港口产业是以港航及相关产业为核心，其载体是由港口关联产业逐步发展形成，大量港口相关产业聚集在港口周围或港口城市中，为港口提供相关服务或依托于港口服务，彼此之间具有广泛的相互关联性，因此，港口产业的发展不仅是本身经济总量的增长，更重要的是其广泛的产业关联产生的强大带动力，可以促进港口城市发展成为区域经济中心和国际航运中心。港口产业发展具有明显的阶段性特征，反映在港口产业链上会出现围绕核心港口呈现类似同心圆一样的"波浪"式扩展，从里到外依次为基础产业、依存产业和关联产业，具有明显分层特征。随着港城关系的建立，首先发展起来的是基础产业，如港口装卸、运输业、仓储等；随着港城联系进一步加强，产业链的进一步延伸，依靠优越的交通条件，以临港型工业为代表的依存产业逐渐发展起来，通常包括重化工业、制造业、加工业等；当港城关系发展到港城一体化阶段，通过上游、下游和横向的产业联系，衍生出为港口提供各种服务的关联产业（金融业、保险业、信息服务业、旅游业、商业等），并逐渐成为新的经济增长引擎。

港口经济圈的辐射能力与城市产业发展密切相关,其圈层划分也与港口产业结构密切相关。在港口经济圈的核心区域,其产业具有明显的港口经济特征,港口基础产业和辅助产业占有较大比重,临港工业发达。随着经济圈半径的增加,港口经济特征逐步减弱,在远端辐射区,只是体现为与港口转运货物相关的一些制造产业。

宁波港的直接腹地港口经济特征比较明显,特别是所依托的宁波城市,航运服务业及临港工业发达,已基本形成了一条绵延20多公里的沿海临港工业带,临港工业在全市工业中的比重达到2/3。临港工业已从传统的劳动密集型工业走向资金和技术密集型工业,已形成以石化、电力、钢铁、造纸、修造船、机械设备等行业为主的临港工业体系和北仑、镇海、大榭、市区沿江四大区块布局。其中,北仑临港工业区以重化工为主,以化工、冶金、机械设备为特色;镇海、大榭以石化为主,临港石化产业已经成为浙江省石化产业的核心区块及全国石化产业的重要生产基地。

从产业的角度来看,圈层结构主要体现在产业对港口的依赖程度。一般而言,布局在港口附近的各类产业园区以及为港口服务的各类功能区,就构成港口经济圈的核心圈。随着港口周边经济活动的扩大,其对港口的依赖程度也依次减弱,这便形成了港口经济圈的辐射层和影响层。

(三) 集疏运系统的通达性

港口集疏运网络是由铁路、公路和水路等方式的交通线路和枢纽彼此协作、相互补充、紧密配合所共同组成的,以交通线路为连接线、交通枢纽为联结点,具有一定的组合结构与等级层次,可进行直达运输或联合运输的集疏运网络。现代化港口均具有完善与畅通的集疏运系统,其具体特征,如集疏运线路数量、运输方式构成和地理分布等,主要取决于各港口与腹地运输联系的规模、方向、运距及货种结构等因素。一般与腹地运输联系规模大、方向多、运距较长以及货种较复杂多样的港口,其集疏运系统的线路往往较多,运输方式结构与分布格局也较复杂,反之亦然。

宁波港是典型的腹地型港口,集疏运系统建设尤其重要,近些年也取得了良好的建设效果。公路、铁路、水路等集疏运方式的通达性大大提升,海铁联运等先进的运输组织方式发展迅速。通过内陆无水港建设,港口系统逐步在空间和功能上向外拓展，拓展为一个区域性货运中心网络，整个腹地的资源均可作为港口发展的储备。

集疏运网络的通达性是港口经济圈形成的重要通道支撑。临近港口的码头作业区和附近的航运中心区域便是港口经济圈的核心层。随着交通集疏运网络的线性延伸，分别构成了辐射层和影响层。

（四）城市功能的依托程度

港口是城市工业、商业、金融业及其他服务业发展的重要条件，港口所处的区位优势决定了城市的形成和发展。而城市作为港口的载体，只有和港口功能之间实现有效的关联，达到港城相互促进发展，"以港兴城，港以城兴，港城相长，衰荣共济"，才能成为真正意义上的港口城市。对于国际港口城市，应该具有雄厚的经济实力，和世界上许多国家有着密切的经济和文化联系，其辐射力足以影响到国外其他城市。港口城市通常应具备三个特征：一是城市功能比较完善，具有雄厚的经济实力，国际经济竞争力较强，具有全球性影响；二是开放程度较高，是全球人流、物流、资金流和信息流的枢纽城市；三是具有完备的现代化基础设施、一流的世界性港口，以及与之配套的大规模涉港产业。

港口城市的发展水平影响着港口的辐射能力，宁波的城市发展对宁波港口经济圈的层级划分和拓展起着重要作用。宁波是我国首批 14 个沿海开放城市之一，对外开放时间早、领域宽、层次高。2015 年，全市实现口岸进出口总额 1936.4 亿美元。外贸自营进出口总额在 2013 年首次突破 1000 亿美元，成为浙江首个、长三角地区第 3 个、全国第 8 个外贸总额超千亿美元的城市；全年一般贸易出口占全市出口总额的比重为 81.0%，进口占全市进口总额的比重为 71.9%；全年加工贸易出口和进口占全市出口和进口总额的比重分别为 16.8% 和 18.2%。直接开展贸易往来的国家和地区达 221 个，其中，欧盟、美国、东盟贸易额占比分别为 20.1%、15.6% 和 8.2%。其中，宁波对"一带一路"沿线重点国家（地区）进出口额达 244.75 亿美元、境外投资额 10.4 亿美元，分别占全市总额的 24.4% 和 18.7%。与东盟国家和地区双边贸易额达到 82.57 亿美元，东盟国家和地区已成为宁波第三大贸易伙伴。在投资方面，2015 年全市实际利用外资首次突破 40 亿美元，达 42.3 亿美元。其中，第三产业实际利用外资 19.4 亿美元。对外投资方面，宁波市积极实行"走出去"战略，企业在境外营销网络建设、资源开发、境外并购等领域投资活跃。2015 年，全市批准境外投资企业完成对外投资额 8.4 亿美元，完成境外承包工程劳务合作营业额 16.9 亿美元。目前，宁波已与 45 个"一带一路"沿线国家（地区）城市缔结友城关系。

城市的依托程度，主要体现为城市功能对港口经济圈的支撑程度，包括海事服务、金融保险、船舶融资、航运交易和经济等。一般而言，由于港口所在的城市与港口间存在着广泛的依存和互动关系，因此，港口所在的城市便成为港口经济圈的核心层。随着港口经济圈半径的扩大，港口所在城市的服务能级呈现递减的趋势，便形成了辐射层和影响层。

二 宁波港口经济圈的圈层结构

根据港口的基础条件、交通集疏运网络和城市的依托程度，我们把港口经济圈的圈层结构分成核心层、辐射层和影响层。

（一）核心层

宁波港口经济圈的核心层为宁波市及舟山的部分地区，以宁波镇海港区、北仑港区、大榭港区、穿山港区、梅山港区、象山港区、石浦港区、金塘集装箱码头、六横码头及各港区后方的物流园区、临港产业园区所辖范围为核心，形成港区、物流园区和临港产业园区三位一体联动开发、统一管理的运营模式，重点吸引港航物流产业、海运依存产业及金融保险业等现代航运服务业，加大口岸开放力度，创新港口管理体制，发挥"核心经济圈"对临港及腹地产业的吸引与促进作用，以及港航要素的正向溢出效应。在核心区域，应该结合宁波港航及临港产业特色，对接交通运输部《推动港口转型升级指导意见》与国务院《促进海运业健康发展若干意见》，先行先试，进行港口管理的一系列体制机制创新，以增强港口对区域经济的辐射带动作用。

空间范围：宁波港区、舟山金塘岛港区、六横港区以及后方城市。

（二）辐射层

利用宁波港强大的海运网络及便捷的集疏运通道，充分发挥内陆物流枢纽的货物集散优势，拉动腹地城市经贸发展，打造覆盖长江三角洲南翼的港口服务供应链，形成以宁波为核心，由舟山、嘉兴、杭州、湖州、台州、温州等港口共同组成的港口群。依托宁波港航服务的渐进式影响，通过优化内河与内陆无水港布局，加强与当地政府、企业在资本等领域合作，共同推进运输便利化改革、服务内陆城市外向型经济发展，积极协调与上海等周边枢纽型港口分工，加强港口间合作，将宁波港口经济圈辐射到长三角地区及中西部地区。构建互为依托、紧密联系的跨区域合作机制与高效便捷的物流运输大通道，以宁波为核心，内河与内陆港为节点，共同组成港口经济辐射层。

空间范围：长江三角洲地区（近期）及中西部地区（远期）。

（三）影响层

围绕"一带一路"建设，积极发挥宁波港航业与铁路、海运作用，增强港口服务影响力，形成广泛而多样化的交流与合作机制，加强港口中转服务及海铁联运辐射面。将宁波港口经济圈进一步扩展至"一带一路"沿线国家和地区，构建跨区域型港口经济影响层。

空间范围："一带一路"沿线国家和地区。

三　宁波港口经济圈空间拓展

（一）宁波港口经济圈空间拓展历程

在本章第一节，我们探讨了宁波港口经济圈的发展历程。在此，我们将从空间维度对港口经济圈的空间拓展做系统梳理和阐述。

作为港口城市，宁波已有几百年的历史。在这几百年中，宁波市曾随着港口的兴旺而繁荣，也曾随着港口的衰落而徘徊。20世纪30年代，以三江会合处的港口为依托，形成了以三江会合处为中心，江东、江北、海曙三区依江拓展的宁波中心城市。50～70年代，港口在城市动力结构中的地位极为薄弱，城市主要依赖自增长效应继续发展。80年代开始的北仑港开发，给宁波市的发展带来了一股强劲的冲击力，并由此进入港口城市新一轮的发展历程。

第一阶段：起步阶段（1973～1978年）。在国家"三年大建港""改变港口落后面貌"的号召下，1973年12月，浙江省成立了宁波港建设指挥部，标志着宁波港走上了加快建设、大步挺进的发展阶段。位于甬江口的镇海新港区1974年2月正式动工兴建，1976年10月，建成投产首个万吨级煤炭接卸泊位，结束了宁波港无深水泊位的历史，开辟了镇海新港区，使宁波港实现由内河港向河口港挺进；1978年3月，浙江北仑港建设指挥部成立，拉开了北仑深水港区建设的序幕。随着港口的建设，浙江炼油厂、镇海发电厂等工程相继在宁波建成落户，宁波的工业发展上了一个新台阶。

从严格意义上来讲，这一阶段宁波的港口经济仅仅是点状的，不具有圈层结构的特点，也就是说，尚未形成严格意义上的港口经济圈。

第二阶段：发展阶段（1979～1991年）。1979年6月，宁波港对外开放，同年12月，宁波镇海作业区第一艘外轮靠泊作业，从此，宁波港成为国际性港口。1981年5月26日，为上海宝钢配套建设的北仑10万吨级铁矿石大型中转码头系统正式竣工，建成我国首个10万吨级大型深水泊位，既使宁波港步入国际深水中转大港的行列，又为北仑深水港区的拓展奠定了重要基础，开始了宁波港由河口港向外海深水港的跨越。镇海港区在20世纪80年代得到集中建设，先后建成17个泊位，靠泊能力在千吨级以上、万吨级为主，最大靠泊能力为5万吨级，不仅形成了以装卸煤炭、液体化工、件杂货为主的港区，而且成为远东大型液体化工产品的中转基地；北仑港区在20世纪80年代建成矿石中转系统之后，主要在90年代进行了一期和二期工程建设，目前已建成15个大型深水泊位，包括15万吨级和20万吨级矿石卸船泊位，能停靠第五、六代集装箱船舶的集装箱专用泊位，以及5万吨级通用、木材泊位等，已经成为宁波港的主体港区。

此阶段宁波的城市建设也取得很大发展。1985年5月，宁波成为全国进一步开放的14个沿江城市之一，同年10月，宁波经济技术开发区被批准成立。1987年2月，宁波市被赋予省一级的经济管理权限。

这一阶段，宁波提出了"以港兴市，以市促港，港城联动"的发展战略。港口的服务和辐射半径有所扩大，城市对港口的依存度不断提高，港口的圈层结构和服务半径得到了一定程度的拓展，因此，在这一阶段，宁波港口经济圈无论是在发展内涵上，还是在空间结构上，都已经初具雏形。

第三阶段：成型阶段（1992年起）。20世纪90年代以后，顺应世界港口码头泊位深水化、大型化、专业化、现代化的发展趋势，宁波港充分发挥和利用港口深水资源优势，加快大型专业化码头泊位的建设。先后建设了大型进口铁矿石专用泊位、集装箱专用泊位、液体化工专用泊位，以及一批大型货主码头。随着大型泊位的建设和投产，目前宁波港已经成为我国长江三角洲和长江沿线地区进口铁矿石的中转基地、浙江省的煤炭运输中转基地、长江三角洲和长江沿线地区的石油运输中转基地、远东大型液体化工产品的中转、储运基地，以及长江三角洲地区集装箱干线枢纽港的雏形。

港口的建设已使港口陆域成为发展港口工业的优势区域。在北仑、镇海两个港区的后方陆域，已形成一个具有相当规模的港口工业体系，且具有以下几个鲜明的特点：①依托港口大进大出，外向度高。其中，有相当数量的工业项目需要专用泊位，如协和石化、北仑钢铁厂、三星修造船等。其余项目的原料、产品均需依托港口实现大进大出。临港工业的发展有力地促进了港口吞吐量的增长。②能源、原材料项目占相当比重，产业关联带动作用强。其中，石化和钢铁工业占相当重要的地位，已成为华东地区重要的石化工业基地，钢铁工业基地的建设也已起步。如此多的原材料工业项目集聚所形成的产业关联效应是不可低估的，也是宁波城市生产中心职能的最主要载体。③依托港口兴起的临港工业，由于有外资的加入，规模均很大，有不少项目的规模在国内、亚洲和世界名列前茅，是宁波市产业结构集约化的重要推动力量。

如此规模的港口工业在北仑、镇海区域的集聚，带来了北仑、镇海区域经济总量的急剧扩张，使之成为宁波市最强劲的经济增长极。北仑区域临港工业的崛起，标志着北仑区域已由初级商港型经济进入港口工业型经济发展阶段。宁波市从原来的三江会合处沿江向河口的镇海、再沿海岸向滨海地区的北仑拓展，形成"T"型的分散组团式城市空间格局。

与此同时，通过"无水港"的建设和"五定班列"的开辟，宁波港的陆向腹地大大拓展。通过海铁联运和江海联运，宁波港的内外贸货物已达中西部地区，特别是2014年，随着"一带一路"建设的实施，新疆的外贸货物也从宁波港出口；同时，海向腹地也大大拓展，与世界各国的主要港口都建立了业务联系，国际远洋干线不断加密，成为我国沿海为数不多的远洋干线港。这一阶段，宁波港口经济圈已基本成型。

(二) 宁波港口经济圈空间拓展动力分析

1. 产业基础

工业经济初具规模。2015 年，宁波规模以上工业企业实现总产值 13869.5 亿元，工业增加值 3460.9 亿元，销售产值 13290.5 亿元，出口交货值 2847.7 亿元。在效益方面，规模以上工业企业实现增加值 2575.4 亿元，其中，轻工业 440.03 亿元，重工业 1789.75 亿元，利润 753.4 亿元，利税总额 1472.6 亿元。在创新方面，规模以上工业企业科技活动经费支出 184.5 亿元，占主营业务收入的比重达到 1.4%；实现新产品产值 4043.9 亿元，同比增长 12.4%，新产品产值率达到 29.4%。近年来，宁波大力推行的"机器换人"工作取得显著成效，2013 年规模以上工业资产总计同比增长 5.8%，从业人员减少 2.3%，劳动生产率达 16.3 万元/人，同比增长 10.5%。

优势产业明显。2015 年，宁波前十大行业共完成工业增加值 1887.1 亿元，占规模以上工业增加值的比重达到 73.3%。其中，电气机械和器材制造业完成增加值 263 亿元，居各行业之首；化学原料及化学制品制造业增长 23%，增速居各行业之首，累计加工原油 2689 万吨，生产乙烯 111 万吨。在临港工业方面，初步形成以石化、钢铁、能源、汽车、造船等行业为支柱，绵延 20 多公里的沿海临港产业带，建成华东地区重要的能源原材料基地和先进制造业基地。在高新技术产业方面，2015 年，规模以上工业企业实现高新技术产业增加值增速为 4.4%，占规模以上工业增加值的 37%。其中，作为"石墨烯产业化应用开发"重大科技专项，全球首条年产 300 吨的石墨烯生产线已经建成投产。

2. 支撑能力

港口优势突出。宁波港地处我国大陆岸线中部，是我国著名的深水良港。宁波港向外直接面向东亚及整个环太平洋地区，向内可以直接覆盖整个华东地区及经济发达的长江流域，是中国沿海向北美洲、大洋洲、南美洲等港口远洋运输辐射的理想集散地。2015 年，宁波港实现货物吞吐量 5.1 亿吨，主要货物有集装箱、铁矿砂、原油、成品油、液体化工产品、煤炭及其他散杂货等。

科教实力较强。宁波拥有 16 所高校，在校生 15.3 万人，科技人才资源丰富。2015 年，宁波市人才总量达 187.2 万人，比 2014 年增长

11.6%，高技能人才总量达 29.5 万人，引进海外人才 1597 人。在海洋领域，拥有宁波大学海洋学院、生命科学与生物工程学院、宁波市海洋与渔业研究院等一批科研机构，海洋与渔业领域重点实验室达到 9 家，海洋科技工作人员 2000 余人，在航海航运、海洋养殖、海洋生物等领域取得一批关键技术成果。科技教育实力较强，有利于提升技术创新水平和产业发展竞争力。

3. 体制机制

宁波市是我国 5 个计划单列市之一，在经济活动中，享有省一级的经济管理权限。同时，宁波也是我国民营经济发达地区，这既与宁波的崇商风气有关，也与宁波独特的区位优势和人文优势有关。改革开放 30 多年，为宁波探索新一轮科技体制改革与创新积累了深厚的经济基础和体制机制优势。宁波人有"闯天下""敢为天下先"的传统，在全国较早地开展了要素配置市场化、资源环境有偿使用等改革，资源要素市场化配置水平较高。近年来，海洋资源开发领域的改革顺利推进，市场信用建设不断加强，民营企业积极进入海洋开发领域，成为海洋经济发展的重要力量。

功能政策完善。2008 年 2 月，国务院正式批准设立宁波梅山保税港区，成为浙江唯一的保税港区。2009 年 2 月，海关总署、财政部、国家税务总局、国家外汇管理局联合发文，批准设立宁波栎社保税物流中心，宁波拥有了全国少有的涵盖"海陆空"全部类型的海关特殊监管区域。目前，宁波保税经济区类型齐全，功能体系不断完善。此外，宁波正在以城市国际化引领新一轮的开放合作，还可以加快对接上海自贸区建设，充分承接上海自贸区辐射和聚集效应。

4. 城市功能

港口、产业、城市互动协调发展是现代化国际港口城市发展道路的必然选择，也是宁波改革开放和现代化建设的经验总结。宁波现代化国际港口城市的发展目标，伴随着城市的发展进程得到不断发展和提升。它最早是根据 1992 年国务院召开的长江三角洲地区及沿江地区经济发展规划座谈会明确的宁波发展地位和职能，在城市总体规划调整中提出建设"社会主义现代化国际港口城市"的发展目标构想；1994 年，在中共宁波市第八次党代会上正式确定为城市发展的战略目标。随后编入国务院批复的《宁波市城市总体发展规划 1995～2010》。在修编制定的《宁波市城市总体规划 2004~2020》中提出了把宁波建设成为长江三角洲南翼经济中心城市的总体目标。

宁波现代化国际港口城市的目标内涵，可以概括为具有强大的综合实力、国际竞争力和可持续发展力，港口、产业、城市实现良性互动，形成现代化城市、国际性城市、生态型城市和特大港口城市"四位一体"的发展格局。根据现代化国际港口城市在功能上的共性要求，并充分反映时代特征、中国特色和宁波特点，宁波市的基本功能定位为集散功能、生产功能、服务功能、创新功能和生态功能。这五大功能从各自不同的方面推动现代化国际港口城市的形成与发展，并互相促进、协调发展。其中，集散功能就是宁波市在国内外经济活动中，尤其是对浙江省和长江三角洲南翼地区乃至全国和亚太地区有效实现商品和要素的集聚和疏散功能。生产功能就是充分利用现有的工业基础和优势条件，从量的扩张转向质的提高，并在此基础上实现量的增长，着重强化技术创新、产品开发和加工制造功能，加快临港工业建设，促进产业结构高度化。服务功能就是宁波市为国内外各种经济与社会活动、商品与生产要素流动和优化配置提供全面、高效、便捷的服务能力，成为国际性区域服务枢纽。创新功能就是要发挥沿海开放城市和改革先行的优势，不断增强以制度创新、科技创新为特色的综合创造能力，使沿海开放城市成为我国重要的区域创新中心。生态功能就是要以建设生态城市为目标，全面形成自然环境与人工环境融合协调的生态环境，符合生态环境和可持续发展要求的生态经济、生态文化和生态人居。

根据最新的《宁波市城市总体规划 2004~2020》，宁波作为我国东南沿海重要的港口城市、长江三角洲南翼经济中心、国家历史文化名城，未来发展中的城市职能主要包括：东北亚航运中心深水枢纽港，华东地区重要的先进制造业基地、现代物流中心和交通枢纽；长江三角洲南翼重要的对外贸易口岸；浙江省对外开放窗口和高教、科研副中心；东南沿海重要的风景旅游城市。

5. 空间布局

按照国家"一带一路"倡议和长江经济带战略，结合宁波作为区域中心城市的要求，近年来，宁波市委、市政府不断完善城市功能，调整城市的功能布局，进行城市空间资源合理配置，以满足区域经济发展对远洋运输的需求。另外，杭州湾大通道建设缩短了宁波与沪、苏、锡、常等城市的时空距离，为宁波进一步发挥港口、物流门户的作用提供了通道条件。浙江省城镇体系规划提出发展杭州、宁波、温州三个都市区，要求在金塘水域两侧实现甬、舟港口整体开发，而宁波－舟山港的合并则须从更大的范围内考虑设施的配置、交通的联系和产业的联动。

未来宁波市域要形成以宁波市区为中心，以余慈为北部区域，奉化、宁海、象山为南部区域的"一体两翼"的发展格局。

港口经济圈的构建，对中心城区的建设提出了新的要求。随着港口功能的不断培育，中心城区的范围也不断扩大。目前，宁波中心城区包括海曙、江北、江东、镇海、北仑、鄞州六个区。其中，海曙、江东和江北是全市的政治行政中心和文化中心，同时也是全市的航运、金融和贸易中心；北仑区作为长江流域和东南沿海大宗散货物资的中转基地、国际集装箱枢纽港，以发展临港工业和港航物流业为主导，构建交通便捷、生态优美的现代化新区。

城市功能的上述布局将支撑起港口经济圈核心层的提升和发展，并为港口经济圈的圈层拓展提供动力源泉。

第五章 "一带一路"背景下港口经济圈产业链的构建

第一节 港口经济圈产业的发展演进机制

一 港口经济圈产业构成

一个地区选择发展的产业，首先，要具有较好的技术进步空间和市场成长空间。具有较好技术进步空间的产业，其生产率上升率较快，因此，投入产出比率较高，生产费用下降也比较快。具有较好市场成长空间的产业，往往需求收入弹性较高，从而产业发展的市场前景较为广阔。其次，地区产业选择应该符合当地的资源禀赋条件。只有以资源禀赋条件为依托，才能在促进产业发展、参与市场竞争时，具有相比其他区域的比较优势。最后，如果能够通过资源整合弥补当地发展条件的不足，也可以实现一些产业的快速发展。这要求地方在对外联系沟通、整合内外资源上具有相比其他地区的独到优势。宁波港口经济圈产业选择首先要结合当前产业发展趋势，同时也要同宁波本地的发展基础或优势相吻合。

（一）当前产业发展趋势

1. 增长重心向技术密集型和高加工度型产业转移

从全球范围来看，新一轮科技革命和产业变革将带动一批新的增长点形成。当前，无论是后金融危机时期的强烈需求，还是科学技术内部所积蓄的能量，都正在催生一场以新能源技术和生命科学技术等重大突破为标志的第四次技术革命。在技术创新力量的推动下，移动互联网与云计算、人工智能与先进机器人、3D打印、新材料、合成生物学与生物工程、新能源等新兴领域取得了不同程度的突破。与此同时，随着劳动力、土地、资源等传统优势的弱化，我国经济发展将进一步向技术创新的方向升级，由传统的要素成本驱动向创新价值驱动转变，由低端价格竞争向差异化非价格竞争转变。目前，在建设创新型国家的战略目标指引下，我国产业技术创新体系已经初步形成，技术创新环境得到改善，技术创新意识和技术创新能力得到增强。按照联合国《人类发展报告》，我国技术发展已经处于世界中等水平，平均技术水平在发展中国家居于前列。近年来，通过实施"973"计划、"863"计划、科技攻关计划、知识创新工程等一系列科技计划和政策措施，我国的创新研发能力迅速提升。目前，在新一代移动通信、新能源、新材料、信息网络、基础芯片、无线宽带、高速铁路、高温气冷堆、电动汽车等许多技术和产业领域，已经有了一定的技术积累，有些技术已经达到国际先进水平，接近产业化突破的"临界点"。

由此，技术密集型产业和高加工度型产业将成为未来经济的增长点所在，比较具有代表性的是高端装备制造业、新材料产业、电子信息产业等。2013年，我国装备制造业规模突破20万亿元，占全球装备制造业的比重超过1/3。预计到2020年，我国高端装备制造业在装备制造业中的规模占比将达到25%。新材料作为新一轮产业革命的核心和基础，发展前景可期。据不完全统计，2015年，我国新材料产业生产总值达到2万亿元，增速超过25%，势头强劲。随着电子消费、TDLTE、物联网等新兴业态的兴起，以及技术创新和产品创新进入新一轮加速期（如移动智能终端产品），电子信息产业将保持较快增长速度。从未来增长点来看，高端装备制造业包括智能制造、新能源汽车、海洋工程装备、轨道交通装备、民用航空航天装备等。新型原材料包括特种金属功能材料、高端金属结构材料、先进高分子材料、新型无机非金属材料、高性能复合材料、前沿新材料等。电子信息产业包括新一代移动通信设备和系统，智能手机及信息终端、卫星应用终端等新型终端产品。

2. 产业调整优化向生态环保、社会发展靠拢

近年来，污染排放导致的环境风险不断加大，水体、大气和土壤的累积性环境污染不断显现，雾霾天气多发、频发更是给粗放发展模式敲响了警钟。随着社会各界对生态、生活环境的要求越来越高，降低污染排放、加强环境治理成为必然选择。在这种形势下，政府将治理环境污染、改善居住环境作为关系人民生活、关乎民族未来的大事来抓。由此

来带动环境保护（如对水、大气、固体废物污染的防治）、节能减排（如发展绿色建筑、绿色材料）、循环经济及资源循环利用等增长领域的形成，节能环保装备、新能源等将获得快速成长。其中，节能环保装备包括高效节能锅炉窑炉、余热余压利用和节能监测等节能装备；大气、水及重金属污染防治，垃圾和危险废弃物处理，环境监测仪器仪表、污水处理设施仪器等环保设备；生活垃圾分选、填埋、焚烧发电和垃圾资源综合利用装备等。新能源包括太阳能电池核心装备、新型太阳能技术、薄膜太阳能电池；核岛主设备和控制系统、常规岛主设备及关键件；大型海上风机；智能变电站及智能设备；等等。

在社会发展方面，随着人口的老龄化和对健康的日益关注，健康服务需求将在未来一个时期成几何倍数增长。2013 年，我国老龄人口数量突破 2 亿大关，老龄化水平达到 14.8% 。与此同时，我国每年死亡人数超过 1000 万，癌症、心血管疾病、糖尿病已经成为人们健康的头号威胁。基于此，有分析认为健康医疗服务业正在成为全球经济的第五波财富。根据卫生部测算，中国医疗健康行业在 2014～2015 年达到 5000 亿美元的产值。与此同时，社会对于安全、灾难救助的关注也在不断增加。在这些因素促进下，生物医药产业、安全及救灾装备的增长潜力不容忽视。其中，生物医药产业包括基因工程药物、抗体药物、新型疫苗关键技术和重大新产品研制及产业化，数字医学设备、精密医疗器械、中医诊疗设备等；安全及救灾装备包括先进、高效、可靠的检测监控、安全避险、安全保护、个人防护、灾害监控、特种安全设施及应急救援等安全装备，发展安全、便捷的应急净水等救灾设备。

3. 生产方式向技术进步、精益增长转变

钢铁石化等原材料产业作为国民经济和社会发展的基础性产业，将在长时期内保持较高的需求水平。一方面，产业发展主要是从粗放型向生态型转变，从单纯追求数量扩张向优质低耗发展转变，在技术装备上向大型化、高效化发展。例如，大型钢铁企业的工艺装备将进一步趋向于大型化、高效化、自动化和智能化，建设 $3000m^3$～$5000m^3$ 高炉和 150～300 吨转炉，实现高效、节能、环保、清洁生产。另一方面，高端产品成为行业增长热点，尤其是市场前景好、发展潜力大、能替代进口的高附加值钢材品种，如高铁轮对用钢、高档家电用板等。一些先进原材料企业正在探索与汽车、造船、家电等下游企业共同开发建立新的产品研发体系，区别于大规模批量化生产，这些企业以专业化利基市场为发展方向。例如，在化工领域，涤纶毛条、ES 纤维、民爆行业产品等利基市场成长较快。

具体来看，钢铁及有色金属工业以技术改造、淘汰落后、兼并重组、循环经济为重点提高行业整体素质，在提升大宗产品的质量和性能的同时，积极发展齿轮钢、磨具钢、弹簧钢、轴承钢、超临界电站高压锅炉管、核电用 690 合金 "U" 型管、350km/h 高铁轮对等高性能钢铁产品。石油化学工业按照一体化、集约化、基地化、多联产发展模式，促进烯烃原料轻质化、多元化，全面提升炼化技术，优化工艺流程，积极发展电子化学品、建筑化学品、汽车化学品、功能性涂料、黏合剂、密封胶、水处理剂等化工产品。

4. 海外并购和全球资源整合成为发展趋势

自国际金融危机爆发以来，国外特别是欧美国家的一些企业纷纷倒闭，亏损严重，为我国企业开展海外并购、整合资源提供了有利条件。在世界经济繁荣时期，企业经营状况普遍较好，市场价值较高，海外并购在经济上未必可行。对中国企业而言，在发达国家投资并购还面临一些歧视，并购障碍较多。在危机中则不同，处于困境的企业往往对中国企业并购持有积极的态度，目标资产的价格谈判空间比较大，为中国企业开展低成本海外并购提供了难得的历史机遇。例如，沃尔沃在金融危机中受到严重冲击，吉利集团只花了 20 亿美元就从福特手中收购了这家企业，比 10 年前福特 64 亿美元收购沃尔沃的成本低了许多。

我国企业积累了一定的国际化经验，具备在全球范围内整合资源的条件与能力。我国外汇储备已经相当丰富，国家鼓励企业 "走出去" 开展并购、整合资源，将过多的外汇储备转换成实际资产。目前，我国企业逐步形成能源驱动、市场驱动、技术驱动等多种对外投资格局，越来越多的国内企业涉足国外高科技领域投资，追求高附加值投资。部分中国企业在对外投资策略、风险防范及跨文化整合等方面积累了一定的经验，为其他企业 "走出去" 提供了借鉴。此外，上海自贸试验区和前海跨境人民币业务等创新推进，有利于简化人民币在资本项下的双向流动，提高跨境并购过程的效率。

近年来，我国对外投资增长势头异常迅猛。2013 年，我国已经连续两年位列全球第三大对外投资国，境内投资者对全球 156 个国家和地区的 5090 家境外企业进行了直接投资，累计实现非金融类直接投资 901.7 亿美元，同比增长 16.8%。2015 年，在全球跨国投资流量当中，我国首次跃居全球第 2 位。从海外并购来看，2015 年，我国企业共实施对外投资并购项目 593 个，实际交易金额 401 亿美元。

对外投资领域趋向于多元化发展。在初始时期，对外投资主要集中在国内短缺的资源类领域，现在已经涉及国民经济的诸多领域。截至 2013 年底，我国对外直接投资覆盖了国民经济所有行业类别。其中，租赁和商务服务业、金融业、采矿业、批发零售业、制造业五大行业累计投资存量达 5486 亿美元，占我国对外直接投资存量总额的 83%，当年流量占比超过八成。其中，海外并购主要分布的行业包括能源、房地产、金融、工业、互联网等领域，逐步由能源、矿产行业向高新技术产业、高端制造业转移，国内"调整经济结构、推动国内企业又快又稳地走出去"的政策效果在海外市场初见成效。

通过多种方式获取紧缺的高端要素。目前，我国对外投资已经形成以跨国并购、独资或合资新建研发中心为主要形式，以跨国技术联盟等合作形式作为补充的技术获取方式。以海尔公司为例，通过技术战略联盟的方式与国内外大学、科研单位以及知名的跨国公司开展合作，联合成立了近 50 个研发中心，在欧洲和日本等地设立 6 个共同开发研究所，使自身研发水平能够紧跟国际领先水平。

海外资源整合对于我国产业发展具有重要的支撑作用。这种作用一是体现在获取上游原材料、矿产资源和能源的供应上，目标集中在资源比较丰富的亚非拉地区，以及澳大利亚、加拿大等发达国家和地区。例如，中国海洋石油总公司 148 亿美元收购加拿大尼克森公司 100% 的股权项目，创迄今我国企业海外并购金额之最。目前通过投资海外矿产资源，获得稳定的资源供给，然后在我国沿海地区进行资源冶炼加工的投资和生产方式已经普遍展开。比较典型的是投资印尼等国家的红土镍矿、我国沿海地区的镍铁不锈钢等。二是体现在获取先进的技术、知识产权和知名品牌上。我国企业整合全球资源的目的很大程度上是寻求发达国家的创造性资产，以期建立有利于全球竞争的资源和能力基础。这一领域海外并购或资源整合的目标集中在欧美发达国家和地区。一则依托全球市场与资源，我国技术创新可以在全球范围内展开，通过设立实验室或研发中心，整合全球研发创新资源，激发企业技术创新活力。二则我国企业通过跨国并购获取先进的技术资源、管理资源、品牌资源和营销渠道等战略性资产，加快技术进步步伐，提高企业的竞争力。需要注意的是，在产品技术对外联系频繁、依赖海洋运输的情况下，并购技术、设备、人才等资源在沿海地区进行转化生产的优势极其明显。

目前，海外并购与资源整合在促进产业发展方面已经取得了显著成效。2013 年 12 月，中联重科宣布收购全球干混砂浆设备第一品牌——德国 M－TEC 公司，虽然并购金额不高，但是由于 M－TEC 公司在干混砂浆设备领域具有较强的技术实力，这次收购被视为中联重科迈向高端制造、扩展业务领域的有益尝试。2014 年 1 月，联想宣布以 23 亿美元收购 IBM 低端服务器业务，获取 IBM 低端服务器的相关专利、技术和研发人员，完善公司产品线，提高技术实力和国际竞争力。其他典型的案例还有小马奔腾联合印度媒体巨头信实媒体，收购美国著名的 Digital Domain 的核心资产及视觉特效等核心技术资源。

（二）港口产业发展方向

综合我国经济社会发展新的产业增长点、全球资源整合带来的产业增长契机，以及本地产业发展的基础和优势条件，宁波依托港口的产业发展方向可以分为两大类产业：一是宁波具有一定基础和优势的产业，即具有比较优势、成长性较好的产业，由此，新材料、新一代电子信息、新能源、高端装备、节能环保装备、生物医药等可以成为宁波未来产业发展的主导方向。二是宁波虽然自身的发展条件并不充分，但是可以依托港口、保税区等平台具有海外资源获取便利之优势的产业，即整合海外资源、成长性较好的产业。例如，我国经济发展中一些长期被国外供应商垄断的精细产品领域，包括特种钢材、精细化工等。虽然宁波在许多大规模生产的原材料产品上不具备比较优势，但是可以通过获取海外技术，或者是将海外技术率先在宁波产业化，从而在一些以专业化为特征、以精细市场领域为导向的利基产品上实现突破。

(三) 港口经济圈产业构成

1. 宁波港口经济圈产业的发展演进机制

港口产业在发展演进上具有集聚和扩散两种机制。集聚机制是指港口产业相关要素向港口周边聚集；扩散机制则是指港口产业集聚后对外部的扩散效应。在港口产业的发展过程中，港口相关产业集中在港口周围形成产业集聚，利用集聚效应来提升港口产业的竞争力和适应能力。港口产业在集聚过程中也具有扩散效应，当港口周围的相关产业聚集到一定程度，就会出现规模不经济现象。港口通过强大的辐射力，引导这些产业向其经济腹地延伸，实现港口产业的扩散效应。

一是港口产业集聚机制。以港口为核心的区域经济增长极，以其优越的区位条件和强大的经济技术实力将周围的劳动力、资金、原材料、企业等自然及社会经济潜力吸引过来，使该港口城市逐渐成为整个区域范围内的发展核心，港口核心能力的提升吸引着港口相关企业不断向港口周围聚集。在产业集聚的同时，往往也存在着人口、企业和城市的聚集。港口相关产业的企业在生产或服务上相互联系，在布局上有相同指向，它们按一定比例聚集在拥有特定优势的港口周围或港口城市，可以形成高效率的产业集群，通过集群效应改善企业的外部发展环境，使企业获得在分散布局条件下不可能得到的集聚经济效益。

二是港口产业扩散机制。特定的经济区域可以达到的集聚规模是有限度的，过度集聚就会出现规模不经济效应，使企业经济效益下降。港口相关产业过度集聚会使港口城市交通拥堵、地价上涨、污染加重；港口产业外部发展环境恶化、成本上升、利润下降，从而使港口产业向外扩散成为必然趋势。港口通过其强大的辐射效应使相关产业扩散到港口的经济腹地，到其他具有一定区位优势、能带来更大经济效益的地区形成新的集聚。

港口产业具有一定的区位层次，港口共生产业和依存产业可以聚集在港口周围地区，而港口关联产业可以延伸到港口城市的中心商务区，与城市经济的发展相融合。港口一般具有广阔的经济腹地，港口对其经济腹地有较强的辐射力，因此，港口产业具有较为广阔的发展空间。当临港工业出现规模不经济现象时，港口可以引导低端制造业向其经济腹地迁移，实现临港工业的转型升级。

2. 继续推进港口基础设施建设，发展临港工业

自改革开放以来，围绕港口产业发展，宁波已在港口经济圈核心区基本形成了一条绵延 20 多公里的沿海临港工业带。进入新时期，宁波港口岸线日益饱和，可供利用的岸线资源和空间资源已经不多。在"十二五"收官之年和"十三五"谋划之年，有人认为下一步宁波发展不能过多依赖港口，反对进一步发展临港大工业，应该逐渐从港口产业中脱离出来。笔者认为，港口仍是目前宁波最大的资源和最大的优势，发展临港大工业是发挥宁波比较优势的必然选择。要坚定不移地加强港口开发和利用，做优做强临港大工业，带动宁波经济发展。

二　港口产业投资效率实证研究

自 1985 年以来，宁波经济社会和港口实现稳定发展。1985 年，宁波GDP 为 71.05 亿元，人均 GDP 为 1455 元，宁波港口货物吞吐量为 1040 万吨；2012 年，宁波 GDP 为 6582.21 亿元，人均 GDP 为 114065 元，宁波港口货物吞吐量突破 4.53 亿吨，居中国港口第 3 位、世界前 5 位；集装箱吞吐量达 1567 万标准箱，箱量排名保持中国集装箱港口第 3 位、世界港口前 6 位。1985 年，宁波港口投资仅有 4600 万元，1990 年，港口投资首次超亿元，达到 1.2 亿元（见图 5 - 1），到 2012 年，港口投资达到71 亿元，是 1985 年的 154 倍。2008 年 6 月宁波港整体上市。"十二五"时期宁波港口投资力度将保持高位增长，投资项目数更多，投资额更大。《宁波加快打造国际强港推进计划（2011~2015)》显示，到 2015 年总投资约为 1118.49 亿元，重点项目共计 116 个。

首先，宁波港口投资的比重较大，特别是最近 10 年呈现逐渐增长趋势。政府越来越重视港口在宁波社会经济发展中的作用和独特地位，不断增加投资，用于港口基础设施建设及相关配套建设。

其次，与以往相比，"十二五"期间港口投资项目数更多，投资额更大。在《宁波加快打造国际强港推进计划（2011~2015)》中提出，规划到 2015 年，宁波打造国际强港重点项目共计 116 个，总投资约为1118.49 亿元。其中，按项目类别分，基础设施类项目 72 个，规划总投资约 878.35 亿元，2011 年计划投资 157.94 亿元；产业交易类项目 24个，规划总投资约 121.6 亿元；金融、信息和企业服务类项目 19 个，规

划总投资约 35.6 亿元。按行政区域分,市本级项目 61 个,规划总投资约 796.51 亿元,2011 年计划投资 116.88 亿元;县(市)区 55 个,规划总投资约 352.04 亿元,2011 年计划投资 41.41 亿元。

最后,随着港口投资的加大,港口的货物吞吐能力也在不断加强。具有现代化、大型化、专业化、信息化的港口软硬件设施,集装箱、大宗散货、件杂货装卸能力不断加强。自 1988 年以来,港口货物吞吐能力呈现增长趋势,2010 年货物吞吐量达到 41200 万吨,比 2009 年增长 7.33% (见图 5-2)。

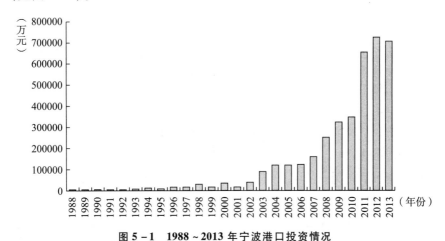

图 5-1 1988~2013 年宁波港口投资情况

注:港口投资主要包括港口基建项目投资和技改项目投资两大类。

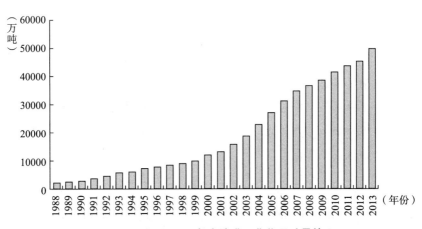

图 5-2 1988~2013 年宁波港口货物吞吐量情况

　　宁波的临港优势带动了临港工业及其服务业的发展，解决了很多社会就业，增加了政府的财政收入，对整个社会的经济发展产生了比较大的推动作用。那么，港口投资在社会经济发展中的作用有多大，其作用机制是什么？这些问题都有待于深入研究，本研究从经济增长、口岸贸易、第二产业和社会就业四个视角，研究港口投资递减对社会经济发展的影响，一方面可以检验港口投资是否具有异质性特征，另一方面可以为今后宁波市的港口投资实践与政策提供理论指导。

（一）研究设计

1. 理论分析

　　本研究所采用的理论模型主要来源于索洛（Solow）于 1956 年提出的经济增长模型，假定了一个两要素生产函数：

$$Y = F(K, L) = AK^{\alpha}L^{\beta} \qquad (5-1)$$

　　其中，K 为资本，L 为劳动力，Y 表示产出，α、β 分别是资本和劳动力的产出弹性。从式（5-1）可以看出，在索洛模型中，港口投资与其他投资被看作同质的要素纳入资本变量 K 中，而且索洛模型没有考虑技术进步对产出的影响。为了解释持续的经济增长，需要考虑长期使要素生产率增加外部因素。因此，在式（5-1）中纳入时间因素（易纲、樊纲、李岩，2003；江锦凡，2004），则：

$$Y = F(K, L, t) = e^{\lambda t}K^{\alpha}L^{\beta} \qquad (5-2)$$

　　式（5-2）中，e 为自然对数的底数，t 表示时间；其他要素与式（5-1）定义相同。实际上，引入时间因素后，即将技术进步、产业结构变动、制度变迁等因素全归于时间系数 λ，因此，$e^{\lambda t}$ 成为全要素生产率，λ 为全要素生产率的增长率。为了研究港口投资在社会经济发展中的作用，城市总资本水平定义为港口投资与非港口投资的加权平均，数学形式表达式为：

$$K = K_p^{\gamma}K_n^{1-\gamma} \qquad (5-3)$$

　　其中，K、K_p、K_n 分别表示城市的总资本水平、港口投资和非港口投资，γ 表示港口投资在总资本构成中的权重。把 K_p、K_n 纳入生产函数的投入变量，模型如下：

$$Y = f(K_p, K_n, L, t) = e^{\lambda t} K_p^{\alpha\gamma} K_n^{\alpha(1-\gamma)} L^\beta \qquad (5-4)$$

2. 研究假设

假设 1（H1）：港口投资能够促进社会经济发展。其中包括四个待检验的子假设：

假设 1a：港口投资与经济增长正相关；

假设 1b：港口投资与口岸进出口总额、口岸出口和口岸进口正相关；

假设 1c：港口投资与第二产业产值正相关；

假设 1d：港口投资与劳动力（社会就业）正相关。

假设 2（H2）：港口投资能够通过影响港口物流能力进而影响经济增长。

3. 数据来源与研究方法

结合政府行业部门编制区域发展规划和统计普遍采用指标，研究变量主要包含人均 GDP（GDPPC）、全社会总投资额（STI）、港口投资额（PI）、非港口投资额（NPI）、社会就业人数（SE）、口岸进出口额（PIEV）、口岸出口额（PEV）、口岸进口额（PIV）、第二产业产值（SIOV）、港口物流能力（PL）和技术创新（TI）。本书采用的数据来源于 1985～2010 年《宁波统计年鉴》、《宁波奋进四十年（1949～1989）》、1985～2010 年《宁波港年鉴》和 1985～2010 年《宁波交通统计年鉴》，数据处理采用了 Eviews5.0 统计软件。

（二）实证检验

1. 单位根检验

增项 DF 单位根检验（Augmented Dickey-Fuller Test）是在计量经济学的时间序列分析中，检验时间序列模型有无单位根的检验方法，由 Dickey 和 Fuller 于 1979 年提出。DF 检验用于检验变量的非平稳性。若时间序列模型中含有单位根，则模型是非平稳的。

从表 5-1 中可以看出，变量 GDPPC、PI、NPI、STI、SE 和 PL 都存在单位根，但是在经过差分之后，六个序列都不存在单位根，其中，GDPPC 和 SE 经过两阶差分之后，在 5% 的显著性水平不存在单位根；PI 经过一阶差分之后，在 1% 的显著性水平不存在单位根；NPI 和 STI 经过一阶差分之后，在10%的显著性水平不存在单位根；PL经过两阶差分之后，在10%的显著性水平不存在单位根，因此，六个序列都表现为平稳的单整序列。

表 5 - 1 ADF 检验结果

变量	(C, T, K)	ADF 统计量	DW 值	ADF 临界值	结论
GDPPC	(1, 1, 1)	−2.658	1.935	−3.242	不平稳
PI	(1, 1, 1)	−2.669	1.915	−3.242	不平稳
NPI	(1, 1, 1)	−3.007	2.011	−3.242	不平稳
STI	(1, 1, 1)	−3.019	2.042	−3.242	不平稳
SE	(1, 1, 1)	−2.310	2.133	−3.242	不平稳
PL	(1, 1, 1)	−1.713	1.766	−3.242	不平稳
D^2 (GDPPC)	(1, 0, 1)	−3.149**	1.902	−3.004	平稳
D (PI)	(1, 0, 1)	−3.912***	2.067	−3.750	平稳
D (NPI)	(1, 0, 1)	−2.689*	2.038	−2.638	平稳
D (STI)	(1, 0, 1)	−2.642*	2.069	−2.638	平稳
D^2 (SE)	(1, 0, 1)	−3.334**	1.885	−3.004	平稳
D^2 (PL)	(1, 0, 1)	−2.926*	1.975	−2.642	平稳

注：C、T = 1 代表检验模型中含有常数项、趋势项，C、T = 0 代表不包含；K 代表滞后阶数，临界值来自于软件 Eviews5.0，滞后期 K 的选择采用 SIC 标准；*、** 和 *** 分别代表 10%、5% 和 1% 的显著性水平。

2. Granger 因果检验

进一步用格兰杰（Granger）因果关系检验分析表明，港口投资与宁波经济社会发展之间具有显著的因果关系，港口投资是带动宁波市经济增长的主要原因之一（见表 5 - 2）。从 Granger 因果关系检验可以得出港口投资可以带动非港口投资（如临港工业、服务业等）的发展，同时港口投资带动了宁波市社会就业的增长。除此之外，从 Granger 因果检验结果可以看出，港口投资促进经济增长的作用机理表现为：港口投资通过提高港口物流能力，进而促进宁波市的经济发展。

表5－2 格兰杰（Granger）因果关系检验结果

原假设（H0）	F 值	P 值	结论
PI does not Granger Cause GDPPC	16.22 ***	0.000	拒绝 H0
GDPPC does not Granger Cause PI	2.48	0.111	接受 H0
NPI does not Granger Cause GDPPC	16.30 ***	0.000	拒绝 H0
GDPPC does not Granger Cause NPI	2.72 *	0.091	拒绝 H0
SE does not Granger Cause GDPPC	1.84	0.187	接受 H0
GDPPC does not Granger Cause SE	4.45 **	0.026	拒绝 H0
PI does not Granger Cause NPI	2.90 *	0.079	拒绝 H0
NPI does not Granger Cause PI	1.06	0.364	接受 H0
PI does not Granger Cause SE	6.40 ***	0.008	拒绝 H0
SE does not Granger Cause PI	1.13	0.344	接受 H0
NPI does not Granger Cause SE	5.22 **	0.016	拒绝 H0
SE does not Granger Cause NPI	1.37	0.277	接受 H0
PI does not Granger Cause PL	3.67 **	0.045	拒绝 H0
PL does not Granger Cause PI	0.23	0.798	接受 H0
PL does not Granger Cause GDPPC	6.32 ***	0.008	拒绝 H0
GDPPC does not Granger Cause PL	0.59	0.565	接受 H0

注：*、** 和 *** 分别代表10%、5%和1%的显著性水平。

（三）实证分析

1. 港口投资与经济发展关系回归分析

采用修正的索洛模型进行回归分析，从回归结果可以看出，模型能够很好地拟合社会总投资、港口投资、非港口投资、社会就业与经济发展之间的关系。四个模型的拟合系数 $Adj - R^2$ 都在0.99以上，四个模型的 F 统计量也都呈现1%的显著性水平，显著性明显进一步验证得出的结果是稳健的，具有很强的解释力度（见表5－3）。从模型4中可以看出港口投资与经济发展之间的回归系数为0.176。

2. 港口投资与口岸进出口关系回归分析

从口岸进出口总额、口岸出口额和口岸进口额三个方面研究港口投资与对外贸易发展的关系。回归结果显示，三个模型的拟合系数 Adj －

R^2 都在 0.95 以上，而且 F 统计量都在 1% 的水平显著。从三个模型可以看出，港口投资与口岸进出口总额、口岸出口额和口岸进口额之间的回归系数分别为 1.156、1.192 和 1.119（见表 5 - 4、表 5 - 5 和表 5 - 6）。

表 5 - 3　港口投资对经济增长的影响（索洛模型）

变量	模型 1	模型 2	模型 3	模型 4
Con	6.173 *** (2.086)	7.056 ** (2.521)	6.277 *** (2.073)	7.270 *** (1.953)
TI	0.055 *** (0.019)	0.223 *** (0.019)	0.058 *** (0.018)	0.116 *** (0.031)
STI	0.607 *** (0.112)	—	—	—
SE	-0.021 (0.465)	1.569 *** (0.423)	0.001 (0.458)	0.355 (0.449)
PI	—	0.335 *** (0.086)	—	0.176 ** (0.078)
NPI	—	—	0.588 *** (0.107)	0.455 *** (0.115)
Adj - R^2	0.994	0.991	0.994	0.995
F 统计量	1341.7 ***	968.1 ***	1362.5 ***	1213.5 ***
D-W 值	1.947	1.859	1.864	1.935

注：*、** 和 *** 分别代表 10%、5% 和 1% 的显著性水平，括号中为标准差。

表 5 - 4　港口投资对口岸进出口总额的影响

Variable	Coefficient	Std. Error	t-Statistic	Prob.
Con	1.155 **	0.415986	2.776961	0.0105
PI	1.156 ***	0.038085	30.35817	0.0000
R-squared	0.974620	Mean dependent var		13.65085
Adj-R^2	0.973562	S. D. dependent var		1.887587
S. E. of regression	0.306916	Akaike info criterion		0.549316
Sum squared resid	2.260734	Schwarz criterion		0.646093

续表

Variable	Coefficient	Std. Error	t-Statistic	Prob.
Log likelihood	− 5. 141110	F-statistic		921. 6184
Durbin-Watson stat	1. 369498	Prob （F-statistic）		0. 000000

注：* 、** 和 *** 分别代表10% 、5% 和1% 的显著性水平。

表 5 − 5　港口投资对口岸出口额的影响

Variable	Coefficient	Std. Error	t-Statistic	Prob.
Con	0. 092	0. 396772	0. 231579	0. 8188
PI	1. 192 ***	0. 036326	32. 81603	0. 0000
R-squared	0. 978199	Mean dependent var		12. 97534
Adj-R^2	0. 977291	S. D. dependent var		1. 942602
S. E. of regression	0. 292740	Akaike info criterion		0. 454737
Sum squared resid	2. 056716	Schwarz criterion		0. 551514
Log likelihood	− 3. 911580	F-statistic		1076. 892
Durbin-Watson stat	1. 549186	Prob （F-statistic）		0. 000000

注：* 、** 和 *** 分别代表10% 、5% 和1% 的显著性水平。

表 5 − 6　港口投资对口岸进口额的影响

Variable	Coefficient	Std. Error	t-Statistic	Prob.
Con	0. 820946	0. 511715	1. 604302	0. 1217
PI	1. 119 ***	0. 046850	23. 89409	0. 0000
R-squared	0. 959659	Mean dependent var		12. 91924
Adj-R^2	0. 957978	S. D. dependent var		1. 841750
S. E. of regression	0. 377545	Akaike info criterion		0. 963549
Sum squared resid	3. 420964	Schwarz criterion		1. 060326
Log likelihood	− 10. 52614	F-statistic		570. 9277
Durbin-Watson stat	1. 108558	Prob （F-statistic）		0. 000000

注：* 、** 和 *** 分别代表10% 、5% 和1% 的显著性水平。

3. 港口投资与第二产业关系回归分析

从第二产业年产值视角研究港口投资与第二产业（临港工业）的关系。模型的拟合系数 Adj − R^2 为 0. 911，而且 F 统计量在 1% 的水平显著。

从回归模型可以看出，港口投资与第二产业年产值之间的回归系数为 0.779（见表 5 - 7）。

表 5 - 7　港口投资对第二产业的影响

Variable	Coefficient	Std. Error	t-Statistic	Prob.
Con	6.708 ***	0.531206	12.62840	0.0000
PI	0.779 ***	0.048634	16.01620	0.0000
R-squared	0.914444	Mean dependent var		15.12664
Adj-R²	0.910879	S. D. dependent var		1.312847
S. E. of regression	0.391925	Akaike info criterion		1.038312
Sum squared resid	3.686528	Schwarz criterion		1.135088
Log likelihood	- 11.49805	F-statistic		256.5188
Durbin-Watson stat	0.584961	Prob（F-statistic）		0.000000

注：*、** 和 *** 分别代表 10%、5% 和 1% 的显著性水平。

4. 港口投资与社会就业关系回归分析

从社会劳动力视角研究港口投资与社会就业之间的关系。模型的拟合系数 Adj - R² 为 0.749，而且 F 统计量在 1% 的水平显著。从回归模型可以看出，港口投资与劳动力之间的回归系数为 0.070（见表 5 - 8）。

表 5 - 8　港口投资对社会就业的影响

Variable	Coefficient	Std. Error	t-Statistic	Prob.
Con	5.175 ***	0.087324	59.26167	0.0000
PI	0.070 ***	0.007995	8.702092	0.0000
R-squared	0.759342	Mean dependent var		5.926843
Adj-R²	0.749314	S. D. dependent var		0.128679
S. E. of regression	0.064428	Akaike info criterion		- 2.572745
Sum squared resid	0.099622	Schwarz criterion		- 2.475969
Log likelihood	35.44569	F-statistic		75.72641
Durbin-Watson stat	0.393693	Prob（F-statistic）		0.000000

注：*、** 和 *** 分别代表 10%、5% 和 1% 的显著性水平。

(四)结论与启示

1. 研究结论

通过对 1988~2013 年宁波港口投资效率的实证分析可以看出,宁波经济是港口依托型经济,港口在社会经济发展中发挥了非常重要的作用,港口投资对宁波区域经济发展的带动效应比较明显,因此,港口投资在历年社会固定资产投资中占有非常大的比重,而且这种比重有逐年增加的趋势,这在一定程度上也验证、解释了一直以来各地方政府对投资港口发展的热情都很高涨。从 Granger 因果关系检验可以得出以下结论:港口投资可以带动非港口投资的发展,港口投资可以提升整个社会物流能力,物流能力的提升可以促进经济增长,港口投资通过物流能力影响经济增长等。从结构上看,港口投资对口岸贸易、口岸物流、临港工业等产业发展效果显著。口岸进出口、口岸出口和口岸进口对金融服务港口的敏感度都比较高,分别为 1.156、1.192 和 1.119;第二产业年产值对港口投资的敏感度为 0.779;港口投资对促进社会就业的作用也比较大,社会就业对港口投资的敏感度为 0.070。

2. 政策启示

第一,正确引导"硬投资"方向,合理引导资金投向低碳港口建设。以节能减排为重点,推进港口结构调整,强化结构性节能减排,加快港口转型。以政策为导向,引导资金投向低碳港口、生态航道、绿色多模式港口集疏运体系建设,加大资金投入港口、船舶的污水、噪声等污染治理和港口设施设备的低碳化改造,如采用岸电、油改电等节能技术,以及煤炭、矿石码头粉尘防治,降低港口综合能耗,提高效率,实现港口生产经营低能耗、低排放、低噪音,强化技术性节能减排;整合现有码头岸线资源,优化港区空间布局,推进业主码头合作与开放经营,重点加固改造区老旧码头,充分挖掘现有码头的潜能,提高土地和岸线资源利用效率。

第二,加大"软投资"力度,完善相关的公共服务平台。建设法治港口、智慧港口和文化港口。加快港口公共服务设施建设,提高港口服务能级。加快港口法规体系建设、行政执法体系建设、执法规范化建设,从决策到执行及监督的整个过程都纳入法制化轨道,实现港口管理的法治化、制度化、规范化。在港口公共服务信息平台建设方面,建立港口管理服务数据库,完成与港航企业、有关政府部门间的信息系统对接,交换、共享相关数据，打通信息孤岛，有效集成水路运输、船舶检验、行政执法、船舶动态管理等业务，实现港口管理全过程的信息化。加快港口公共文化服务设施建设，如港口博物馆等，发展港口旅游，丰富港口文化。

第三，改善制度环境，创新政策机制。加快制度创新，加大政策机制创新，创造条件，鼓励金融服务创新，扫清机制与制度对金融服务港口发展的障碍。

三　大力发展港口物流业

港口物流是特殊形态下的综合物流体系，是作为物流过程中的一个无可替代的重要节点，完成整个供应链中基本的物流服务和衍生的增值服务。港口物流的发展和港口物流能力的提高能够产生区域经济增长效应、产业集聚效应、就业拉动效应和贸易竞争效应。港口物流与区域经济发展的动态关联机制如图5－3所示。

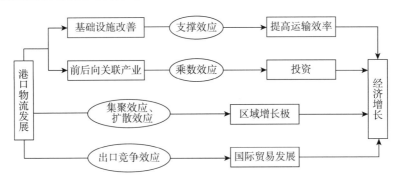

图5－3　港口物流能力与区域经济发展的动态关联机制

（一）研究设计

1. 研究假设

从港口物流与区域经济发展的关联理论分析中可以得出，港口物流的发展和港口物流能力的提高能够产生经济增长效应、产业集聚效应、就业拉动效应和贸易竞争效应。基于此，提出本研究的理论假设：港口物流能力（货物吞吐量及其结构）的提高有利于促进区域经济发展，即港口物流能力（货物吞吐量及其结构）与经济发展正相关。

2. 指标选取与模型设定

为客观、科学地研究港口物流能力与区域经济发展的动态关联效应，本研究把港口物流能力引入区域经济发展模型，考虑资料数据的全面性和可得性，采用港口货物吞吐量和吞吐量结构（港口集装箱吞吐量、液体散货、干散货、件杂货）对港口物流能力（PLC）进行度量。关于区域经济发展的指标主要包括：GDP、社会总投资（STI）、口岸出口额（PEV）、社会就业（SE）和第二产业产值（SIOV）。

3. 数据来源及处理

本研究以宁波市 1985～2013 年的时间序列为研究样本，跨度 26 年，其中，GDP、社会总投资、第二产业产值、口岸出口额等数据来源于 1985～2013 年《宁波统计年鉴》；港口货物吞吐量和集装箱吞吐量、液体散货、干散货与件杂货数据来源于历年《宁波交通统计年鉴》；1985～1988 年全社会从业人员数据来源于《宁波奋进四十年（1949～1989）》；1989～2013 年，全社会从业人员数据来源于历年《宁波统计年鉴》。因为宁波从 1990 年之后才有集装箱吞吐量，所以稳健性检验采用 1990～2013 年的时间序列数据进行回归分析。同时，本研究在此基础上分别对港口物流能力的产业集聚效应、就业拉动效应和出口竞争效应进行了深入检验。数据处理采用了 Eviews5.0 统计软件。

（二）实证检验

1. ADF 检验

从表 5-9 可以看出，变量 GDP 和 SE 不存在单位根，PLC、STI、PEV 和 SIOV 都存在单位根，但是在经过差分之后，六个序列都不存在单位根，其中，PLC 和 PEV 经过两阶差分之后，在 1% 的显著性水平不存在单位根；SIOV 经过一阶差分之后，在 5% 的显著性水平不存在单位根；STI 经过一阶差分之后，在 1% 的显著性水平不存在单位根，因此，所有序列都表现为平稳的单整序列。在此基础上，采用 Johansen 检验对协整关系进行考察，显示在 5% 的显著性水平上，各变量之间最少存在一个协整关系。

表 5-9 ADF 检验结果

变量	(C, T, K)	ADF 统计量	DW 值	ADF 临界值	结论
GDP	(1, 0, 0)	-4.438***	1.458	-3.724	平稳
PLC	(1, 0, 0)	-0.469	1.596	-2.636	不平稳

变量	(C, T, K)	ADF 统计量	DW 值	ADF 临界值	结论
STI	(1, 0, 0)	−1.969	2.026	−2.636	不平稳
PEV	(1, 0, 0)	−1.356	1.990	−2.636	不平稳
SE	(1, 0, 0)	−3.467 **	1.918	−2.986	平稳
$SIOV$	(1, 0, 0)	0.831	1.511	−2.636	不平稳
D (PLC, 2)	(1, 0, 2)	−4.251 ***	1.997	−3.753	平稳
D (STI)	(1, 0, 1)	−3.933 ***	1.559	−3.788	平稳
D (PEV, 2)	(1, 0, 2)	−5.490 ***	2.007	−3.753	平稳
D ($SIOV$)	(1, 0, 1)	−3.487 **	1.885	−2.992	平稳

注：C、T =1 代表检验模型中含有常数项、趋势项，C、T =0 代表不包含；K 代表滞后阶数，临界值来自于软件 Eviews5.0，滞后期 K 的选择采用 SIC 标准；* 、** 和 *** 分别代表 10% 、5% 和 1% 的显著性水平。

2. Granger 因果检验

进一步用格兰杰（Granger）因果检验来分析港口物流能力与区域经济发展之间的因果关系。Granger 因果检验结果表明，港口物流能力是带动区域经济发展的主要原因之一，社会总投资和社会就业也是促进区域经济发展的主要因素（见表 5 - 10）。

表 5 - 10　格兰杰（Granger）因果关系检验结果

原假设（H0）	观察点	F 值	P 值	结论
D (PLC, 2) does not Granger Cause GDP	22	0.422 **	0.013	拒绝 H0
GDP does not Granger Cause D (PLC, 2)		0.663	0.528	接受 H0
D (STI) does not Granger Cause GDP	23	4.346 **	0.029	拒绝 H0
GDP does not Granger Cause D (STI)		0.375	0.692	接受 H0
D (PEV, 2) does not Granger Cause GDP	22	0.033	0.967	接受 H0
GDP does not Granger Cause D (PEV, 2)		0.154	0.858	接受 H0
SE does not Granger Cause GDP	24	0.451	0.643	拒绝 H0
GDP does not Granger Cause SE		0.039	0.962	接受 H0
D ($SIOV$) does not Granger Cause GDP	23	0.372	0.695	接受 H0
GDP does not Granger Cause D ($SIOV$)		1.883	0.181	接受 H0

注：* 、** 和 *** 分别代表 10% 、5% 和 1% 的显著性水平。

(三) 实证分析

本研究采用了四种形式对扰动项进行建模分析。第一种是没有考虑自相关因素的普通最小二乘法；第二种是在第一种基础上加入一阶或多阶 AR 自回归项，处理自相关问题；第三种是在第二种的基础上加入 MA 移动平均项。一个移动平均预测模型使用最近一期的预测误差，二阶移动平均项使用前两个时期的预测误差，依此类推；第四种是 GARCH 模型。为了降低异方差给回归结果带来的影响，本研究采用了计量经济学中比较常见的 GARCH 模型。在对四种模型进行综合比较分析之后，选择效果较好的回归结果。

在研究港口物流能力的经济增长效应、产业集聚效应、就业拉动效应和贸易竞争效应过程中，都是基于以上四种模型进行回归分析，选取呈现拟合效果较好的回归模型。

从表 5 – 11 的四个计量模型的回归结果中可以看出，只有模型 4 中港口货物吞吐量都在 1% 的水平上显著影响经济增长。根据 D – W 值判断，模型 4 的回归结果是最合理的，其回归系数为 14.502，而且在 1% 的水平上显著，而且调整后的拟合优度系数 （Adj – R^2） 为 0.998，F 值为 880.783，在 1% 的水平上显著。

表 5 – 11 港口货物吞吐量对经济发展的影响

变量	模型 1	模型 2	模型 3	模型 4
常数项 （Con）	1.10E – 16 (0.014)	0.102 (0.078)	0.110 (0.098)	0.090 (0.083)
货物吞吐量 （PLC）	15.653 (0.192)	15.204 * (0.137)	14.332 ** (0.133)	14.502 *** (0.097)
社会总投资 （STI）	0.677 *** (0.162)	0.302 ** (0.113)	0.278 * (0.139)	0.387 *** (0.096)
口岸出口额 （PEV）	– 0.116 (0.209)	– 0.274 ** (0.127)	– 0.415 *** (0.134)	– 0.348 *** (0.061)
社会就业 （SE）	0.010 (0.042)	0.024 (0.025)	0.044 (0.032)	0.017 (0.022)
第二产业产值 （SIOV）	0.344 *** (0.086)	0.573 *** (0.077)	0.638 *** (0.085)	0.597 *** (0.056)

变量	模型 1	模型 2	模型 3	模型 4
AR（3）	—	0.269 (0.170)	0.241 (0.187)	0.134 (0.155)
MA（1）	—	—	-0.997 *** (0.274)	-0.061 (0.578)
$GARCH$（-1）	—	—	—	0.971 (0.929)
Adj - R²	0.995	0.999	0.999	0.998
F 统计量	1007.530 ***	2176.296 ***	2191.821 ***	880.783 ***
D - W 值	0.582	2.162	1.803	2.025

注：*、**和***分别代表10%、5%和1%的显著性水平，括号中为标准差。

港口货物吞吐量结构回归分析：把解释变量货物吞吐量（PLC）替换为吞吐量结构（包含集装箱吞吐量 PL[①]、液体散货 PL[②]、干散货 PL[③]和件杂货 PL[④]），结果见表 5－12。

表 5－12　港口吞吐量结构对经济发展的影响

变量		模型 5	模型 6	模型 7	模型 8	模型 9
常数项（Con）		0.201 ** (0.081)	0.117 (0.064)	0.200 ** (0.074)	0.201 ** (0.081)	0.125 (0.090)
港口吞吐量结构	集装箱吞吐量（PL[①]）	137.064 ** (0.101)				135.404 *** (0.102)
	液体散货（PL[②]）		16.731 ** (0.112)			16.633 ** (0.100)
	干散货（PL[③]）			13.522 * (0.103)		12.726 ** (0.103)
	件杂货（PL[④]）				12.520 (0.110)	12.225 (0.110)
社会总投资（STI）		0.356 ** (0.125)	0.402 *** (0.124)	0.503 *** (0.124)	0.505 *** (0.125)	0.500 *** (0.124)
口岸出口额（PEV）		-0.275 (0.194)	-0.422 (0.233)	-0.421 (0.255)	-0.401 (0.250)	-0.400 (0.251)

续表

变量	模型 5	模型 6	模型 7	模型 8	模型 9
社会就业（SE）	0.027 (0.026)	0.043 (0.035)	0.053 (0.030)	0.055 (0.030)	0.033 (0.032)
第二产业产值 （SIOV）	0.463 ** (0.169)	0.574 *** (0.123)	0.560 *** (0.125)	0.491 *** (0.125)	0.590 *** (0.129)
AR（1）	0.732 ** (0.317)	0.494 (0.664)	0.475 (0.652)	0.467 (0.650)	0.498 (0.662)
MA（1）	0.226 (0.361)	0.040 (0.502)	0.034 (0.502)	0.046 (0.500)	0.042 (0.501)
GARCH（-1）	0.903 (1.009)	0.980 (1.013)	0.862 (1.092)	0.832 (1.192)	0.936 (1.092)
$Adj - R^2$	0.998	0.993	0.990	0.993	0.997
F 统计量	599.976 ***	523.271 ***	657.360 ***	547.220 ***	649.046 ***
D - W 值	1.832	1.906	1.842	1.926	1.866

注：*、** 和 *** 分别代表10%、5%和1%的显著性水平，括号中为标准差。

从表 5 - 12 的五个计量模型的回归结果中可以看出，模型 9 比较全面地反映了港口吞吐量结构对区域经济发展的联动关系，其 D-W 值为 1.866；再根据 GARCH 结果判断，序列是不存在异方差的，所以模型 9 的回归结果是最合理的。其中，集装箱吞吐量（$PL^{①}$）的回归系数为 135.404，而且在 1% 的水平上显著；液体散货吞吐量（$PL^{②}$）的回归系数为 16.633，而且在 5% 的水平上显著；干散货吞吐量（$PL^{③}$）的回归系数为 12.726，而且在 5% 的水平上显著；件杂货吞吐量（$PL^{④}$）的回归系数为 12.225，但回归系数不显著。

（四）结论与启示

1. 研究结论

对宁波港 26 年发展的系统研究，验证了港口物流能力和区域经济动态关联效应，更重要的在于港口物流能力的提升不仅意味着基础设施能力的增加，相关配套服务能力提高，还意味着绿色、低碳、生态化发展，从而促进港口服务业、临港工业、口岸贸易的转型发展，推动区域经济的转型升级，打造区域经济升级版。自改革开放以来，宁波港经历了大发展、大突破，现在到了一个新的起点——转型、创新，在经营上，应该从传统的港口业务向现代综合物流服务转变；在模式上，应该从数量增长型向质量效益型的模式转变；在服务上，应该从被动向主动转变，从被动接受客户的要求进行装卸生产，向主动为客户提供一些设计研究，提供一些全程服务的方案。港口转型关键在于创新，包括科学技术创新、管理创新、体制机制创新、理念创新。

2. 政策启示

第一，继续加强低碳基础设施、多模式绿色集疏运网络、低碳化的技术改造、港口智慧化等项目建设，提高港口基础设施能力。国务院于2011年2月正式批复《浙江海洋经济发展示范区规划》，浙江海洋经济发展示范区建设上升为国家战略。批复认为，建设好浙江海洋生态文明示范区关系到我国实施海洋发展战略和完善区域发展总体战略的全局。港口物流能力的提升直接影响浙江海洋经济发展水平，加强港口硬件基础设施建设，不仅是改善港口物流能力的基本保障，同时也为宁波实现由国际大港向国际强港转型奠定了坚实基础。当下宁波市应该以"加快打造国际强港"战略为指引，以港口项目为导向，进一步加大生态港口建设，改善港口基础设施和集疏运网络，提高港口的智慧化水平。

第二，建立和完善港口物流人才保障机制，引进、培训和培养物流专业领域的高层次人才，提高物流的管理运作能力。在保障相关港口基础设施能力的前提下，专业化的人才是提升港口物流能力的关键。现代物流的综合性很强，涉及的学科有管理学、运输学、经济学、社会学、工程技术、计算机科学等，物流人才必须能够解决物流中经济、管理、工程、信息、外语甚至法律政策等方面的问题。因此，为了提高港口物流管理运作能力，需要通过多样化的方式大量引进、培训和培养既能系统完整地了解和掌握这些学科知识，又能将其应用于现代物流实践的专业人才。宁波市政府相关部门应加大人才引进力度，形成人才引进制度、人才培训制度、人才培养制度、人才安置激励制度等，使高级人才愿意进来，更愿意长期留下。

第三，改革制度环境，创新管理机制。当前宁波市的经济从依赖"斯密式增长""库兹涅兹式增长""熊彼特式增长"，逐渐过渡到三种方式并存的复合式增长模式，而"熊彼特式增长"显得更为重要，能够通过"破坏性创新"促进经济增长，即主要依赖技术与制度创新促进经济增长。因此，宁波在未来若干年要想发挥港口物流能力对经济增长的促进作用，必须扫清制度障碍，改善港口物流顺畅运行的制度环境。以宁波市"打造国际强港"为契机，以功能齐全、集约高效的管理机制为支撑，以灵活的制度环境为保障，打造具有较强全球资源要素配置能力的综合性国际枢纽港。

第二节 港口经济圈产业链的培育与提升

一 临港制造业

（一）宁波临港制造业发展现状

港口资源是宁波经济社会发展的战略性、龙头性资源，依托港口资源、发展临港工业，宁波比国内同等城市都具有竞争优势。宁波临港工业区距离港口平均不到 2 公里，其公路运输成本几乎可以忽略不计，其成本比国内大连、青岛和天津低 20% 左右；加上以商品流通量占全国30% 以上的长三角地区为强有力的经济腹地为依托，宁波发展临港工业的资源条件无与伦比。另外，宁波港紧靠国际航运干线和长江黄金水道，岸线资源丰富，海域水深浪静，陆域腹地广阔，是具有全球意义的深水大港。依托深水良港，宁波主动承接国际产业转移，经过 30 多年的持续开发，建设国家级能源、原材料基地，临港工业从无到有，规模不断扩大，实力不断增强。

目前，宁波市已形成了化工、纺织服装、机械三大支柱工业，近年来加快了先进制造业和战略性新兴产业的发展步伐。其中，化工工业主要以石油化工、化工原料、橡胶、塑料和染料的生产为主，主要位于镇海区的宁波石化经济技术开发区、北仑区的宁波经济技术开发区和大榭开发区等；纺织服装工业较为发达，区域集中度较高，毯类、针织、服装辅料生产规模在中国位居前列；机械工业是仅次于石化的第二大支柱产业，拥有吉利汽车、宁波钢铁、浙江造船有限公司、上海大众汽车等大型龙头企业。2015 年，全市实现工业增加值 3460.9 亿元，其中，规模以上工业企业实现增加值 2575.4 亿元，轻重工业之比为 1∶2.05；战略性新兴产业、高新技术产业产值占规模以上工业总产值的比重分别达到

25.5% 和 30.0%。

自改革开放以来，在"以港兴市"战略的引导下，宁波市已形成了一条绵延 20 多公里的沿海临港工业带，临港工业在全市工业中的比重达到 2/3。临港工业已形成以石化、电力、钢铁、造纸、修造船、机械设备等行业为主的临港工业体系和北仑、镇海、大榭、市区沿江四大区块布局。其中，北仑临港工业区以重化工为主，以化工、冶金、机械设备为特色；镇海、大榭以石化为主，临港石化产业已经成为浙江省石化产业的核心区块及全国石化产业的重要生产基地。

石化产业。石化产业已经成为宁波市的支柱产业之一，宁波市已形成了以镇海炼化、LG 甬兴、台塑台化、PTA、中金 PX、烟台万华 MDI 等大企业、大项目为主体，以炼油和乙烯为重点，发展下游合成材料、基础化工原料、精细化工产品等具有较大规模的石化产业集群。其中，炼油工业、合成材料、精细化工、化肥农药、基本无机化工原料和橡塑加工等行业在全国具有重要地位和较强的市场竞争力。

电力产业。宁波市先后投资建设了北仑电厂、镇海电厂、象山乌沙山电厂和宁海国华电厂等。2014 年，宁波市的火电总装机容量达到 1645.8 万千瓦时，占全省的 33.41%，成为华东地区重要的电力供应基地。

钢铁产业。地处北仑的宁波钢铁已经形成了一个从原料到炼铁、炼钢、连铸、热轧等工序配套齐全、装备一流、年产钢达 400 万吨的大型现代化临港钢铁联合企业。该处靠近北仑铁矿石中转堆场，具有交通发达、物流顺畅的优越地理位置。

造纸产业。以宁波中华纸业为主要依托，宁波已形成生产规模达 150 万吨的包装纸板、艺术卡纸、高强瓦楞芯纸等各类以白板纸生产及加工为主的造纸产业基地；宁波已成为亚洲最大的高档包装纸生产基地，并带动了宁波印刷、包装制品等产业的发展。

修造船业。宁波以现有浙江造船、三星重工、振宇船业、新乐造船等重点企业为主，拥有一批具有"专、特、精、新"特色的中小型船舶修造企业，积极发展适合宁波特色的造船工业，初步形成了国内重要的大中型船舶修造基地，并向海工装备拓展。

汽车产业。2016 年，宁波汽车行业完成总产值 1924 亿元，其中，整车行业实现 123.8 亿元，汽车零部件行业实现 459 亿元。共有规模以上企业 537 家,各类整车制造企业 8 家。轿车产能 90 万辆(以上汽大众、吉利为主),发动机产能 40 万台。

装备制造业。截至 2016 年,宁波共有规模以上成套设备制造企业 4118 家,2015 年实现装备制造业工业总产值 1319.8 亿元,实现利润 82.3 亿元。成套设备制造业已在全国同行业中形成一批具有明显区域竞争优势的企业和产品。其中,新装备产业作为战略性新兴产业的重要组成部分,其迅速增长将拉动成套设备制造业总体规模的提升。

(二) 舟山临港制造业发展现状

1. 工业经济加快向临港型重工业化方向发展

近年来,舟山坚持集聚比较优势,建设先进临港工业基地,突出发展船舶修造、水产品精深加工、大宗货物加工、临港石化等临港大工业。在连续几年高位增长的基础上,2015 年全市实现全部工业总产值 2154.02 亿元,比上年增长 9.5%。其中,规模以上工业总产值 1681.93 亿元,同比增长 10.0%;规模以上工业增加值 347.33 亿元,同比增长 12.6%,增速高出全省平均 8.2 个百分点。船舶修造业、水产加工业、化纤制造业、电子电机业、石油化工业都实现了较快增长,其中,船舶修造业、石药化工业和水产加工业三个行业产值总量居前 3 位。船舶修造业工业总产值继 2013 年首次突破 600 亿元后,2015 年达到 859.98 亿元,增长 12.9%;石油化工业全年实现工业总产值 269.53 亿元,增长 13.9%;水产加工实现工业总产值 182.56 亿元,增长 6.6%,这三个行业工业总产值占全市规模以上工业总产值的比重为 78%,拉动规模以上工业增长 8.1 个百分点。电子电机业在新增企业拉动下产值增长 2 倍,化纤制造业比上年减少 1.7%。重工业实现工业总产值 1366.37 亿元,增长 11.3%;轻工业实现工业总产值 315.56 亿元,增长 4.9%,重轻工业比达到 81.2:18.8。2015 年末,有工业总产值上亿元企业 178 家,比上年末增加 8 家;实现工业总产值 1589.8 亿元,比上年增长 12.0%,占全部工业总产值的比重为 94.5%。全市完成工业投资额 240.2 亿元,同比增长 19.9%;全市临港工业实现总产值 1420.03 亿元,占规模以上工业总产值的比重达 84.4%。

2. 主导产业综合创新能力有明显提高

随着临港大项目加大对创新的投入,舟山工业主导产业综合创新能力不断提高,在许多领域实现了质的飞跃。全市首制船研发生产明显增多，有代表国内先进水平的 5000 车位车滚船、5300 箱巴拿马极限型集装箱船，以及世界首艘符合国际共同规范的 5.45 万吨级散货船、11 万吨级油船、17.6 万吨级散货船开工建造或顺利交付，32 万吨级超大型油轮开始研发设计。水产加工业已在透明质酸、鱼胶蛋白、多肽等海洋生物、海洋医药的高科技领域取得了突破，全市水产品精深加工比例达到 43.5%，水产品原料特别是低值原料的开发利用已达 95% 以上。纺织行业的无通丝电子提花机、螺杆机械的超大挤出量双机筒螺杆、水产品质量安全方面的鱿鱼甲醛控制技术等一批重大技术创新项目取得新突破。2015 年，全市规模以上工业新产品产值达 255.87 亿元，同比增长 15.1%，占规模以上工业总产值的 15.2%，比重比上年提高 2.3 个百分点。截至 2015 年末，全市全年组织实施各类科技计划项目共 451 项，省级以上 208 项；有浙江名牌 32 个，其中，工业名牌 12 个。全市拥有各类注册商标 4359 件，其中，国际注册商标 175 个，中国驰名商标 8 件，省著名商标 81 件。

3. 临港型现代工业体系正在加快形成

以船舶工业和水产加工业为主的舟山临港工业的集群化发展水平，在近两年有了进一步提升。船舶工业发展按照产业规划布局，加强区域环境评估，提升岸线利用水平，推进产业集聚发展。船舶产品向多类型的常规船、特种船为主转变；并拥有 70 余家配套企业和船舶设计、船舶交易等相关服务机构。以低速船用柴油机为代表的核心船配项目正在稳步推进，国内外相关科研服务机构正在加快引进。全市规模以上船舶企业已达 60 余家，从业人员约 6 万人，外包工队 600 余家。全市年造船能力达到 680 万载重吨，手持订单 2089 万载重吨，约占全国份额的 10.8%，具备建造、修理和改装 30 万吨级以下的各类常规船舶的能力，已成为浙江最大、全国重要的船舶工业基地。舟山现代船舶工业体系正在逐步形成。水产加工业通过限制低水平重复建设，优化资源和要素配置，加强科技创新和品牌建设，实施内外贸并举发展战略，以兴业公司为代表的水产品内贸市场近两年发展迅速，实现了市场多元化转变，使舟山在全国水产加工行业中保持领先的地位。

（三）临港制造业发展中存在的问题

1. 资源环境压力大

临港产业尤其是临港重化工业具有能耗高、"三废"排放量大的特点。据统计,石化、钢铁、造纸行业的万元 GDP 能耗分别高达 2.4 吨、7.6 吨、5.2 吨标准煤,大大超过"十一五"初期宁波 GDP 能耗强度 0.94 吨标准煤的水平,也远远超过工业增加值能耗强度 1.94 吨标准煤的平均水平,宁波资源环境压力进一步加大。

2. 要素制约严重

经过几十年的发展,宁波市范围内可供开发的优质岸线和工业用地已经非常有限,临港工业发展受到空间要素的严重制约。就现有宁波临港工业布局来看,不同产业之间、产城之间矛盾突出。宁波市临港工业多采取以项目带开发的发展思路,石化、钢铁、修造船等产业往往相互交错布局,难以做到以最有利于临港产业整体发展和区域发展的原则进行布局,导致产业布局不太合理和有限资源的浪费,并直接影响到今后的项目引进和区域产业的发展。同时,港口岸线、城市功能在相近区域布局,产城冲突日益明显,不仅制约临港工业发展,甚至出现了群体性问题,影响区域稳定和社会发展。对于舟山来说,舟山工业化成果的积累还比较薄弱,尚未经历工业化高度发达的重要阶段,缺乏城市依托优势、现代服务业联动优势和相关基础设施的配套优势,不能吸引大量人才留在舟山,导致研发制造、营销管理、中介服务等各类人才严重匮乏,企业创新投入力度不足等问题,并进一步对舟山今后的先进制造业基地建设形成制约。舟山水、土地、资金、电力等要素支撑较为缺乏,不断扩张的土地需求和有限的土地供应指标之间的矛盾,不断增长的能源需求和匮乏的能源供应之间的矛盾,淡水资源的严重缺乏等都严重制约了舟山先进制造业的发展。同时,还必须处理好经济快速发展与生态环境保护之间的矛盾。

3. 产业层次低

尽管临港工业大多处于产业的中上游,但多数项目和落户企业多以单体形式存在,并未形成以某一龙头企业或行业为中心的产业集群。产业终端产品上游的原材料工业相对落后,也未向上下游积极拓展,造成多数工业产业的产业链较短,对区域内外其他工业带动性不强,未能形成较大规模的产业集群,特别是原材料工业,宁波处在相对落后的状况。同时,各个产业的发展不够平衡,产业与产业之间也未能建立起较强的关联度。除此之外,临港产业尤其是临港重化工业大多为资金技术密集型产业，需要有很强的技术能力。宁波市除部分龙头企业具有一定技术优势外，大部分企业一般未掌控核心技术和关键部件，处于产业价值链中下端，同时企业规模小，更多依靠外来资本，在产业发展中较易丧失主导地位，发展急需的高级人才和技师技工也相对不足。

（四）临港制造业转型升级的总体方向

按照"绿色、环保、可持续"发展的要求延伸产业链、提升价值链、完善循环链，推动产业集中、加快产业集聚、打造产业集群，优化空间布局，提高环境门槛，强化要素保障。

1. 推动传统临港工业转型升级

针对已有临港产业带，重点构建三大产业链集群，依托镇海港区建立石化产业及中下游加工配套产业的石化工业产业链集群，依托北仑构建钢企及产业链上下游的钢铁工业产业链集群，依托北仑、象山、石浦构建船舶及配套产业的产业链集群。加快象山、石浦港区建设，吸引宁波及周边城市产业向象山、石浦转移，依托石浦大力发展 LNG 能源产业，依托港口带动宁波城市经济发展，实现海陆双向辐射。以石化、钢铁、造船等基础产业为依托，延伸工业产业链条，实现工业产业的转型升级。通过建设石化工业基地，延伸石化加工产业链条，发展生物化工、有机化工原料、精细化工和新材料等产业，重点培育一批产业链配套的龙头企业，重视产品的差异化生产。钢铁产业，积极实施进口替代战略，研发和生产高附加值的钢铁产品。造船产业，大力发展具有高附加值的特种船舶制造业，优先发展如大型集装箱船、滚装船、散货船、油船、先进多功能化学品船、高速渡船、大型拖轮、海洋工程船、大型冷藏船、远洋捕捞及加工船、中高档游艇、高技术含量赛艇等产品，扶持发展船舶研发、船舶设计的造船产业链高端产业。同时，加速推动临港产业向产业链高端发展，构建产业交易指数、产业制造加工标准，掌握产业发展的话语权。

2. 重点发展战略性海洋新兴产业

依托海洋和港口，推进海洋新装备、海洋新材料、海洋新能源、海洋生物医药"4+4+4"战略性海洋新兴产业的升级发展。重点吸引海洋新材料、海洋新能源、海洋生物医药三类企业向港口集聚，在穿山、梅山港区形成海洋新兴产业的集聚区，建设布局合理、竞争力强的研发生产基地和产业园区。依托丰富的海洋风能资源，以重大项目为支撑，加大技术引进、研发、示范和应用，加快海上风电、波浪能、潮汐能、潮流能等技术研发，加快推进沿海地区大型海上风电基地项目建设。加快培植配套产业链，推进海洋新兴产业内部关联集聚，积极开展产业链招商，促进一批综合效益好、带动性强的配套项目落地。

3. 优化码头布局与功能调整

适应船舶大型化、专业化要求，加快建设北仑、大榭、穿山港区等一批深水码头，缓解矿石、煤炭等散货和通用杂货码头紧张、公用原油码头缺乏状况，实现集装箱码头与散杂货码头建设同步推进；调整甬江内河港区功能，与明州大桥上游三江六岸等城市规划相衔接，并逐步取消货运中转、装卸功能作业区，调整为城市休闲、旅游观光等功能；优化北仑港区空间布局，整合现有码头岸线资源，加固改造和扩建镇海、北仑港区老旧码头，重点实施北仑港区煤炭泊位改造工程，同步扩建后方堆场和储罐等设施，充分挖掘现有码头潜能。

二　港航服务业

（一）港航服务业发展现状

1. 港航物流总量不断扩大

宁波港域货物吞吐量持续增长，2006 年突破 3 亿大关后，2010 年突破 4 亿；到 2014 年，宁波港域共完成货物吞吐量 5.26 亿吨（见图 5-4），同比增长 6.2%，创历史新高，居中国、世界港口首位。2015 年外

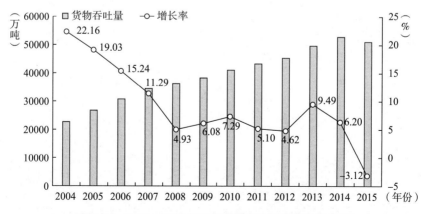

图 5-4　2004~2015 年宁波港域货物吞吐量及增长率

贸货物吞吐量累计完成 3.02 亿吨，同比增长 1.62% （见表 5 - 13）。港口集装箱吞吐量继续保持增长，从 2004 年到 2015 年的 10 多年间，宁波港域集装箱吞吐量从 400.5 万标准箱增长到 1982.4 万标准箱 （见图 5 - 5），增长了约 4 倍。2015 年宁波港集装箱吞吐量排名稳居中国第 3 位、全球第 4 位 （见图 5 - 6 和图 5 - 7）。最新资料显示，到 2016 年，宁波港域集装箱吞吐量已经超过深圳港，居全球第 3 位。

表 5 - 13　2004 ~ 2015 年宁波港域外贸货物吞吐量及增长率

单位：万吨，%

年份	外贸货物吞吐量	增长率	出口量	增长率	进口量	增长率
2004	10233	24.60	1851	30.35	8381	23.40
2005	12845	25.53	2465	33.17	10380	23.85
2006	14769	14.98	3438	39.47	11331	9.16
2007	15785	6.88	4199	22.13	11586	2.25
2008	16888	6.98	5070	20.75	11817	1.99
2009	18179	7.65	4854	- 4.27	13325	12.76
2010	20337	11.87	6186	27.45	14151	6.19
2011	23034	13.26	8153	31.79	14881	5.16
2012	24533	6.51	8788	7.79	15745	5.81
2013	27628	12.62	9514	8.27	18114	15.04
2014	29723	7.58	10599	11.4	19124	5.58
2015	30204	1.62	10922	3.04	19281	0.82

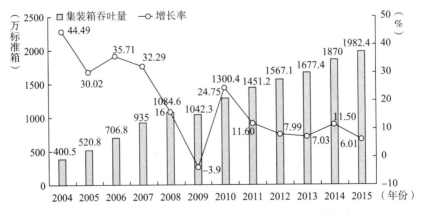

图 5 - 5　2004 ~ 2015 年宁波港域集装箱吞吐量及增长率

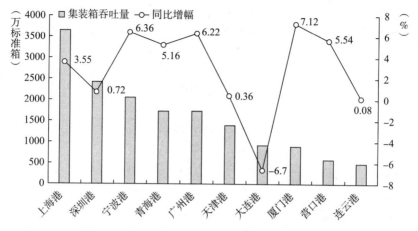

图 5 – 6 2015 年全国集装箱吞吐量排名前十港口

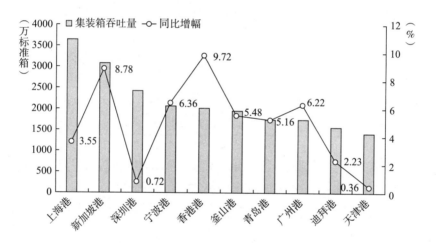

图 5 – 7 2015 年全球集装箱吞吐量排名前十港口

截至 2015 年底，港口共有班轮航线 236 条，月均航班达 1383 班，集装箱国际航线吞吐量达 1982.4 万标准箱。其中，远洋干线 118 条，近洋支线 66 条，内支线 20 条，内贸线 32 条。

从流向来看，宁波港口集装箱吞吐量主要来自国际航线，占 84.44%；内支线仅占 4.23%；国内航线占 11.33%。而在国际航线中，亚洲航线占比最大，占港口集装箱吞吐量的 35.37%；其次是北美洲航线、欧洲航线，分别占 20.62%、16.48%（见表 5 – 14）。

宁波港货物种类以集装箱和大宗散货为主，大宗散货主要是铁矿石、煤炭、原油。其中，煤炭、铁矿石、原油以及粮食等大宗散货吞吐量增

表 5 – 14　2015 年港口国际集装箱吞吐量

航　线	吞吐量（标准箱）	占比（%）
总计	19824349.00	
国际航线合计	16739151.50	84.44
非洲合计	786821.00	3.97
亚洲合计	7011385.25	35.37
欧洲合计	3266728.75	16.48
北美洲合计	4087911.50	20.62
南美洲合计	918455.00	4.63
大洋洲及太平洋岛屿合计	450377.75	2.27
世界其他	217472.25	1.10
内支线合计	838861.50	4.23
天津	13516.25	0.07
大连	3911.75	0.02
上海	690.00	0.01
中国其他	4411.00	0.02
国内航线合计	2246336.00	11.33

长较快。2015 年，宁波港域铁矿石、煤炭、原油吞吐量超过宁波港货物吞吐量的 46%。其中，宁波港域共完成煤炭运输 6102 万吨，同比下降17.7%；完成铁矿石运输 9521 万吨，同比略有下降；共完成原油吞吐量8286 万吨，同比增长 3.8%（见表 5 – 15）。

表 5 – 15　历年宁波港域主要货种完成情况

年份 \ 种类	货物吞吐量（亿吨）	集装箱（万标准箱）	煤炭（万吨）	铁矿石（万吨）	原油（万吨）
2015	5.1	1982.4	6102	9521	8286
2014	5.26	1870	7413	10220	7982
2013	4.96	1677.37	7925	8812	6122
2012	4.54	1567.14	6630	8217	5509.12
2011	4.33	1451.24	6560	7173.4	6470.6
2010	4.12	1300.35	6120.5	7399.3	6211.8
2009	3.84	1042.34	4788.7	7558.3	6078.6

2. 港航物流基础设施不断完善

（1）码头泊位总量继续扩大。

2015 年，宁波全市水运工程完成固定资产投资 34.52 亿元，其中，基本建设 20.72 亿元，技术改造 13.8 亿元。全年新增码头生产性泊位 13 个，完成万吨级以上码头泊位 7 个；新增货物吞吐能力 2220 万吨/年，其中，新增集装箱吞吐能力 180 万标准箱/年；全市万吨级以上泊位达到 99 个。截至 2015 年底，宁波全市共拥有生产性泊位 328 个（沿海码头泊位 322 个、内河码头泊位 6 个），其中，千吨级以上泊位 221 个，万吨级以上大型泊位 99 个（含 10 万吨级以上大型深水泊位 25 个）（见表5 – 16）。322 个沿海生产性泊位核定年吞吐能力 4.39 亿吨，其中，集装箱专用泊位 26 个，核定年吞吐能力 1180 万标准箱。

表 5 – 16　2015 年宁波市生产性码头泊位拥有情况

2015 年	合计	万吨级以上	0.5 ~ 1万吨级	3 ~ 5千吨级	1 ~ 3千吨级	1000（300）吨级以下海轮（内河）
沿海码头泊位（个）	322	99	30	36	56	101
内河码头泊位（个）	6					

2004 ~ 2014 年宁波港口万吨级以上码头泊位情况见图 5 – 8。

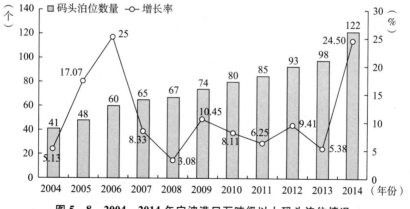

图 5 – 8　2004 ~ 2014 年宁波港口万吨级以上码头泊位情况

（2）仓库堆场面积不断增加。

截至 2013 年底，宁波拥有国际海运货物仓储与集装箱堆场的总面积 1641741 平方米、场地 1365604 平方米、仓库 246437 平方米。目前，宁波港口集装箱码头均配有港区内堆场，总占地面积为399.37万平方米（约5996.25亩），其中，穿山四期和五期码头堆场总面积达178.5万平方米，占44.7%；北仑二期和三期码头堆场总面积达112万平方米，占28.04%；梅山和大榭集装箱码头堆场总面积为109.27平方米，占27.36%（见表5-17）。

表5-17　宁波市集装箱码头港区内堆场分布情况

码头名称	堆场面积（平方米）	所占比例（%）	设计堆存能力（万标准箱）
北仑二期	420000	10.52	4.4
北仑三期	700000	17.52	6.4
穿山四期	900000	22.54	9.7
穿山五期	885000	22.16	7.5
梅山集装箱	342700	8.58	4.0
大榭招商国际	750000	18.78	6.6
总　　计	3997700	100	38.6

33家实际经营的集装箱堆场企业（包括29家经营堆场业务的企业、3家经营仓储业务的企业和1家经营少量拆拼箱业务的企业）经营场所共有46处，占地总面积为3738.25亩（2492291平方米）（见表5-18）。

表5-18　北仑区46个集装箱堆场分布情况

路段（区域）	堆场数	堆场明细
进港路	8	英丰、福洋、大港、国柜、安联、龙星、长胜1、天翔2
珠江路	6	兴合、中集1、天翔1、中创3、鑫三利（1、4）
保税东区	8	中创1、高新、安信1、太平1、迅诚、东华、铃与2、通达
保税西区	3	安信2、太平2、大港（新世纪）
霞浦物流园区	5	铃与1、天翔4、地中海、新霸达、东南
临港一路	4	永大、长胜2、安信3、天翔（后山）
渤海路	3	亿流、海丰、鑫三利3
大港工业区	2	中亚、迅达
其他	7	安达（算山）、中创2（后所）、鑫三利2（后所）、珉钧（后所）、中集（后所）、东华2（白峰）、常丰（二通道）

其中，堆场占地总面积为2788.73亩（1959246平方米），仓储占地总面积为354.9亩（236612平方米，含海关监管区总面积209.39亩）。

（3）航道锚地建设。

2013年，内河航道完成了三江口航段应急抢通疏浚、蜀山船闸修复，余姚段渔网箱网箅清除和水面漂浮物的清理。截至2013年底，全市沿海进出港航道主要有北航道、南航道、金塘水道、佛渡水道、穿山西口航道、牛鼻山水道、条帚门航道、下湾门、石浦港区航道等；锚地现有七里锚地、金塘锚地、虾峙锚地等80多个，锚地总面积78.57平方公里；内河航道73条，航道总里程为934.35公里，其中，七级以上航道253.38公里，七级以下航道680.97公里。

（4）运输载体数量不断扩大。

2014年，全市水运企业共新增营运船舶52艘、37.66万载重吨，注销94艘、61.79万载重吨，净减少船舶42艘，运力下降24.13万载重吨。截至2014年底，全市共拥有营业运输船舶641艘（见图5-9），总运力555.87万载重吨。其中，沿海船舶579艘，555.02万载重吨；内河船舶62艘，0.86万载重吨（见图5-9）。

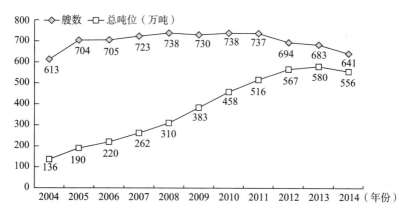

图5-9　2004～2014年宁波市营运船舶艘数和净载重吨位变化

从船舶类型来看，拥有液货危险品船舶141艘、44.72万载重吨；拥有多用途船23艘、17.04万载重吨、8327标准箱；集装箱船9艘、9.31万载重吨、6495标准箱。全市沿海船舶平均船龄8.1年，较2013年底增长0.2年；沿海货船平均吨位9913载重吨，较2013年底增长388吨。

2013年全市沿海船舶吨位分布情况见表5-19、图5-10。

表 5 – 19   2013 年宁波市沿海船舶吨位分布情况

吨级	艘数（艘）	净载重量（万吨）
500 吨以下	73	1.80
500～1000 吨	225	18.50
1000～5000 吨	113	38.80
5000～10000 吨	49	30.70
10000～50000 吨	147	317.60
50000 吨以上	26	172.00
合　计	633	580.40

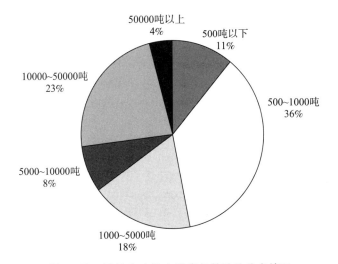

图 5 – 10   2013 年宁波市沿海船舶吨位分布情况

3. 市场主体培育壮大

目前，宁波市航运企业已经覆盖港口经营、货物运输、辅助运输、水运工程建设等领域，形成了一定的企业规模。截至 2015 年底，全市共有货运企业 135 家，其中，沿海货运企业 131 家（含 1 家兼营客运企业），如表 5 – 20 所示。

表 5 – 20   2015 年宁波各县（市）区国内航运企业和
港口经营企业分布情况

县（市）区	沿海货运企业	内河货运企业
市区	32	1

续表

县（市）区	沿海货运企业	内河货运企业
象山县	13	—
宁海县	16	—
奉化市	6	—
鄞州区	12	—
北仑区	17	—
大榭	9	—
镇海区	25	—
慈溪市	—	1
余姚市	1	1
东钱湖	—	—
合　计	131	4

　　具体来看，截至2015年底，宁波共有港口经营企业244家，其中危货码头企业64家。拥有开展国际货运业务的沿海运输企业8家，经营国际航行船舶（含兼营国际、国内水路运输的船舶）25艘，94.50万载重吨。其中，从事对台运输业务的企业2家，经营对台运输船舶7艘，5万载重吨；经营范围涵盖国际集装箱班轮运输、国际海上普通货船、成品油船、化学品船和液化气船运输。全市从事沿海货物运输的企业130家（含4家兼营内河运输企业），平均船队规模达到4.53万载重吨。其中，运力规模在5万吨以上的企业27家，10万吨以上的企业15家；运力规模居前10位的水运企业占总运力的比重达53.50%；经营范围涵盖沿海集装箱班轮运输、沿海普通货船、成品油船、化学品船和液化气船运输。全市从事内河货物运输的企业7家（含4家兼营沿海运输企业），经营内河货运船舶20艘，0.70万载重吨；经营范围涵盖内河普通货船和化学品船运输。全市国际船舶管理公司共有7家；无船承运人企业315家；外资船公司驻宁波办事处共有35个，其中，日本神原汽船株式会社宁波代表处更名为常石控股株式会社宁波代表处；国际集装箱仓储、堆场企业53家，其中，北仑区具备集装箱堆场经营资质的企业36家（含注册在保税区的5家，宁波港集团参股的7家）。从集装箱堆场企业资本性质来看，内资企业20家，内地和港、澳、台合资企业5家，中外合资企业4

家，外商独资企业 2 家，港台合资企业 2 家。经营国内船舶管理业务的企业 12 家，其中，1 家为专业船舶管理公司，其余 11 家同时具有水路运输经营资格；管理业务覆盖船种以散货船等普通货船为主，覆盖气体运输船种的 1 家，覆盖油船的 4 家；全年共接受安全与防污染体系代管船舶 29 艘。国内船舶代理企业 113 家，船舶代理量 21717 艘次；国内水路客、货运代理企业 124 家，代理国内航行船舶 21717 艘；客运代理量 114.50 万人次，货运代理量 18955.85 万吨。水运工程设计企业 9 家；水运工程施工企业 8 家；水运工程监理企业 4 家；水运工程检验检测企业 4 家。

4. 港航物流辐射半径不断扩大

从陆向辐射能力来看，宁波港已经形成了以"一环六射"高速公路网为骨架，铁路、公路、水路、管道、航空共同组成的海陆空立体式对外集疏运交通网络结构。北向：通过杭州湾跨海大桥实现与上海、苏南等地的便捷连接；西向：形成了杭甬高速、杭甬运河 500 吨级航道、萧甬铁路，连接国家铁路网、高速公路网以及长江、京杭大运河沿线地区；南向：甬台温铁路、沈海高速公路、甬台温沿海高速等，连接台州、温州以及福建等地区；西南向：通过甬金高速联通沪昆高速等，联通金华、江西、湖南等内陆地区；东向：甬舟跨海大桥的建成连接宁波与舟山本岛。同时，海铁联运快速发展，2015 年宁波港海铁联运集装箱 17.05 万标准箱。截至 2015 年底，已开通的海铁联运城市达 20 个，覆盖省内的台州、金华、绍兴、衢州以及省外的南昌、上饶、鹰潭、景德镇、萍乡、新余、西安、襄阳等地。海铁联运班列 12 条，其中，"五定班列"线路 4 条，直达列车线路 8 条。2014 年初又开通宁波至新疆海铁联运业务，实现海铁联运集装箱 13.50 万标准箱，同比增长 28.2%。随着集疏运网络体系的不断完善，宁波港航物流服务半径不断扩大，港口经济圈范围不断拓展，已经从省内、省外拓展到江西、湖北等长江中上游省市。

从海向辐射能力来看，2015 年宁波港累计完成集装箱吞吐量 1982.4 万标准箱，居我国港口第 3 位、世界港口前 4 强。现已开通的集装箱航线总数为 236 条，其中，远洋干线 116 条，月均航班 1410 班。航线覆盖亚、欧、美、非各大洲 100 多个国家的 600 多个港口。这些航线所到之处，大都是经济发达、人口稠密、城市化水平高、消费旺盛的地区，基本形成覆盖全球的集装箱运输系统网络。

5. 港航物流新兴业态发展迅速

宁波市是跨境贸易人民币结算试点城市、国家金融体制改革试点城市、金融电子化试点城市、金融对外开放城市和私募股权投资试点城市以及国家电子商务试点城市、全国首个实施电子支付的城市和国家城市公共服务信息化试点城市,以电子商务、信息咨询、金融租赁等为代表的港航服务业发展迅速。具体来看,电子商务领域,宁波物流健全、网购发达,2015年,宁波市实现网络零售额703.94亿元,同比增长59.72%;居民网络消费额达到586.86亿元,同比增幅33.53%。宁波各个行业都相继开展了电子商务应用,如纺织服装业的博洋、GXG、太平鸟等,商贸行业的银泰百货、第二百货、石浦酒店等,电器行业的奥克斯、帅康、方太、公牛插座等,汽车及汽配行业的吉利、华翔等,机械行业的海天塑机等企业,均开通了网上销售。同时,宁波拥有中国文具网、宁波模具网、中国废品网、中国海商网等各类行业门户网站。阿里巴巴、慧聪网、中国制造网都已在宁波设立分支机构或建立外贸电子商务基地。同时,宁波跨境电子商务发展迅速。宁波保税区作为跨境进口贸易电子商务的试点,在国家和省、市跨境电子商务政策的推动下,对进口跨境电子商务进行了积极的探索,现已开通"跨境购"和"保税通"两大综合服务平台,集聚了120余家电子商务企业。海曙区作为跨境电子商务出口试点,已在机场路建设跨境贸易电子商务园区和出口基地,引进海关、邮政等单位,实现跨境电子商务出口业务的通关、结汇、退税、邮包寄递一站式受理,还积极引进敦煌网、京东商城等大型电商企业落户海曙区。高端航运服务领域,宁波作为全国性物流节点城市、浙江省综合物流中心和长三角南翼经济中心、区域性资源配置中心,陆续建成了第四方物流平台、宁波航运交易所、宁波大宗商品交易所、宁波港口物流信息平台等。2013年,第四方物流市场会员数量达到10421家,比上年增加了341家,其中,核心会员数量1970家,比上年增加了92家,并实现了与船司、船代、货代、车队、对场、码头的广泛联网及各种报文单证的电子化交换。第四方物流市场网上交易量累计达60亿元,网上支付结算额累计达17亿元。宁波大宗商品交易所在阴极铜、PTA和白银等主要交易品种的基础上,2013年5月又推出了用电子交易模式交易LNG(液化天然气),10月16日又将PVC(聚氯乙烯)成功上市交易,丰富了交易品种。截至2013年底，甬商所交易额达到2085.8亿元，交收量达到8.64万吨。航运金融领域，宁波越来越多的金融机构涉足航运物流领域的新型融资业务。中国进出口银行、中国银行等机构在出口买方信贷、抵押贷款等业务领域进行了开拓；临商银行宁波分行设立了江北支行专门为物流企业服务；交通银行宁波分行正在筹建航运金融部，并与香港交行开展业务联动，为宁波航运企业在港购买船舶提供资金支持等。融资租赁方面，华融租赁、东海租赁、上海远东国际租赁及招银金融租赁等商业银行下设的融资租赁公司都在宁波开设了船舶融资租赁业务。另外，宁波航运物流企业开始涉足金融增值服务，宁波中远物流与宁波港集团下属单位签订了贸易融资框架合作协议，成功推出了内贸煤、进口钢材、进口焦煤、进口铁矿石等大宗业务的港口贸易融资业务，并成功操作了由中国银行、光大银行、浦发银行及渣打银行等多家银行综合授信的宁波神化"海陆仓"项目，为宁波今后进一步推广"海陆仓"业务提供了经验借鉴。

6. 国际物流口岸监管体系不断完善

宁波"一站式"的航运服务逐渐完善。海关、检验检疫、边检、海事、港口集团、电子口岸等与航运业务有关的政府部门及港航企业联合办公，便利开展口岸通关、代理申报、放单及银行结算、报检报验、船舶危险品申报和审批以及电子口岸、法律咨询、保险服务等各项与国际运输服务有关的业务。特殊监管区域联动，国际中转和转口贸易逐步发展。宁波保税区具有进出口加工、国际贸易、仓储物流三大主体功能，成为华东地区高科技产业发展的高地和重要的进出口物流集散地。

（二）港航服务业发展中存在的问题

1. 港口物流园区建设比较滞后

宁波现有港口物流园区主要包括梅山保税港区物流园区、镇海大宗货物海铁联运物流枢纽港、宁波经济技术开发区现代国际物流园区、宁波空港国际物流园区。宁波港口物流园区建设在基础设施建设、服务能力提高等很多方面比较滞后。以宁波空港国际物流园区为例，宁波空港国际物流园区在地理上与栎社机场还有一段距离，未能实现与机场的无缝对接，直接影响航空货代入驻物流园区集聚的积极性。另外，从物流园区出来的货物到达机场后要重新经过安全检查，也在无形中增加了货物的交接时间,导致货物的交接流程烦琐,不利于空港物流的发展。空港物流园区信息系统建设落后。与同类机场相比,宁波机场信息系统建设较为落后,信息系统无法与各承运人及货代对接,各代理人的货物信息未能有效整合,无法有效地将货物的管理及文件资料的传递流程电子化、信息化。该系统也没有与海关、检验检疫等相关信息系统进行对接,与各检验部门之间的信息往来大多还是依靠手工模式,各信息节点之间也通过再次输入的办法来解决信息格式的转换,这也制约了空港货物处理效率,降低了宁波发展货运机场吸收货物的能力。机场货站服务水平有限。2013年上半年,宁波栎社国际机场设立中港合资宁波机场航空货站有限公司获得市外经贸局审核批准,但引入港资的货站从服务水平上来说并未得到根本性的改变。在课题调研中,承运人反映:①安检通道少,高峰时期的排队有可能造成货物来不及装机;②高峰时期,货站内货斗车数量不足,服务难以得到保障;③货站操作费偏高,与杭州萧山机场持平,导致托运人对中转货物的吸引力不强;④机场货站改制后,将装卸工作划归地服部,承运人遇到紧急情况,增加了协调工作量。

2. 多式联运系统运行机制有待完善

宁波多式联运系统运行机制有待进一步完善。以宁波海铁联运为例,宁波海铁联运由于起步晚、底子薄,在港口货物吞吐量中所占份额较低,2013年仅占宁波港吞吐量的3.8%。其中,集装箱吞吐量只占总量的0.63%,低于全国平均水平的1.57%,远低于国际海铁联运大港10%~30%的水平,主要原因在于铁路体制改革之后,其运输组织管理、运价管理等水平跟不上,造成货源的流失。此外,海铁联运配套服务功能不完善、信息化共享平台缺失、市场开发不足也是未来发展亟须解决的主要问题。

3. 辅助产业市场主体品牌竞争力不强

以航运交易为例,宁波当前比较有影响力的航交所与国内外航运交易市场相比,交易模式单一、交易规则缺乏规范、专业化运营水平不高,在规模和质量上还存在较大差距。另外,宁波航运企业专业化、集约化、规模化水平不高,主要表现在:企业服务功能单一、同质化严重,大部分企业的业务集中在国内沿海大宗散货运输上,以单一的水上运输为主;资金来源渠道少,融资能力差,宁波航运企业融资渠道主要是银行贷款和民间借贷,股权融资、船舶融资等金融业务发展滞后;人才缺乏,宁波航运企业中管理人员和船员占比分别为13.9%、86.1%，管理人员普遍缺乏针对性、系统化的培训，使得企业在管理创新、市场营销等方面能力薄弱。

4. 高端港航物流业发展比较滞后

宁波航运服务产业链主要集中在货运代理、船舶代理等下游附加值比较低的环节，与船舶航运金融相关的、专业程度高的港口金融中介服务体系发展滞后，航运融资、航运金融、海事保险、航运资金结算等方面业务比较少，港口现代服务业发展明显不足。而在与港口相连的物流服务区，物流业也主要集中在运输、仓储和装卸等传统业务环节，信息服务、订货管理、流通加工、线路优化和供应链方案设计等高附加值的物流增值服务比例仍然较低。

据测算，运输费用和保管费用占社会物流总费用的80%以上，交通运输业和仓储业的物流业增加值占物流业增加值的80%以上。美国纽约港的高附加值物流增值服务发达，近90%的收入来源于港口服务业，而装卸收入仅占港口总收入的10%。

（三）港航服务业转型升级的总体方向

宁波港航物流业的发展应该以平台建设为载体，以体制机制创新为动力，以市场主体培育为内容，以集疏运系统建设为先导，以开放合作、互利共赢为宗旨，以金融信息为支撑，强化建设无缝对接的多式联运体系，强化系统整合的信息化体系，强化开放构筑区域经济一体化体系，提升行业综合竞争力，使之成为宁波参与国家"一带一路"倡议及"长江经济带"战略、建设"港口经济圈"的重要支撑。

1. 由交通运输港向贸易物流港转变

发展港口物流业是大势所趋，港口物流的规模和功能的完善成为反映现代港口的重要标志。港口物流业是港口未来立于不败之地的重要战略性产业。当前，经济全球化背景下港口之间的竞争正在逐步演变为物流链之间的竞争，鹿特丹港、汉堡港、釜山港、高雄港、新加坡港等一些世界级港口，都已经开始着力向现代物流型港口转型。德国汉堡港借助其港口综合区位优势和便捷的运输条件，发展现代港口物流；荷兰鹿特丹港在其货物码头和联运设施附近发展配送中心，实现由货运中心向国际物流中心的转变；韩国政府提出釜山港以"全球物流网络策略"取代原来的"东北亚航运枢纽"为转型目标；中国台湾地区的高雄港把建设"境外航运转运中心"目标转为"区域物流中心"。我国沿海港口发展也正面临"双减缓"（即港口吞吐量增长速度减缓；产业结构优化升级造成单位价值的货运需求减少），传统依靠吞吐量增长下的外延式发展模式难以为继，在港口发展的产业结构调整上，更要以价值增值、效益为根本的内涵式增长模式。运用现代物流的理念和运营模式，改造和优化港口现有的经营机制和组织模式，规范服务、提高服务水平，增强港口物流链的核心竞争力，提高港口物流链的附加值，成为我国沿海港口未来港口物流业发展的生命力所在。

宁波港要将港口现代物流业作为核心产业来谋划，并将打造物流供应链综合服务商作为港口企业的发展目标，整合和优化配置物流资源，形成高度整合的"大物流"，进一步拓展服务功能的"增值物流"，发展"虚拟物流链控制中心"，以国际化、规模化、系统化的现代物流服务构筑港口的核心竞争力。

（1）打造多式联运、无缝对接的江海铁联运网络体系。

①完善干线网和支线网建设。完善的集疏运系统至关重要，要按照"沟通水网、完善铁路、拓展公路、多式联运"的总体要求，加快高速公路、铁路集疏运网络建设和多式联运体系建设，构建以港口为核心的集疏运体系，进一步发挥港口在铁路等方面的多式联运优势，积极开展海铁联运、江海联运和公水联运，拓展港口经济腹地。重点加强铁路"一环线、二枢纽、四支线、四通道"的建设。

铁路通道，"一环线"即 2015 年完成宁波枢纽北环线续建任务。"二枢纽"即规划邬隘铁路集装箱中心站和穿山、大榭港区办理站，形成"一个中心、多个办理站"的格局。"四支线"即加快镇海支线的改扩建和北仑支线的电气化改造，加快穿山支线和大榭支线的规划建设。"四通道"即谋划甬台温铁路货运复线和石浦港区、三门湾区域铁路货运支线，强化南向宁波－温州通道；依托国家杭甬客专、沪昆客专的建设，加快推进甬金铁路、甬舟铁路、九景衢铁路建设，形成西向宁波－川渝和宁波－南昌两条大通道建设；积极推进杭州湾跨海铁路等客专、城际铁路项目的建设，大幅提高既有的萧甬、宣杭、淮南等铁路运输能力，形成西北向宁波－新疆的大通道。

内河通道，扩建杭甬运河，积极与内河港口合作，建设"海上巴士型"集疏港物流通道；在北仑、穿山、大榭、梅山、金塘等港区布置江海直达船作业区；积极推进长湖申线、衢江航道、富春江船闸、湖嘉申线嘉兴段工程建设，进一步提升支线航道等级，积极发展河海联运业务。

海向通道，强化与船公司合作，增密远洋干线网络，重点增密中东航线和欧美航线、港澳台航线和日韩航线、澳新航线和非洲航线、东南亚航线和南亚航线，提升宁波港在"海上丝绸之路经济带"的重要地位，以及在国际海上运输网络中的战略地位。以目前浙江省筹划建立港口战略联盟为契机，增辟沿海内支线，加密航班，尤其是进一步扩大内贸集装箱运输的辐射面，提高航线密度和稳定班轮。

公路通道，加快快速路环线和高速路建设，实现集疏港道路与城区道路分离。重点加快宁波市"二环六射"高速公路网建设；规划建设北仑梅山岛保税港区、穿山南港区集疏港高速和港区码头之间的高速通道，形成海上和陆地港区快速集疏港路网和水网。

②场站网建设。内陆港是指港口在内陆地区辟建的拥有海关和检验检疫等口岸功能的场站，具有口岸功能、货代功能、运输功能、仓储功能、保税功能和现代物流服务功能，实际是港口物流服务向内陆腹地的延伸。同时，加强自贸区政策辐射，大力提升无水港运营规模和质量，积极推进无水港向物流园区和产业园区转型发展，推动港口功能、口岸功能、保税功能向内陆腹地延伸，不断提升港口对内陆腹地的辐射带动能力。

陆上内陆港。要充分利用港口的区位和各类开放区的优势，在集疏运通道沿线采取合资经营、管理输出、委托经营、业务合作等多种方式推进铁路内陆无水港的布局，积极开拓境外周边国家和亚欧大陆桥沿线的集装箱内陆港或办事处。重点推进浙赣铁路沿线等地"无水港"建设，推进新余、景德镇、长沙、合肥、重庆、成都等省内外"无水港"建设及相应的营销网络布点，增加开设城市的集装箱班列，优化"无水港"网络布局，到2020年腹地"无水港"达到30个以上。

内河港口网络。通过投资与当地港口合资经营内河港口码头的形势，形成与内河港口紧密的合作关系。前期将湖州、嘉兴等内河港口作为内河港口布点的重点。完善内河港口的揽货体系建设，扶持货代、船代等企业在内河布点区域开展业务。积极与当地政府合作，在内河集装箱码头附近配套建设集装箱拼箱物流中心，配套集装箱拼箱、配送、代理和增值服务等多种物流服务功能。通过当地政府对船公司补贴的方式，提高内河集装箱运输的班期密度。完善内河港口的口岸设施建设，推进内河港口口岸的开放，探索争取内河港口"启运港退税"政策。

③多式联运系统建设。积极推进和完善多式联运系统建设，特别是集装箱多式联运系统，尽可能使港口前沿航线开辟、航班安排与港口后方公路、铁路、管道等交通基础设施建设实现配套或协同发展，不断改善交通支持条件。积极加快海铁联运综合试验区的建设力度并逐步推广，支持开辟铁路集装箱专用通道，增加在无水港实施的海铁联运示范项目，研究海铁联运价格浮动机制，深化同内陆"无水港"的战略合作，形成以港口为核心，大通关为支撑，便捷多元的综合运输体系为通道，多式联运为运输组织形式，内陆无水港为节点的网络体系。此外，借鉴"渝新欧"运营管理的经验，改革和创新国际联运运营管理体制和机制，按照"市场决定、创新开路、利责共担"的原则，支持宁波港和中铁集团合作开行国际联运班列。

专栏 5.1　"渝新欧"国际联运体系

"渝新欧"国际联运大通道东起重庆团结村集装箱中心站，经新疆阿拉山口到哈萨克斯坦、俄罗斯、白俄罗斯、波兰，再到德国杜伊斯堡，全程 11179 公里。2011 年 3 月，"渝新欧"国际铁路联运班列正式开始运行；2012 年 4 月，由中铁、俄铁、德铁、哈铁、重庆交运集团"四国五方"共同合资组建的渝新欧（重庆）物流公司正式挂牌成立；2013 年 2 月，"渝新欧"国际铁路联运大通道实现回程货班列零的突破；2014 年 4 月，"渝新欧"公共班列开始上线运行。到 2013 年底，已成功开行 94 趟（2011 年 17 趟，2012 年 41 趟，2013 年 36 趟），货物运输总量 8300 标准箱，货值超过 20 亿美元。

"渝新欧"自 2011 年正式开行以来，在合作平台、一体化运输、运营管理等方面进行了诸多创新，开创了大陆桥运输的新模式，并取得了显著成效。一是成功解决了沿途各国的通关问题，实现了一次报关、一次查验、全线放行的便捷通关模式。二是自主研发了电子锁，实现了"渝新欧"班列电子产品全程安全监控，在提高安全的同时进一步降低了运输价格。重庆也成为继深圳港后新加入中欧安全智能贸易航线试点计划的城市，是我国内陆首个"安智贸"试点港口。

三是实现了全程统一运单，进一步节约了运行时间、简化了程序。四是基本解决了电子产品冬季试运输方案，为冬季常态化运输提供了条件。"渝新欧"运营管理模式在实践上的创新，为"渝新欧"常态化运行奠定了重要基础，也为更好地完善我国大陆桥运输、提升综合竞争力提供了经验借鉴。

（2）构建三位一体化的物流体系。

紧邻镇海港区、北仑港区、大榭港区、穿山港区、梅山港区和金塘集装箱码头后方重点建立"2＋1＋3"格局的六大物流服务基地，以物流服务为纽带，将港口集成融入供应链体系，推进全程物流服务体系建设。其中，依托北仑港区、大榭港区建立综合型物流服务基地，提供服务临港工业和集装箱分拨配送的综合物流服务；依托镇海港区构建高效衔接临港工业和港区码头的物流服务基地；依托穿山港区、梅山港区和金塘港区码头建立集装箱物流服务基地。通过主港模式下的区港一体化管理模式，招商引资，吸引物流企业入驻基地，形成物流要素的集聚效应。

依托物流园区，大力发展包括集装箱货运站集装箱拼拆箱换装、保税物流、流通加工、分拨配送、仓储、商贸会展、金融保险、信息咨询、货代船代、维护保养等物流服务功能，积极引进大型国际贸易和物流企业进驻，发展一体化物流服务，实现集商流、信息流、物流、资金流功能于一体。积极推进宁波港集团向港口物流综合服务提供商转变，积极整合港口的货代、船代、报关等相关业务，在向利润中心逐渐转变的过程中逐渐变为完全独立的、以提供"供应物流服务"为主的集团第三方物流服务企业，并通过提供港口物流整体解决方案和高附加值的港口物流服务，塑造"宁波港物流"品牌。同时，依托宁波民营航运企业集聚优势，继续推进"专精特新"民营航运物流企业培育工程，促进民营航运物流企业扩大规模；深化融资服务网络，加强对民营航运物流企业的融资服务，探索民营航运物流企业的上市培育工程。

（3）完善大宗商品交易平台。

目前，宁波已有神化金属网上商城、宁波航运交易所、华东物资城、宁波大宗商品交易所、镇海液体化工产品交易市场、镇海煤炭交易市场等大宗商品交易平台上线运营，拥有从事大宗商品交易的企业主体1000多家。其中，宁波神化化学品经营有限责任公司搭建的宁波神化金属网上商城，其镍金属贸易量已占国内现货市场的40%、全球现货市场的9.2%，在伦敦金属交易所的交易量占该所镍交易量的11%，并建有3000多家遍布全球的终端客户群，全年交易额约150亿元。宁波航运交易所以集装箱舱位交易、航运人才服务、船舶交易、化学品船租运、航运金融服务"五大市场"为主体，着力打造了集航运交易、航运信息、航运服务等三大平台于一体的航运交易服务平台，2015年该所三大平台实现交易额11.96亿元，联系服务企业335家。以宁波华东物资城为依托的钢材交易平台，积极提升钢材的交易、储运、加工、配送、电子商务等服务功能，2015年该市场年钢材吞吐量达153万吨，钢材年交易额65亿元，已成为宁波市最大的钢材交易市场。此外，部分大宗商品上下游企业也借机转型，如名扬物流集团依托原有的货运仓储优势，加快进入大宗商品领域，目前已在杭州湾新区开展PTA、农产品、纺织品等大宗商品的进出口贸易。

宁波要大力发展大宗商品交易业务，要充分整合宁波和舟山交易平台资源，建立"一个交易所＋多个分中心"的大宗商品交易市场体系。重点优化整合宁波、舟山两市大交所资源，与舟山共同推进大宗商品交易服务平台建设，形成"价格"和"指数"，逐步建成我国重要的大宗商品交易中心，不断提高在国际大宗商品市场中的影响力，提升我国全球资源配置能力，保障国家战略物资供应安全和经济安全。大力培育大宗商品交易市场，丰富扩大大宗商品交易品种。积极发展大宗商品交易的综合服务，形成规范有序的商品交易市场秩序，重点发展定价、信息、交易、物流和结算等功能。在现货交易所大平台基础上，积极探索交易方式创新，在现货、中远期交易以外，推出在线挂牌、双向竞价、拍卖等交易方式，探索远期交易形式，探索建立大宗商品的交易结算中心，鼓励采用人民币结算。

（4）积极开展物流供应链金融业务。

供应链金融是商业银行等金融机构的一个金融创新业务，它与传统信贷业务最大的差别在于，利用供应链中的核心企业、第三方物流企业的资信能力，来缓解商业银行等金融机构与中小型企业之间信息的不对称，解决中小型企业的抵押、担保资源匮乏问题。当前，产业链竞争加剧及核心企业的强势，赊销在供应链结算中占有相当大的比重。应收账款融资、订单融资、存货质押融资（仓单融资）和固定资产融资都是未来供应链金融的业务形式。目前，国内主要开展仓单质押融资。国外仓单质押业务开展较早，在美国金融市场，该业务已占据1/3的份额，它有专门的债券或证券质押市场。从物流业领域来看，包括仓单质押贷款业务在内的物流金融服务已成为世界最大的船运公司马士基和世界最大的快递物流公司UPS利润的主要来源，业务已拓展至开具信用证、仓单质押、票据担保、结算融资等。中国香港、新加坡等银行及国内外资银行主要是向国外贸易商或国内公司设在境外的窗口公司提供保税货物仓单融资。近年来，国内也有一些外资银行与国内银行合作开展此项业务，自2002年开始，我国大型物流企业纷纷开始开展仓单质押业务。银行方面规模最大和最早的是原深圳发展银行和广发银行，其他银行如交通银行、兴业银行、中信银行、民生银行、工商银行、建设银行等也陆续开展了此项业务。物流企业方面做的较早和规模较大的是中储、中外运两家国有大型物流企业，此外，中远、中铁物流、南储、速传物流等多家企业也开展了仓单质押业务。宁波要充分发挥港口货物大量集中进出口的优势，与广发、民生等银行合作，发挥各自优势、强强合作，以仓单质押业务为切入点，积极开展物流供应链金融业务，同时加强风险监管。

（5）拓展延伸物流服务功能。

大力发展保税物流、冷链物流、拼箱物流、危化品物流、期货物流、物流金融等特色物流，促进港口物流业与码头经营业高效互动、协调发展。依托宁波自由港建设，大力开展集装箱国际集拼业务，探索自由港内国际集装箱集拼业务免于惯常的海关监管，给予国际集拼业务以政策扶持。依托义乌、金华等内陆加工制造业基地，以梅山保税港区为试点探索开展启运港配送业务。

2. 加快现代航运服务业发展

现代航运服务业作为港口经济发展到高级阶段的产物，是港口物流业和临港工业发展的必然要求，也是港口量能聚集、实现港城融合发展的标志之一，更是我国参与国际中高端竞争的重要力量。当前，港口产业向上游航运金融、贸易、服务等的高端化发展，发展航运服务业成为解决当前港口城市发展困局的重要途径。宁波港应依托各类开放区域，遵循"扬长避短、打造特色、先易后难、重点突破、分步推进"的原则，逐步向航运金融、航运保险、航运信息等高端服务领域拓展，进一步探索"物流＋贸易""物流＋电子商务""金融＋贸易"等业务发展模式，增强港口对航运资源的配置和控制力。

（1）创新航运金融服务功能。

加快推进宁波江东和梅山航运金融聚集区建设，积极引进国内外商业银行，大力发展航运金融服务，扩大投融资业务和渠道。加快培育港口产业投资基金、海港银行、信托公司三类机构。积极引导金融机构设立航运金融部门航运保险机构、融资租赁公司，开展船舶（含在建）抵押贷款、航运结算、融资租赁业务，并为这些金融机构进入银行间市场拆借资金和发行债券创造条件。加快推进梅山保税港区、宁波保税区内进行离岸金融、人民币自由兑换和人民币跨境结算试点，允许企业开设离岸账户，为其境外业务提供资金结算便利。积极发展航运产业私募基金和航运信托基金，重点鼓励发展船舶投资基金、航运/船舶并购基金，鼓励建立众筹模式（P2P）产业投资基金业态。鼓励保险基金、养老基金、住房公积金、证券投资基金等向航运业投资。吸引大型航运、航运辅助、物流、造船企业将结算中心移至宁波，打造数据结算服务中心。

（2）发展融资租赁业务。

融资租赁是现代化大生产条件下产生的实物信用与银行信用相结合的新型金融服务形式，是集金融、贸易、服务于一体的跨领域、跨部门的交叉行业。在发达国家，融资租赁是与银行信贷、证券并驾齐驱的三大金融工具之一；在我国，融资租赁作为一种融资方式，被越来越多的企业所接受，其在国民经济和市场体系中的地位越来越重要，近年来得到了迅猛发展。2011年，全球租赁年交易额已经超过7200亿美元。在发达国家，采用租赁方式进行投资的比例已接近1/3，发达国家租赁渗透率（定义为租赁业务规模/全年设备总投资额）为15%～30%，全球份额中居前三位的一直是美国、日本和德国。

2007年后，我国融资租赁业进入了几何级数增长的时期。业务总量由2006年的80亿元增至2014年的32000亿元（见图5－11）。2015年底，全国注册运营的融资租赁公司约3615家，其中包括金融租赁公司44家，内资租赁公司189家及外资租赁公司约3426家；注册资金总额达14645.1亿元。但是，融资租赁在我国还处于起步阶段，据估测，目前我国融资租赁市场的市场渗透率只有 6% 左右，同欧美市场渗透率 20% 相比较，仍然具有较大的发展空间。

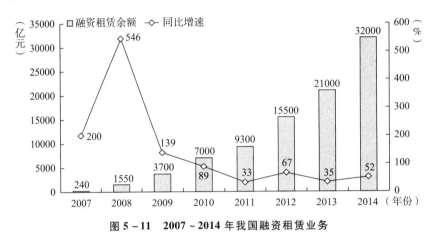

图 5 - 11　2007～2014 年我国融资租赁业务

自 2010 年 1 月银监会发布《关于金融租赁公司在境内保税地区开展融资租赁业务有关问题的通知》以来，天津东疆保税港区、上海综合保税区、北京天竺保税区和宁波保税港区先后开展了单一项目融资租赁业务（见表 5 - 21）。天津是我国发展融资租赁的典范。东疆保税港区率先探索 SPV 租赁、保税租赁、离岸租赁、进出口租赁、资产包转让、双SPV、跨境人民币结算等多种租赁模式和结构，形成"东疆租赁模式"，开创了东疆租赁品牌，成为我国租赁产业发展的综合创新领导平台。截至 2015 年 5 月底，东疆累计注册租赁公司 1097 家，注册资本累计达743.4 亿元，累计完成 493 架飞机、11 台发动机、71 艘船舶、8 座海上钻井平台租赁业务，租赁资产累计约 4000 多亿美元，已成为我国北方最大的租赁产业基地。

表 5 - 21　2013 年全国单一项目融资租赁公司分布

保税地区	单一项目公司数（家）	项目公司所占比重（%）
天津东疆保税港区	319	80.7
上海综合保税区	66	16.7
北京天竺保税区	5	1.3
宁波保税港区	5	1.3
总　计	395	100

宁波港应抓住梅山保税港区建设的机遇，充分借鉴天津港发展融资租赁业务的经验和策略，从港口供应链的上下游着手，以船舶、海工设备、城市交通大型设备等为主，为企业提供整体资金解决方案，满足多种业务模式的个性化需求。同时，设立专门的风险管理与法律服务部门，对融资租赁业务可能发生的合规风险、法律风险、经营风险等进行全面的管理和防控。

（3）推动跨境电商业务发展。

跨境贸易电子商务是指不同国别或地区间的交易双方通过互联网及其相关信息平台实现交易的一种贸易方式。近年来，跨境电子商务快速发展，已成为国际贸易的新方式和新手段。中国是亚太地区仅次于日本的第二大 B2C 电子商务市场、全球第四大市场。国家发改委的数据显示，2011 年跨境电子商务交易额达到 1.6 万亿元，同比增长 33%；2012 年跨境电子商务交易额达到 2 万亿元；2015 年跨境电子商务交易额达到 5.4 万亿元。

2012 年底，国家发改委和海关总署联合发文将宁波、上海、重庆、杭州、郑州作为全国首批 5 个开展跨境贸易电子商务服务试点城市。之后，广州和深圳分别作为第六个和第七个被批准的试点城市。在首批试点城市申报中分为两类，一类是市场化平台，另一类是政府主导平台。获选的首批试点城市，大都是因为政府主导平台的积极申报而入选。根据发改委和海关总署最新文件，从 2014 年 8 月 1 日开始，全国海关将按照海关总署《关于跨境贸易电子商务进出境货物、物品有关监管事宜的公告》对从事跨境电商的企业和个人进行监管，有法可依成为电商领域的主旋律，这意味着海淘、代购等处于灰色地带的交易也将"阳光化"。

宁波市是我国第一批跨境贸易电子商务服务试点的城市之一，也是浙江省实施"电商换市"发展新战略的主力军，国家努力将宁波市打造为"国家电子商务强市"和"国际电子商务中心城市"。到 2014 年 10 月，宁波跨境贸易电子商务进口业务试运行满 10 个月，共有 74 家电商企业获得试点资质，其中 49 家上线销售，宁波海关共审核通过进口申报单 27.6 万票，货值 7949 万元，共有来自全国各地的 14.8 万名消费者通过跨境平台消费，业务量居全国试点城市前列。

宁波要继续加快跨境贸易电子商务服务体系建设，一是向国家外汇管理局争取跨境电子商务支付牌照，成为跨境电商人民币结算试点城市；引进跨境贸易电子结算平台服务机构，形成人民币计价结算机制。二是迎合国家给宁波的跨境电商口岸试点的政策，积极研究适合跨境电商的综合配套政策，着力点应该是通关政策，积极争取跨境电商在进出口通关方面的便利性。三是营造支持和鼓励创新的环境和政策，鼓励企业勇于创新、敢于创新，特别是在国际 B2B 和 B2C 领域上的创新和尝试，并不断探索"网上自贸区""网上物流交易"等电商平台的新模式。四是积极争取在电子商务领域的成功企业进驻宁波发展，以宁波保税区和梅山保税港区为基础支持企业在宁波建立分拨和集散中心，创造集聚局面。五是以物流为平台，电子商务为手段，引导金融和保险业进入国际物流和国际电商环节，和物流电商企业共同研发、创新在网上交易的新产品。

第三节　优化产业链的空间布局

港口经济圈的核心区是宁波－舟山港在内的港区，要从宁波－舟山港口一体化角度来统筹考虑。

一　优化核心区临港先进制造业空间布局

以打造临港先进制造业战略大平台为核心，建设梅山国际物流产业集聚区，构建杭州湾产业带、舟山岛北部海洋新兴产业带两大产业带，发展梅山国际物流产业集聚区、杭州湾产业集聚区、镇海石化产业基地、鄞州大嵩新区、六横临港产业岛群、岱山临港制造业基地、渔山岛化工基地、舟山海洋科技城、三门湾产业集聚区和中国（浙江）－东盟经贸投资合作区十大产业协作基地，形成"一核两带十基地"的核心区临港先进制造业布局架构。

（一）梅山国际物流产业集聚区

在坚持主攻国际集装箱物流业的前提下，结合全省海洋经济和战略性新兴产业的发展趋势，充分发挥集聚区临港临海优势，注重发展技术含量高、附加值高、与保税功能关联度大的先进制造业，加快培育海洋新兴产业，强化原有产业提升改造，加快形成具有"高端化、特色化、生态化"特征的临港先进制造业区块。

结合全省海洋经济大发展趋势，利用集聚区良好的区位条件，发挥海洋资源优势，大力培育发展海洋生物医药、海洋装备制造、清洁能源、海水利用等海洋新兴产业。加强国内外海洋生物科技机构、企业和人才引进，培育海洋药物及保健品、海洋功能食品，争取建立海洋生物工程基地，形成较强的海洋生物医药技术研发能力和产业化促进体系。培育发展海洋环保、海洋生物能源开发等技术设备和产品，加强海洋油气等矿产资源勘查与开发，促进海洋科技成果产业化。吸引长三角、国内外的知识、资金密集型制造业到集聚区扩大生产，发展新能源、节能环保、生物、新材料等高端产业。充分利用保税港区高度开放的政策优势和带动效应，积极发展与保税物流相配套的增值加工业，延长保税物流产业链条，提升产业附加值。

（二）杭州湾产业集聚区

以高端化、新兴化、集群化、高产化为方向，以建设特色海洋经济大平台、大产业、大项目、大企业为龙头，努力打造引领宁波和浙江省经济转型升级的示范基地。发展新能源汽车、关键零部件生产，积极引进和培育轨道交通设备、海上游艇项目，打造沿海地区新型交通运输设备重要基地。发展高精度医疗器械配件、高质量医疗器械耗材、高技术中小医疗设备、高品位治疗保健产品及理疗型医疗设备。向数控化、高精密、高效率、成型专用和成套成线方向发展。发展节能环保装备、风力发电装备、仪表仪器等装备制造业。发展海洋药物、海洋生物保健品和海洋生物功能材料产业，规划引进、开发藻类生物多糖与寡糖生产生物农药、药物植物性胶囊、医学创伤纱布、生物可降解塑料等项目。申请省海洋生物产业引导基金，加强优秀海洋生物科技机构、企业和人才引进，规划建设宁波海洋生物工程园。发展传感器、水文监测器等小型海洋装备制造，规划引进离线监测、遥感监测、浮标监测、芯片检测等项目。攻克海水淡化与直接利用关键技术和装备，建立自主产权的海水淡化、海水循环冷却、大生活用海水、海水化学资源提取利用示范工程，形成海水利用技术、装备、产业化体系。突破大规模海水淡化工程技术，突破反渗透海水淡化膜元件、高压泵、能量回收器的制造技术，建立示范工程。

（三）镇海石化产业基地

优先发展石油化工、化工基础原料和化工新材料，满足合成材料产业增长需求；加快新型精细化工、新材料行业发展，增加高端石化产品的比重，升级油品质量，淘汰落后产能，优化产业结构，促进产业均衡发展。加强与中国石化集团的沟通，积极主动向国家发展改革委、省建设厅、国土资源部、环保部等审批部门汇报衔接，事先策划项目方案，争取简化程序、缩短办理时间，落实水、电、港口等配套设施。抓紧乙烯下游配套项目建设，确保这些项目与乙烯装置同时开车。发展附加值高、产业关联度强、替代进口、填补国内空白的产品。重点是应用于轻纺产业的差别化纤维产品和原料，如丙烯腈、己内酰胺、尼龙、聚苯硫醚、芳纶原料、高性能纤维等；应用于汽车机械产业的结构性材料和产品，如车用聚丙烯树脂、乙丙橡胶、丁腈橡胶、丁基橡胶、异戊橡胶和聚甲醛等；应用于电子信息产业的功能性产品和原料，如聚碳酸酯、聚酰亚胺、氟树脂等。

（四）鄞州大嵩新区

以现有的鄞州滨海创业中心为基础，以城镇化推进为动力，以产城融合为方向，整合瞻岐镇、咸祥镇、塘溪镇及鄞州经济开发区，构筑海洋经济创新发展大平台。充分发挥区位条件优越、产业高度聚合、科技资源丰富、发展空间广阔等优势，大力发展战略性新兴产业，加快建设宜居宜业的滨海新城，并与北仑等周边区域协同发展，打造重大集成创新的策源地及高端产业聚集地，成为区域经济发展的新增长极。围绕海洋高技术产业技术研究应用，大力开发自动化、数字化、智能化高端装备制造业产品，推动装备制造业向技术自主化、制造集约化、装备成套化、产业集聚化方向升级。强化与科研院所、著名高校的科技合作，以企业工程技术中心为支撑，围绕国家信息、生物、航空航天、新能源与重大装备等产业发展需求，大力发展市场潜力较大的新材料产品，重点发展纳米及功能性材料、有色金属复合材料、密封新材料、稀土深加工材料、工程塑料及新型塑料合金、新型磁性材料、新型纺织材料等。以"孵化科技产业、培育科技人才、转化科技成果、发展科技产业"为宗旨，进一步完善创业创新平台。在海洋工程装备、新一代信息技术、智能交通和环境保护等领域，重点加强与中国船舶重工集团公司、中国电子科技集团公司、清华大学、北京理工大学、南京理工大学等大企大校的项目对接。在继续提升滨海科创中心发展水平的同时，拓展发展空间，建立科技转化示范基地，建设中国科学院、清华大学等在宁波的科研基地，建设海洋高科技孵化中心，建设海洋职业教育培训基地，形成海洋科技综合性服务平台。

（五）六横临港产业岛群

建设港航物流业与临港工业互动对接平台，促进港工联动。利用舟山地扼长江出海口的有利物流区位条件，依托长江流域和华东沿海对大宗物资的强劲需求，进一步扩大舟山重点港区的货物堆存和仓储能力，积极争取国家支持，推进临港保税区、保税库等建设，增强舟山港储运配置物流功能。把港口发展与腹地工业发展有机结合起来，充分发挥舟山港口资源优势，利用大宗物资在舟山港大进大出的条件，大力发展配矿、洗煤配煤、精细化工、粮油加工等大宗物资加工配送产业，形成辐射长三角和长江流域的产业集群。大力发展船舶修造、水产加工、船用机电、港口机械等体现舟山优势，具有舟山特色的临港工业，为港航物流业发展提供强劲支撑。

（六）岱山临港制造业基地

以打造临港先进制造业基地为主要抓手，主要发展船舶修造、船舶配件等船舶工业和临港装备制造业。重点是坚持引进与培育并举，提升海洋装备工业技术集成和设备成套化水平，发展港口机械设备、海水淡化成套设备等海洋装备制造。积极引导发展海水综合利用产业，扩大海水淡化和直接利用规模。

（七）鱼山岛化工基地

规划舟山群岛新区的重化工产业基地。以重点化工项目的推进情况作为预留产业空间，重点是研发大宗中间体和塑料聚合物产业。在保持化工产业和产品创新发展的基础上，适时发展工程塑料、特种橡胶和新型树脂等产品。全面加强与北仑、镇海在石化产业发展上的协调合作，在优化完善项目布局的基础上，促进一体化布局、错位式发展，进一步提升产业集聚水平，共同打造化工新材料产业链、新型精细化学品产业链。

（八）舟山海洋科技城

高水平推进建设舟山海洋科技城，加大中国科学院舟山研究中心、浙江大学舟山研究中心和海洋科技创新引智园区等海洋科技成果转化平台的建设力度，扶持建设一批海洋科研中心试验基地和孵化器，支持国家重大海洋科研成果转化落地，构筑我国新兴海洋科技研发转化基地。实施海洋人才工程，吸引国外优秀海洋院校到舟山合作创办海洋类院校，支持国内优秀海洋院校在舟山建立涉海专业的教学、实习和科研基地，建设我国重要的海洋专业人才教育培养基地。重点发展船舶工业、海工装备、临港装备、海洋生物等产业，协调发展港航服务、金融信息、研发创意、教育培训等现代服务业。科技城运作模式有三种。一是科技城依托国家高新区进行开发建设。此类科技城位于全市高端功能区，在城市经济社会发展中扮演着重要角色。二是科技城是国家高新区内的专业功能区。此类科技城主要承载国家高新区的创新创业功能，吸引研发机构和创业人才入驻。三是独立于国家高新区的科技城。此类科技城往往缺乏高端政策、服务及创新平台，需要重新探索高技术产业模式及新经济发展道路。此外，从科技城运作管理模式来看，大多数科技城依托高新区管委会的派出机构或内设机构实行统一规划、统一开发、统一管理。如苏州科技城、广州科技城管理机构，是高新区的派出机构。武汉未来科技城、天津未来科技城则由高新区的内设专门机构统一负责科技城的开发建设。

（九）三门湾产业集聚区

按照高端化、新兴化、生态化、集约化、服务化的发展理念，发挥资源优势，建立具有创新性、开放型、融合性、集聚性和可持续性的现代产业体系。①聚焦优势产业。充分结合区域产业现状条件，强化现代农业与传统产业升级对区域经济发展的基础作用，聚焦种植业、纺织服装、机械机电、文具、造船及汽车零部件产业等核心门类，优化传统优势产品生产。充分发挥现有产业配套优势及部分门类竞争优势，拓宽产业链条，提升产业附加价值，构建三门湾传统优势产业集群。②强化产业集聚。以特色产业功能区与集聚区为基础，加强特色传统产业集聚区建设，优化资源配置，提高产业规模经济与范围经济。以定塘、新桥、晓塘、一市、长街等传统种植业优势城镇为核心，以生态农业、循环农业、休闲农业为亮点，积极推进农业产业示范区建设。以石浦、长街、宁东新城等传统工业集聚区域为重点，依托纺织服装、机械机电、文具、造船等传统产业基础，打造宁波三门湾传统产业升级示范区。③加快产业升级。以科技进步与组织创新为手段，加大产业升级推进力度，坚持产品创新与技术创新，实现重点产业做优做强。积极推进传统种植业规模化、生态化与组织化发展，鼓励并支持农村土地流转与规模化经营，扶持农业合作组织发展，延伸产业链，提升产业附加价值。以传统工业转型升级为契机，把握国家与省市政策导向，鼓励生产工艺创新与技术升级改造。加快推进企业规模化与品牌化经营，提高企业竞争力与可持续发展能力，增强区域行业发展竞争优势。④打造先进制造业基地。充分发挥区位优势和港口资源条件，重点发展海洋工程装备、通用航空、数控装备、专用设备、海洋电子信息、节能环保装备、游艇制造、高端模具生产、高端关键汽车零部件等产业，联动发展新能源、海洋渔业与港口物流等产业，加快资本、技术、人才集聚，构建区域新兴产业示范基地。

专栏 5.2　装备制造产业发展导向

——海洋工程装备。依托环石浦港区域海洋装备制造基础，以及下洋涂储备用地，充分发挥港口与空间发展优势，大力发展海上工作平台装备、钻探装备及海工装备配套等，打造浙江新兴海洋工程装备基地。

——通用航空。积极抢抓中国通用航空发展新机遇，依托下洋涂良好的地理位置，重点发展通用航空整机和零部件的研发制造、通航运营及其综合保障等相关产业，全力打造通用航空产业园。

——数控装备。以长街镇数控产业园为核心，依托现有产业基础，大力发展中高端、智能数控机床及相关关键功能部件。加快科技孵化平台与重点园区建设，加强产业联动与产业链升级，力争成为国家级新兴数控装备产业示范区。

——专用设备。以传统优势制造业为支撑，依托现有产业基础与资源条件，重点发展中高端模具产业、精密成型装备、工程机械等门类。关注高附加值产业环节与高技术含量产品类型，强化以宁东新城、浙台（象山石浦）经贸合作区为核心的产业集聚，聚焦科技驱动型与产业引领型项目。

——海洋电子信息。立足海上航运、渔业、海洋资源勘采及国防等行业的现实需求，发挥宁波在智能通信、电子材料、软件与信息服务等产业的优势，加快发展海洋电子信息产业，重点发展以船舶电子、智能通信、专用设备、海洋探测、海洋电子元器件、集成电路、海洋软件和信息服务业为主的核心门类，打造宁波海洋电子信息产业集群。

——节能环保装备。借力国家战略性新兴产业发展政策，关注资源节约与环境友好型产业发展，重点发展工业节能装备、污水处理装备、海水淡化装备、海洋污染治理装备等。大力支持宁东新城、长街镇、石浦镇等相关产业集聚，积极打造特色节能环保装备产业园。

（十）中国（浙江）－东盟经贸投资合作区

宁波舟山与东盟各国的贸易往来源远流长。作为古代海上丝绸之路的主要港口和我国对外开放的前沿阵地，宁波舟山有基础、有条件、有优势，可以在"21世纪海上丝绸之路"建设中发挥更为积极的作用。据考证，历史上舟山和宁波同为一个行政区域。早在7000年前河姆渡文化时期，这里的居民就滨海而居、以海为生，成为我国海洋文化的主要组成部分；到了唐朝，宁波与日本之间的固定航线出现，宁波作为海上丝绸之路的重要港口地位逐步确立；到了宋朝，政府在宁波设立了专门管理海外贸易的市舶司，与高丽等国的贸易交往日趋频繁；明朝时期，宁波成为官方指定的对日贸易的唯一合法港口，在此期间，葡萄牙在舟山六横等地开展了较大规模的贸易活动；1685年，清政府在全国设置了4个海关，浙江海关就设在宁波，承担了包括宁波舟山在内的东南沿海海关监管任务。第一次鸦片战争后，宁波成为我国沿海"五口通商"口岸之一。

宁波和舟山两地区位优势明显，位于长江发展轴和沿海发展轴的"T"型交会处；两地海洋资源丰富、港口发展迅猛，宁波舟山港货物吞吐量已超过8亿吨，位列全球港口第一；人文底蕴深厚，一大批宁波舟山籍的金融巨子、工商实业界人士在东盟乃至世界享有盛誉，"世界船王"包玉刚、"影视大王"邵逸夫都是宁波籍人士。宁波舟山应充分利用这些有利条件，与时俱进，加快构筑中国（浙江）－东盟经贸投资合作区。在该区域内开展双边或多边自由贸易活动，在金融服务、海关监管等方面，采取更为灵活开放的政策。

专栏 打造对外经贸投资合作区

中国（浙江宁波）－东盟经贸投资合作区。

拟在宁波象山大目湾新城辟出 20 平方公里的区域，瞄准新加坡与马来西亚等国，在该区域从事经贸交流活动，利用宁波既有的制造业基础，大力发展海工装备、纺织服装、五金机械、海洋生物、生命健康等产业。

中国（浙江舟山）－东盟经贸投资合作区。

拟在舟山六横辟出 15 平方公里的区域，瞄准东盟若干国家，实行自由港的政策，推动与东盟国家的货物往来，并依托现有基础，发展船舶修造和大宗商品储存、转运、加工、交易等活动。

二 优化核心区港航服务业空间布局

以建设自由贸易港区为方向，抓住浙江海洋经济发展示范区上升国家战略的契机，积极争取国家改革试点，加快形成梅山保税港区开发和舟山港综合保税区以及国际物流园区、区域物流中心和城乡配送中心建设等"两区多节点"的港航服务业发展格局。

（一）梅山保税港区

梅山保税港区是我国现有 12 个保税港区中距国际主航线最近的保税港区，是目前中国开放层次最高、政策最优惠、功能最齐全的特殊区域，是国家实施自由贸易区战略的先行区，浙江省重点建设的 14 个产业集聚区之一。梅山重点发展高端制造业、医疗器械业、冷链物流业、流通加工业、提升分拨配送、国际采购、转口贸易等商贸型、增值性物流；加快建成我国沿海新一轮对外开放先行区、浙江"三位一体"港航物流服务体系建设示范区、浙江海洋新兴产业发展引领区；逐步推动贸易便利化，争取进口免税商品零售试点，逐步推进自由贸易区建设。

（二）舟山港综合保税区

在舟山北岛北部经济开发区建设综合保税区，重点发展海洋工程部件、船舶配件、电子产品、精密机械以及海洋生物医药等产业的保税物流、加工、贸易以及相关增值业务，重点培育大宗商品保税交易、船舶和海洋工程交易租赁、国际进口商品展示交易等市场，远期扩大保税燃油业务，择机建设舟山保税燃油交易市场，争取进口免税商品零售试点，逐步选择合适区域探索建设舟山自由贸易园区。

（三）多节点

宁波市要重点建设依托海港和空港，服务于国际贸易的梅山保税港物流园区、北仑国际集装箱海铁联运中心站及配套物流园区、镇海大宗货物海铁联运物流枢纽港、宁波空港物流园区等国际物流园区；建设依托专业市场，服务于国内贸易的宁海物流中心、杭州湾新区物流中心、宁波陆港物流中心等区域物流中心；建设依托交通区位，服务于城乡消费的丁家山配送中心、奉化宁南配送中心等城乡配送中心。舟山要重点推进八大物流园区建设，逐步建成我国重要的能源资源战略储运中转中心。八大物流园区分别是：六横港区综合物流园区，建设长三角国际煤炭和油品交易综合物流园区，开展国内外煤炭及油品贸易；舟山木岛西北部石油化工交易物流园区，在舟山木岛西北部建成石油化工品交易物流园区；老塘山国际粮油储运加工物流园区，引进国内外粮食供应商、贸易商，扩大粮食的贸易加工，打造全国重要的粮食交易加工园区；金塘综合物流园区；舟山木岛北部临港产业物流园区，建设综合性物流园区；岱山木材建材加工物流园区；洋山港区综合物流园区，打造长三角地区重要的木材建材加工贸易基地。

第六章 "一带一路"背景下港口经济圈供应链的构建

第一节 宁波港口经济圈辐射层的现状与特征

港口辐射层的落地就是港口腹地。港口腹地又称港口吸引范围,即港口集散旅客和货物的地区范围,其大小受港口自然条件及规模、社会发展状况和经济等因素的影响。港口与内陆地区联系的交通运输网络越发达,港口腹地就越大。除此之外,它还与港口的性质有直接关系。

港口腹地的划分有助于了解腹地内的资源状况和经济潜力,是确定港口合理分工、进行港口布局和规划的基本依据。港口腹地与港口间存在着相互依存、相互作用的关系:腹地经济越发达,对外经济联系越频繁,对港口的运输需求也越大,由此推动港口规模扩大和结构演进;港口的发展又为腹地经济发展创造条件,可促使港口腹地范围进一步扩展。港口和其腹地间的这种相互作用关系,对以港口为中心的区域经济发展具有重要意义。腹地有直接腹地(单纯腹地)和混合腹地(重叠腹地)之分,直接腹地指一港独有的腹地,该区域内所需水运的货物都经由本港;混合腹地指两个或两个以上的港口共同拥有的腹地,即数港吸引范围相互重叠的部分。

一 宁波港口经济圈辐射层的现状

宁波港口经济圈辐射层指的是港口经济圈核心层以外,即除宁波 – 舟山港所在市域以外的浙江内陆边远地区,以及江苏、安徽、江西、福建等省,实际上主要是浙江部分边远地区,上海、浙江、安徽与江苏南部、江西与福建北部等区域,还包括整个长江流域以及我国沿海,并由此延伸至海上丝绸之路。

(一)腹地范围划分

港口的经济腹地有陆向腹地和海向腹地之分。港口腹地的范围不仅与港口所在的区位有关，也与港口同内陆之间的贸易和运输联系的紧密程度相关。本课题重点研究宁波港口的陆向腹地。

第一，陆向腹地。港口的陆向腹地即通常意义上的腹地，是指以某种运输方式与港口相连，为港口产生货源或消耗经该港口进口货物的地域范围。港口的陆向腹地又可以分为直接腹地和间接腹地。

结合腹地划分方法中常用的两种方法——经验分析法和理论分析法，在实地调研、综合分析的基础上，通过对腹地省市GDP、产业结构、进出口贸易量等经济要素的分析，运用行政区划法、点轴法及改进的圈层法，将宁波港口腹地划分为直接腹地——浙江省，间接腹地——上海市、江苏省、安徽省、江西省、湖南省、湖北省、四川省和重庆市组成的长江经济带，并在直接腹地中进一步划分出传统的优势腹地和存在港口竞争的交叉腹地。

在确定直接腹地与间接腹地的基础上，我们参照浙江省区域内的交通基础设施情况进一步细分。沪杭线的存在使得上海港得以进入到浙江与宁波港竞争腹地，杭州湾跨海大桥的建成则加剧了宁波港和上海港在浙北的腹地竞争。因此，在直接腹地中，浙江平原的宁波、台州和温州三市所辖的经济带和舟山、绍兴、金华、丽水和杭州部分地区划分为宁波港的优势腹地。杭州市及其所辖的杭嘉湖平原经济区为宁波港与上海港的交叉腹地。

第二，海向腹地。港口的海向腹地是相对港口的陆向腹地而言，是指通过海运船舶与某港相连接的其他国家或地区。宁波港口的海向腹地是宁波拓展国际中转业务的重要市场。宁波港口的海向腹地主要是欧盟、美国、东盟、中国台湾、日本、韩国、中国香港等。2015年宁波港主要海向腹地市场进出口情况见表6-1。

表6-1　2015年宁波港主要海向腹地市场进出口情况

单位：亿美元，%

国家或地区	进出口	出口	进口	同比增幅		
				进出口	出口	进口
欧盟	212.38	184.96	27.42	-5.1	-4.0	-12.2
美国	175.55	152.65	22.90	3.0	3.4	-0.1

续表

国家或地区	进出口	出口	进口	同比增幅		
				进出口	出口	进口
东盟	82.26	50.96	31.30	−5.2	−3.5	−7.9
中国台湾	64.84	11.67	53.16	−11.7	25.2	−17.0
日本	63.06	32.57	30.49	−5.1	−8.8	−0.9
韩国	44.73	19.05	25.68	4.4	1.6	6.6
中国香港	25.94	23.22	2.72	1.4	−5.1	141.0

（二）腹地集疏运发展现状

腹地通达方式。"十一五"期间，随着杭州湾大桥、甬台温铁路、舟山跨海大桥、大碶疏港高速等重大交通项目的开通，宁波港已形成公路、水路、铁路、航空、管道等多种运输方式有机衔接的全方位、立体型综合运输网络体系。

水路网络发达。水路航线通达我国沿海、长江沿岸以及世界100多个国家和地区近600个港口，全球排名前20位的集装箱班轮公司均在宁波设立分支机构或船务代理机构。

铁路动脉畅通。宁波港是长江三角洲港口群中拥有最完备的铁路运输系统港口之一，铁路线直通主要港区，并通过萧甬和甬台温铁路与全国铁路网相连接。同时，杭甬铁路复线、沪甬（跨杭州湾）铁路、甬金铁路、甬舟铁路被列入国家铁路建设规划，集装箱中心站及与有关码头相连的铁路支线也将陆续开工建设。建成后，宁波港将成为南北沿海大通道和东西铁路走廊的交通枢纽。

公路运输便捷。杭甬高速、甬台温高速、甬金高速、沈海高速、疏港高速等高速公路可以直达各主要港区，使货物进出宁波港口更加快速、物流运距更短，从而为扩大港口腹地提供了有利条件。

目前，宁波港口内陆腹地集疏运以公路运输为主，其次为内河运输，铁路运输较为薄弱。通常，300公里以内公路运输具有一定优势，300公里以外铁路运输则更能发挥其作用。因此，要扩大腹地拓展范围，宁波港需要重视铁路集疏运的发展。

（三）腹地货源结构

宁波港腹地主要货类包括煤炭、石油、矿石、件杂货及集装箱。

一是煤炭及制品。宁波港煤炭及制品主要来源地及需求地均为国内省市，来源地主要为河北，占来源量的36.52%，远远高于第二位的天津（9.46%）。煤炭及制品的主要需求地为浙江本省，以及长三角的江苏、上海。2013年宁波港煤炭及制品主要流向见表6-2。

表6-2　2013年宁波港口煤炭及制品主要流向

装货港	装货量（万吨）	比重（%）	卸货港	卸货量（万吨）	比重（%）
河北	3043.01	36.52	浙江	172.55	62.43
天津	788.23	9.46	江苏	51.46	18.62
浙江	84.93	1.02	上海	31.80	11.51
山东	53.50	0.64	安徽	7.28	2.63
江苏	43.69	0.52	广东	4.62	1.67

二是石油、天然气及制品。宁波港石油、天然气及制品来源地主要为国外。安哥拉、伊朗为原油主要进口来源地。2013年宁波口岸自安哥拉进口原油1319万吨，同比增长19.6%；自伊朗进口原油887万吨，同比下降7.8%，二者合计占宁波口岸原油进口总量的50.1%。石油、天然气及制品的需求地主要为国内，上海、江苏、浙江等长三角地区是主要的需求地。2013年宁波港石油、天然气及制品主要流向见表6-3。

表6-3　2013年宁波港石油、天然气及制品主要流向

装货港	装货量（万吨）	比重（%）	卸货港	卸货量（万吨）	比重（%）
天津	195.76	3.68	上海	506.96	22.62
海南	186.15	3.50	浙江	494.23	22.05
河北	167.64	3.15	江苏	349.17	15.58
广东	140.90	2.65	广东	305.18	13.62
山东	121.63	2.28	山东	85.76	1.67

三是金属矿石。2013年，宁波港装卸金属矿石7626.14万吨，其中铁矿石为7558.32万吨，占金属矿石的99.11%。宁波港金属矿石绝大多

数来自国外，国内占比很小，各省市都在1%以下。宁波港的铁矿石主要来自巴西、澳大利亚、南非、印度等国家和地区。宁波港金属矿石需求地主要为国内，江苏省是主要的需求地，占总需求的84.06%，其他地区占比较小。2013年宁波港金属矿石主要流向见表6-4。

表6-4 2013年宁波港口金属矿石主要流向

装货港	装货量（万吨）	比重（%）	卸货港	卸货量（万吨）	比重（%）
浙江	14.17	0.32	江苏	2634.74	84.06
山东	12.59	0.28	安徽	198.61	6.34
上海	12.52	0.28	湖北	181.91	5.80
广西	6.59	0.15	河北	58.79	1.88
江苏	5.06	0.11	上海	32.47	1.04

四是集装箱。宁波港集装箱吞吐量主要来自国际航线，占总吞吐量的87.46%，主要国家和地区为欧盟、美国及亚洲地区。国内航线占总吞吐量的9.49%，主要为珠三角地区、长三角地区及渤海湾港口群。内支线发展迅猛，占总吞吐量的3.06%，内支线港口主要为浙江的嘉兴、温州和台州，大连港是北方重要的内支线港口，上海港也有较大的内支线量。2013年宁波港集装箱主要流向见表6-5。

表6-5 2013年宁波港集装箱主要流向

国际航线	箱量（万标准箱）	国内航线	箱量（万标准箱）	内支线	箱量（万标准箱）
洛杉矶	52.02	广州	18.59	嘉兴	7.61
新加坡	47.26	深圳	11.08	温州	5.76
釜山	44.53	上海	9.37	大连	5.74
中国香港	43.08	营口	9.21	台州	3.52
鹿特丹	42.66	天津	7.91	上海	2.16

（四）腹地外贸状况

1. 近程腹地经济

沿海港口的近程腹地是浙江省域。浙江省对外贸易以劳动密集型的加工贸易为主，多数企业都是"两头"在外，出口产品以纺织品、服装、鞋帽等轻工业产品为主，其次为机电产品、小五金产品等。2015
年，浙江省地区生产总值增长率为8%（见表6-6）。其中，外贸出口的
机电产品总额为7236亿元，增长4.7%；高新技术产品总额为1047亿
元，增长10%；民营企业出口总额为12579亿元，增长7.1%；全省跨
境电子商务出口总额为270亿元，增长34.7%。欧洲和北美市场增长较
快，新兴市场增长放缓，进出口总额详见表6-7。2009～2015年浙江省
进出口贸易总额见图6-1。

表6-6　2015年浙江省地区生产总值和产业结构情况

单位：亿美元，%

地区	地区生产总值						合计	同比增速
	第一产业	同比增速	第二产业	同比增速	第三产业	同比增速		
浙江	1833.00	1.5	19707.00	5.4	21347.00	11.3	42886.00	8.0

资料来源：2015年《浙江省国民经济和社会发展统计公报》。

表6-7　2015年浙江省外贸进出口总额情况

单位：亿美元，%

地区	外贸进出口总额				合计	同比增速
	进口总额	同比增速	出口总额	同比增速		
浙江	707.00	-13.4	2767.00	1.9	3474.00	-2.1

资料来源：2015年《浙江省国民经济和社会发展统计公报》。

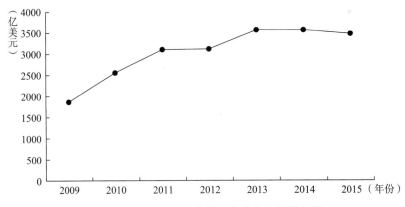

图6-1　2009～2015年浙江省进出口贸易总额

2015 年全年铁路、公路和水路完成货物周转量 9878 亿吨公里,同比增长 3.5%。港口完成货物吞吐量 13.8 亿吨,同比下降 0.7%。其中,沿海港口完成 11 亿吨,增长 1.6%;内河港口完成 2.8 亿吨,下降 8.7%。2015 年浙江省各种运输方式完成货物运输量见表 6 - 8。

表 6 - 8　2015 年浙江省各种运输方式完成货物周转

单位:亿吨公里,%

指　标	绝对数	同比增速
货物周转量	9878	3.5
其中:铁路	212	- 4.8
公路	1514	6.7
水路	8152	3.1

2. 远程腹地经济

近年来,长江三角洲经济辐射能力不断增强,产业向内陆转移的速度也逐渐加快,浙江沿海港口集装箱运输远程经济腹地的产业结构逐步优化,经济发展迅猛,已经形成相当规模的出口产业集群,在国际市场上具有一定的竞争优势。重点远程腹地的经济产业现状及进出口详细情况见表 6 - 9、表 6 - 10。

表 6 - 9　远程腹地的地区生产总值和产业结构情况

单位:亿元,%

省市	地区生产总值						合计	同比增速
	第一产业	同比增速	第二产业	同比增速	第三产业	同比增速		
江西	1773.00	3.9	8487.30	9.4	6463.50	10.0	16723.80	9.1
湖北	3176.89	4.8	12840.22	10.1	11349.93	10.5	27367.04	9.7
湖南	3331.60	3.6	12955.40	7.4	12760.20	11.2	29047.20	8.6
安徽	2456.70	4.2	11342.30	8.5	8206.60	10.6	22005.60	8.7
江苏	3988.00	3.2	32043.60	8.4	34084.80	9.3	70116.40	8.5
重庆	1150.15	4.7	7071.82	11.3	7497.75	11.5	15719.72	11.0
四川	3677.30	3.7	14293.20	7.8	12132.6	9.4	30103.10	7.9

资料来源:2015 年各省市国民经济和社会发展统计公报。

表6-10 远程腹地的外贸进出口总额情况

单位：亿元，%

省市	外贸进出口总额				合计	同比增速
	进口总额	同比增速	出口总额	同比增速		
江西	580.6	-11.7	2060.90	4.80	2641.5	0.7
湖北	1021.70	1.4	1817.10	11.0	2838.80	7.3
湖南	635.50	-5.1	1189.90	-2.9	1825.40	-3.7
安徽	974.00	-11.3	2055.41	5.2	3030.04	-0.8
江苏	12847.10	-6.7	21024.06	-0.9	33871.16	-3.2
重庆	1198.46	-39.1	3417.03	-12.3	4615.49	-21.3
四川	1133.80	-27.2	2056.50	-25.3	3190.30	-26.0

资料来源：2015年各省市国民经济和社会发展统计公报。

江西省。从出口商品来看，机电产品和高新技术产品出口额分别为872.8亿元和326.5亿元，分别同比增长10.1%和1.1%；服装及衣着附件出口247.1亿元，下降13.6%。从贸易方式看，一般贸易出口1723.3亿元，增长9.5%；加工贸易出口290.9亿元，下降2.3%。对韩国、中国香港、日本、俄罗斯联邦等国家或地区出口快速增长，出口结构不断优化。2015年江西省各种运输方式完成货物运输量见表6-11。

表6-11 2015年江西省各种运输方式完成货物运输量

指 标	单 位	绝对数	同比增速（%）
货物运输量	万吨	161213.4	6.2
其中：铁路	万吨	3942.7	-18.2
公路	万吨	147870.0	7.3
水路	万吨	9400.7	2.6
货物运输周转量	亿吨公里	3904.4	1.9
其中：铁路	亿吨公里	497.0	-3.2
公路	亿吨公里	3200.1	4.1
水路	亿吨公里	207.4	-3.7

湖南省。从出口商品来看，机电产品出口额为622.5亿元，同比增长

20.6%；高新技术产品出口额为 227.0 亿元，同比增长 54.0%；农产品出口额为 65.3 亿元，同比下降 2.9%。从贸易方式来看，一般贸易出口额为 730.0 亿元，同比下降 15.7%；加工贸易出口额为 391.5 亿元，同比增长 23.6%。分产销地区看，对中国香港出口 334.1 亿元，增长 10.1%；对美国出口 137.9 亿元，增长 38.7%；对欧盟出口 110.8 亿元，下降 4.7%；对南非出口 39.3 亿元，增长 58.3%。2015 年湖南省各种运输方式完成货物运输量见表 6-12。

表 6-12 2015 年湖南省各种运输方式完成货物运输量

指 标	单 位	绝对数	同比增速（%）
货物运输量	万吨	214123.3	5.7
其中：铁路	万吨	4183.2	-6.9
公路	万吨	184830.9	7.1
水路	万吨	25109.2	-2.2
货物运输周转量	亿吨公里	4143.3	0.8
其中：铁路	亿吨公里	729.6	-10.0
公路	亿吨公里	2731.8	5.9
水路	亿吨公里	—	—

安徽省。从出口商品来看，机电产品、高新技术产品出口额分别为 175.0 亿美元和 67.5 亿美元，分别同比增长 9.2% 和 10.8%。从出口经营主体看，生产型企业出口额同比增长 6.0%，贸易型企业出口额同比下降 1.6%。从贸易方式来看，一般贸易和加工贸易出口额分别为 239.5 亿美元和 80.1 亿美元，分别同比增长 9.1% 和 -8.5%。2015 年安徽省各种运输方式完成货物运输量见表 6-13。

表 6-13 2015 年安徽省各种运输方式完成货物运输量

指 标	单 位	绝对数	同比增速（%）
货物运输量	万吨	34.6	2.5
其中：铁路	万吨	1.0	-16.8
公路	万吨	23.1	2.7
水路	万吨	10.5	4.2

续表

指　标	单　位	绝对数	同比增速（%）
货物运输周转量	亿吨公里	10387.8	5.0
其中：铁路	亿吨公里	724.6	−12.3
公路	亿吨公里	4721.9	3.8
水路	亿吨公里	4941.0	7.6

　　江苏省。贸易转型步伐加快。从出口商品来看，机电产品、高新技术产品出口额分别为 2247.5 亿美元和 1310.9 亿美元，分别同比增长 1.5% 和 1.3%。从贸易方式来看，一般贸易和加工贸易出口额分别为 1552.5 亿美元和 1479.6 亿美元，分别同比增长 −2.0% 和 −0.8%。2015 年江苏省各种运输方式完成货物运输量见表 6–14。

表 6–14　2015 年江苏省各种运输方式完成货物运输量

指　标	单　位	绝对数	同比增速（%）
货物运输量	万吨	209120.7	2.5
其中：铁路	万吨	5065.7	−16.8
公路	万吨	117526.0	2.7
水路	万吨	73641.0	4.2
货物运输周转量	亿吨公里	7374.0	5.0
其中：铁路	亿吨公里	303.7	−12.3
公路	亿吨公里	2054.0	3.8
水路	亿吨公里	4392.0	7.6

　　重庆市。从贸易方式来看，一般贸易和加工贸易出口额分别为 1792.31 亿美元和 1554.77 亿美元，分别同比增长 31.6% 和 −37.2%。高新技术产品出口额为 1745.48 亿美元，同比下降 8.6%。中国香港、美国和德国是其主要的货物出口市场，韩国、中国台湾和马来西亚是其主要的货物进口市场。2015 年重庆市各种运输方式完成货物运输量见表 6–15。

表 6–15　2015 年重庆市各种运输方式完成货物运输量

指　标	单　位	绝对数	同比增速（%）
货物运输量	万吨	104615.75	7.5

续表

指　　标	单　位	绝对数	同比增速（％）
其中：铁路	万吨	1755.97	-10.0
公路	万吨	87391.0	7.6
水路	万吨	15456.6	9.5

四川省。从贸易方式来看，以加工贸易方式和一般贸易方式进出口额分别为1449.2亿元和1295.3亿元，分别同比下降17.1%和23.5%。区内物流货物方式进出口323.8亿元，同比下降53.8%。2015年四川省各种运输方式完成货物运输量见表6－16。

表6－16　2015年四川省各种运输方式完成货物运输量

指　　标	单　位	绝对数	同比增速（％）
货物运输周转量	亿吨公里	2500.1	6.3
其中：铁路	亿吨公里	606.3	-10.5
公路	亿吨公里	1693.3	12.1
水路	亿吨公里	190.8	23.7

通过上述分析可知，浙江沿海港口经济腹地大多经济发达，对外开放程度较高，进出口结构不断调整优化，由资源性原材料向机电设备转换，货物运输结构也在不断变化。内陆地区外贸集装箱化率稳步提高，越来越适应港口经济发展的需要。经济腹地与港口的联系将进一步加强，考虑到运输成本和快捷性，采取集装箱海铁多式联运越来越频繁，因此，经济腹地的发展对集装箱海铁联运网络的建设提出了更高的要求。

3. 外贸规模地区分布

从长江经济带进出口规模的地区分布来看，如图6－2和图6－3所示，长江经济带内部各省市的进出口规模差异较大。苏、浙、沪三个地区的进出口贸易额在长江经济带中占据着绝对优势。下文从出口和进口两方面分析长江地区的外贸规模地区分布，继而将长江经济带分为苏、浙、沪与鄂、湘、川、贵、云、赣、渝、皖两部分，进一步分析各个地区的进出口贸易额在长江经济带中的占比变化。

第一，分析长江经济带出口贸易额的地区分布。

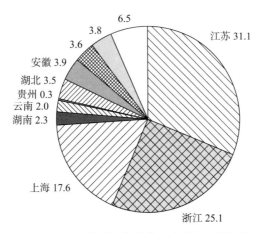

图 6 - 2　2015 年长江经济带各省市出口额占比

资料来源：中国统计局网站。

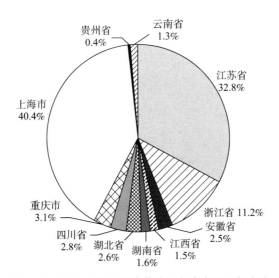

图 6 - 3　2015 年长江经济带地区各省市进口额占比

资料来源：中国统计局网站。

　　总体分析江、浙、沪与鄂、湘、川、贵、云、赣、渝、皖两部分的出口贸易额在长江经济带的占比情况可知，如表 6 - 17 所示，1993 ~ 2005 年，两部分的进出口贸易规模差异逐渐增大；到 2005 年后，随着鄂、湘、川、贵、云、赣、渝、皖这八个地区出口贸易规模迅速扩大，两部分出口贸易规模差异有逐渐缩小的趋势。1993 年，苏、浙、沪三个地区出口总额占长江经济带出口总额的 71.1%，到了 2005 年这一占比达到 91.6%，到了 2015 年这一占比回落到 74%。苏、浙、沪三个地区的出口贸易额在长江经济带中的占比占据着绝对优势。

表 6 – 17　1993～2015 年长江经济带地区各省市出口额占比

单位：%

年份	苏、浙、沪	鄂、湘、川、贵、云、赣、渝、皖
1993	71.1	28.9
1994	71.1	28.9
1995	75	25
1996	78.8	21.2
1997	80.2	19.8
1998	83	17
1999	85.6	14.4
2000	86.6	13.4
2001	87.6	12.4
2002	88.4	11.6
2003	90.1	9.9
2004	91	9
2005	91.6	8.4
2006	91.2	8.8
2007	90.8	9.2
2008	89.6	10.4
2009	89.4	10.6
2010	88.3	11.7
2011	85.1	14.9
2012	81.2	18.8
2013	80.1	19.9
2014	77.0	23.0
2015	74.0	26.0

资料来源：中国统计局网站。

　　分析苏、浙、沪三个地区的出口贸易额在长江经济带中的占比情况可知，1993～2015 年，随着苏、浙、沪三地的出口规模基数逐步变大，三者的出口规模速度呈现先增加后减少，甚至出现负增长的现象，上海尤为严重（见图6-4）。1993年，上海出口额占比在长江经济带位居第一，占30.0%，江苏和浙江出口额占比较为相似，分别为21.3%和19.8%。但是江苏省出口规模的发展后劲较足，到了2015年，江苏省出口额占长江经济带的比例已经远远超越上海和浙江，达到31.1%，浙江则达到25.1%，上海由于发展后劲不足，屈居第三，仅为17.6%。

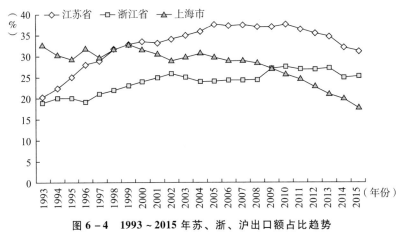

图6-4　1993~2015年苏、浙、沪出口额占比趋势

资料来源：中国统计局网站。

　　分析鄂、湘、川、贵、云、赣、渝、皖这八个地区的出口贸易额在长江经济带中的占比情况可知，1993~2015年，重庆市与四川省的出口额占比呈现一个明显的先下降后上升的趋势；江西省和安徽省出口额在长江经济带中的占比先是下降，在近两年才略有上升；湖南、湖北、贵州、云南四个地区的出口占比趋势线较为平缓（见图6-5）。重庆市在1997年才从四川省分离出来，成为直辖市，因此，除了1998年统计口径等原因的变化导致当年出口的增长率为-34.1%，其他年份重庆市的出口增长率较为平稳。1993~2012年，重庆市的年平均出口增长速度为33.5%，高于长江经济带22.8%的平均出口增长速度。1993~2012年，四川省出口额年平均增长率达到23.1%，高于长江经济带的平均增长速度。近几年，四川省和重庆市出口份额扩大较为明显，预计在未来几年，这两个地区的出口份额将进一步扩大。而江西省和安徽省自2009年后，出口额占长江经济带的比例也有所扩大，不如四川省和重庆市明显，但依旧具有发展潜力，尤其是安徽省。在2015年，安徽省出口额占长江经济带出口额的比重竟然上升到了 5.1%，但其出口额是否仍会继续照这个速度扩大，仍需观察。而剩下的湖南、云南、贵州、湖北四个地区的出口占比在 2015 年分别为 2.3%、2.0%、0.3%、3.5%，这四个地区出口份额比较稳定，预计在近几年将保持现有水平，不会有较大波动。[①]

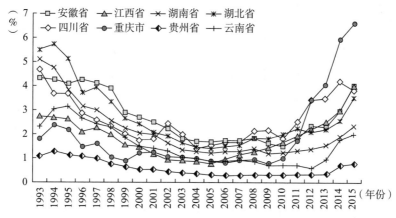

图 6 - 5　1993 ~ 2015 年鄂湘川贵云赣渝皖出口占比趋势

资料来源：中国统计局网站。

第二，分析长江经济带进口贸易额的地区分布。

总体分析苏、浙、沪与鄂、湘、川、贵、云、赣、渝、皖两部分的进口贸易额在长江经济带的占比情况可知，长江经济带进口额主要分布在上海、浙江和江苏三个地区。从发展趋势来看，沪、浙、苏三地进口总额在长江经济带所占的份额在 2005 年达到最高，为 92%，但 2005 年之后逐渐回落，直至 2015 年回落至 84.4%（见表 6 - 18）。随沪、浙、苏三个地区进口基数的逐渐扩大，其进口增长速度将逐渐下降甚至呈现负增长，因此，预计这三个地区的进口总额在长江经济带占比将逐渐缩小，但仍占绝对优势。

分析苏、浙、沪三个地区的进口贸易额在长江经济带的占比情况可知，1993 ~ 2015 年，上海市进口额从 79.3 亿美元上升到了 2547.64 亿美元，进口规模迅速扩大，在这 20 多年间，其年平均进口增速达到 20.5%。江苏省以及浙江省这两个后起省份的发展也不容忽视，尤其是江苏省，

---

① 石琼丹：《基于长江经济带进出口贸易趋势的外贸集装箱生成量预测》，硕士学位论文，宁波大学，2015。

表 6 - 18　1993 ~ 2015 年长江经济带各省市进口额占比

单位：%

年份	沪、浙、苏	鄂、湘、川、贵、云、赣、渝、皖
1993	76.3	23.7
1994	76.1	23.9
1995	79.0	21.0
1996	80.0	20.0
1997	85.2	14.8
1998	86.1	13.9
1999	86.3	13.7
2000	89.8	10.2
2001	89.3	10.7
2002	90.6	9.4
2003	91.5	8.5
2004	91.9	8.1
2005	92.0	8.0
2006	91.5	8.5
2007	90.6	9.4
2008	88.6	11.4
2009	88.7	11.3
2010	87.7	12.3
2011	86.8	13.2
2012	85.6	14.4
2013	83.1	16.9
2014	81.7	18.3
2015	84.4	15.6

资料来源：中国统计局网站。

20 多年间，其年平均进口增速为 24.2%，虽然只高出 3.7 个百分点，但由于江苏省每年的进口基数庞大，每年进口额增加绝对量巨大。2015年，上海市的进口份额达到 40.4%，江苏省的进口份额达到 34.9%，而在 2008 ~ 2013 年，江苏省的进口额占比更是超过了上海市，因此，预计未来几年，江苏省将缩小与上海市的进口份额差距。1993～2015年，浙江省的进口额在长江经济带的占比则稳定在11%～16%，预计在未来几年，浙江省的进口占比依旧稳定在这一范围之内（见图6-6）。

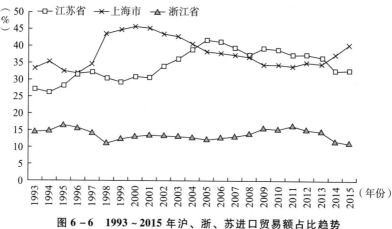

图6-6　1993～2015年沪、浙、苏进口贸易额占比趋势

资料来源：中国统计局网站。

分析鄂、湘、川、贵、云、赣、渝、皖这八个地区的进口贸易额在长江经济带的占比情况可知，四川省与重庆市在进口额占长江经济带的占比趋势方面依旧呈现了先下降后上升的明显趋势（见图6-7），因此，预计四川省与重庆市未来几年，其进口份额将继续扩大。而剩下的鄂、

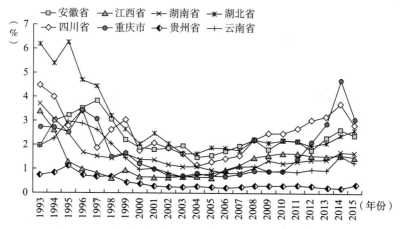

图6-7　1993～2015年鄂、湘、川、贵、云、赣、渝、皖
进口贸易额占比趋势

资料来源：中国统计局网站。

湘、贵、云、赣、皖六个地区，从其进口额占比趋势来看，其20多年间份额均较为稳定，并且在近几年均没有明显波动，因此可以预测这六个地区的进口份额在未来几年较为稳定。

4. 外贸商品结构现状

根据SITC，将进出口商品的结构按照加工程度的高低分为初级产品与工业制成品两大类，其中SITC0-4是初级产品，SITC5-9是工业制成品。

如表6-19所示，2015年除了安徽省和贵州省，其他地区出口工业制成品份额均要高于全国平均水平，但11个地区工业制成品占比均较为接近，在95%左右。上海、湖北、湖南、云南的数据缺失。对于进口的商品结构，长江经济带11个地区相差较大。贵州、江西、安徽等地由于对矿产品等原料的工业依存度较大，进口初级产品占比居高不下，而浙江、江苏、重庆、四川、贵州、江西进口工业制成品的占比在65%以上。上海市进口工业制成品占比2015年的数据虽然缺失，但其在2014年进口工业制成品占比为82.3%，在2015年这一占比应该变化不大。

表6-19　2015年长江经济带各地区进出口商品贸易结构

单位：%

地区	出口		进口	
	工业制成品占比	初级产品占比	工业制成品占比	初级产品占比
上海	—	—	—	—
浙江	97.0	3.0	66.1	33.9
江苏	98.5	1.5	87.3	12.7
湖北	—	—	—	—
重庆	99.2	0.8	90.4	9.6
四川	98.1	1.9	92.8	7.2
云南	—	—	—	—
贵州	94.6	5.4	77.6	22.4
湖南	—	—	—	—
江西	97.9	2.1	71.3	28.7
安徽	94.5	5.5	49.2	50.8
全国	95.4	4.6	71.9	28.1

资料来源：各地区统计年鉴。

二 宁波港腹地经济发展特征

1. 已形成"三大经济圈"的空间格局

宁波港腹地覆盖整个长江经济带,范围辽阔,各地区自然、经济、社会条件各不相同,但总体形成了"三大经济圈"的空间格局。"三大经济圈"是以上海为中心的长江三角经济圈,以武汉为中心的长江中游经济圈,以重庆、成都为中心的长江上游经济圈。

未来长江经济带的发展将把三个经济圈沿长江三点成线,并沿长江经济带南北向拓展。三个经济圈将成为长江经济带经济发展的三个增长极,以上海为中心的长江三角地区将成为长江经济带的龙头。

2. 沿江交通运输建设发展迅速,空间距离大大缩短

根据《国家中长期铁路网规划》,2020年我国将建成"四纵""四横"的铁路网,其中一条为上海-南京-武汉-重庆-成都专线,连接西南和华东,将长江的上、中、下游连接起来。成渝经济区、武汉经济圈和长江三角地区是这条交通要道的重要节点。从成都到上海将实现"夕发朝至",从重庆到上海只需10小时。

长江内河水路运输发展上升为国家战略。"十二五"期间,我国加快了长江干线航道系统治理。长江水路运输发展将迎来"黄金"机遇期,大大加快以长江为纽带的长江流域经济发展步伐。

3. 产业集群初具规模,外向型经济发展势头迅猛

目前,长江经济带已形成以汽车、钢铁、医药、石化、丝绸、电子、金融和信息技术产业为主体的产业集群。该经济带集中了钢铁、石化、能源、汽车、机械、电子、建材等一批在国内处于领先地位的优势企业。沿长江的火电厂发电量占全国的40%以上,钢铁产量占全国的30%,原油加工量占全国的1/6,沿江大型水泥厂的产量占全国的1/3。

2015年宁波腹地七省二市国内生产总值、外贸进出口额分别达到243844.7亿元、16346.64亿美元,分别占全国的36%、41.29%,目前已成为我国最重要的经济区域之一。

4. 外贸城市集中度高,中心城市进出口额占比大

宁波港腹地进出口贸易普遍集中在几个主要城市。个别城市外贸进出口额超过整个省份的一半,如江苏省的苏州、四川省的成都、湖北省的武

汉等。其他省份排名前三位的城市进出口额之和均超过 50%。

因此，对重点城市腹地市场的开发和拓展将是宁波港腹地拓展不得不关注的问题。

第二节　宁波港口经济圈直接腹地
影响因素和生成研究

一　港口经济圈直接腹地影响因素

（一）腹地空间因素

一般情况下，腹地离港口越近，腹地与港口之间的联系就越紧密，对港口的贡献也越大，反之亦然，即港口与腹地二者之间满足"距离衰减率"。在对腹地等级进行划分的方法中，圈层结构法充分解释了港口与腹地的空间距离在港口腹地细分中的重要作用。因此，在海铁联运腹地细分中，腹地空间因素需要考虑在内。

腹地与港口的距离通常以两者之间的空间直线距离计算。假设把港口腹地分为 n 个区域，每个区域与港口的距离可以表示为 $j(j = 1, 2, \cdots, n)$，表示腹地内某个区域 j 到港口的直线距离。

（二）腹地交通因素

无论是对港口建设的规模，还是对整个腹地经济的发展，都需重视港口与腹地间的疏运系统的便捷程度。因此，腹地的集疏运情况应该作为影响港口腹地区域大小的重要因素。区域与港口之间的交通网络便捷，二者的紧密度会随着交通网络的便捷性的增加而加强。这使得货物、旅客运输的费用相对便宜，到达港口的时间成本也低。相反，港口与区域间道路运输不畅，货物到达港口的各项成本都会增加，这就限制了港口腹地的范围。

为了使港口保持畅通的运输渠道，避免发生阻塞或港口能力浪费的现象，港口吞吐能力与腹地集疏运能力需要保持相互平衡或者稍有富余。上文已分析海铁联运建设投资是影响港口集装箱海铁联运量的重要因素，而港口集疏运系统是海铁联运建设的主要指标。就宁波港海铁联运而言，铁路集疏运的发展程度在海铁联运中具有举足轻重的地位。本书以铁路货物运输量作为细分影响因素,把它作为港口腹地细分的影响因素之一。港口与腹地之间的疏运系统,不仅关系到港口建设的规模,而且还将直接影响到整个腹地经济的发展。

(三) 腹地经济因素

国内生产总值常被公认为衡量国家或者地区经济状况的最佳指标。港口腹地经济的快速发展很大程度上能推动港口的发展。港口的发展与腹地经济的发展密不可分,因此,作为表征经济发展水平的 GDP 与港口的发展也存在着紧密的关系。以宁波港为例,浙江省作为宁波港非常重要的腹地,其经济发展和宁波港年吞吐量有着非常紧密的联系。如图 6-8 所示,宁波港的发展得益于腹地经济的发展。腹地经济对港口有如此重要的作用,因此对于港口腹地的细分,反映地区经济总体水平的 GDP 是一个重要的标准。腹地区域内不同地区的 GDP,是当地经济水平的写照,是不同区域为港口做出贡献的基础。因此,我们使用港口腹地不同区域相同年份的 GDP,作为港口腹地细分等级的影响因素。

图 6-8 宁波港集装箱吞吐量与腹地 GDP 增长趋势

(四) 腹地对外贸易额

对腹地细分要依托于腹地的对外贸易额。腹地对外经济的发展,促进区域货源生成量增加,港口吸引的货源在数量上、地域上都有可能增加,从而增加出口货运量,带动海铁联运量的发展。在研究腹地、进行腹地等级划分的过程中,把港口腹地外贸水平作为影响因素。

腹地的对外贸易额是对腹地进行细分必然要考虑的重要因素。随着腹地对外经济的发展，对外贸易额也随之增加，从而对区域货源生成量的增加起促进作用，最终必然使出口货运量增加，进而增强对港口的贡献力。无论从数量方面还是地域方面，港口吸引的货源都有可能增加。与此同时，在开发和利用国外资源和国外市场方面，都涉及腹地对外贸易额，这是港口开拓海洋腹地的基础。外贸进出口总值能较大程度地影响港口。以宁波港为例，从图6－9可以看出其腹地浙江省外贸增长速度与港口吞吐量具有相似的变化趋势。这说明港口腹地外贸水平会对港口产生非常重要的作用。因此，港口腹地外贸水平是研究腹地、进行腹地细分的影响因素。

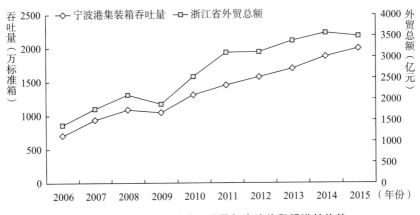

图6－9　宁波港集装箱吞吐量与腹地外贸额增长趋势

（五）港口竞争

相邻的港口之间的混合腹地受到两个乃至多个港口共同的吸引和辐射。因此，不同港口之间的竞争通常又通过腹地之争表现出来。但在一定时期内，港口交叉腹地所产生的货源是有限的。因此，一个港口的兴旺崛起往往意味着邻港一定程度的衰落。从历史上看，泉州港曾是全国四大港口之一，其地位却逐渐被厦门港取代，这一兴衰过程很好地诠释了港口间的竞争。腹地范围的大小是对港口腹地进行细分的基础，而腹地的范围受港口之间的竞争影响，因此，港口竞争因素同样会影响港口腹地的细分，由此，本书加入港口竞争作为港口腹地细分的影响因素。

对一个港口而言，其腹地范围并不是始终不变的，它的相邻港口会对其腹地进行争夺。港口对腹地的把握能力通过对腹地的吸引能力表现出来。在港口对腹地的吸引力中存在"规模效应"和"递远递减",可以利用引力模型来确定港口对腹地的吸引能力。浙江省有宁波港、嘉兴乍浦港、台州大浦港以及舟山港。但是无论是从规模还是从影响力角度看,宁波海铁联运强劲的竞争对手是上海港。上海港对于浙江省货源的吸引力对宁波港产生较大的影响。

(六)第二产业产值

我国是世界制造业的中心,大部分地区都存在大量的制造产业,港口就是各地区将所生产的大量产品运输到其他国家或地区的重要节点。无论是原材料还是能源,第二产业都是需求最多的产业。根据目前国内外的经验,水路是原材料和能源运输最常用的方式。港口作为水路运输的节点,其吞吐量和规模在很大程度上对腹地的第二产业规模有所依赖。以宁波港为例,如图6-10所示,宁波港集装箱吞吐量与第二产业增长的趋势基本一致,宁波港对其腹地浙江省第二产业具有明显的依赖性。

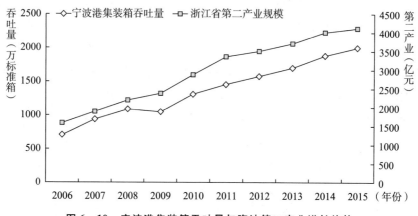

图6-10 宁波港集装箱吞吐量与腹地第二产业增长趋势

(七)其他因素

一是政策导向。本书分析对象是浙江省,在其范围内腹地受到的政策因素差别并不是特别明显,因此在港口腹地细分模型中,不考虑此因素。

二是行政区划。港口城市所在的行政区域是港口不可忽视的重要经济腹地,行政部门会对区域内的商品流动规划进行计划分配。因此,若行政区域的效率高、服务好,整个区域的物流运输速度都会有所提升,港口的货物吞吐效率也间接得到了提升，货主满意度提高，港口的竞争力也得到了有效提升。随着改革开放的不断发展，在对腹地进行划分的过程中，行政管制的影响程度在不断减小，但在一些地方上还存有一定程度的影响作用。

综上所述，影响宁波港腹地细分的主要因素可分为空间因素、交通因素、腹地 GDP、腹地第二产业值、竞争因素和行政区划因素。

二　宁波港口经济圈直接腹地生成实证研究①

随着全球经济一体化的发展和我国对外贸易经济的逐年增加，宁波港的集装箱运输业务也得到了迅速的发展，全球各大港口都遍布有宁波港的集装箱班轮航线，港口的集装箱吞吐量也保持着良好的增长势头。截至 2013 年底，宁波港集装箱拥有航线 233 条，远洋干线 126 条。同时，宁波港采取各种措施，包括推进内支线中转业务、建设内陆无水港、发展海铁联运、推动订舱平台、集装箱双重运输等，加大了浙北、苏南、金华、杭萧绍、江西等腹地的拓展力度，并且取得了满意的成效。2001～2015 年，宁波港集装箱吞吐量从 121 万标准箱增长至 1982.4 万标准箱，年均增长率达到了 24%；2012 年，宁波港集装箱吞吐量为 1567.1 万标准箱，略有下降；2013 年，宁波港集装箱吞吐量达 1677.4 万标准箱，增幅 7.04%，居全球 30 大港口之首；2015 年，完成集装箱吞吐量 1982.4 万标准箱，增长率为 6.01%，增速呈放缓趋势。

原宁波港和舟山港于 2006 年 1 月 1 日正式合并为宁波舟山港。北仑海岸、宁波镇海以及舟山岛南海岸是目前港区的主要分布地。大型国际远洋船舶的进出可以通过虾峙门深水航道。2012 年，宁波 - 舟山港货物吞吐量以 7.2% 的增速突破了 7 亿吨，货物吞吐量首次超越上海港，超出了上海港 800 余万吨，排名居中国及全球第一。在 2013 年，宁波 - 舟山港依旧气势如虹，港口货物吞吐量达到 80978 万吨；增速也毫不逊色，达到 8.8%。由此可见，宁波 - 舟山港增长势头非常强劲。在宁波海铁联运枢纽方面，主要是镇海、北仑两大枢纽。为保证数据的统一性，本书的研究仍采用原宁波港的相关数据，文中宁波港为原宁波港。表 6 - 20

---

① 黄萍萍：《宁波港外贸集装箱海铁联运腹地生成研究》，硕士学位论文，宁波大学，2015。

为宁波海铁联运线路开通时间。

表6-20 宁波海铁联运线路开通时间

开通时间	班列	运行情况	运行时间
2009年2月	宁波-义乌	7·23动车事故后停开	约2.5小时
2009年底	宁波-江西上饶、鹰潭、南昌、景德镇、新余、萍乡、八景、湖南醴陵	零星挂靠	25小时至75小时
2010年1月	宁波-温州	每晚双向对开一趟	约4小时
2010年7月	宁波-南昌	每天开行直达列车	
2011年6月	宁波-上饶"五定班列"	每天开行直达列车	
2011年7月	宁波-台州"五定班列"	周一、周三、周五	约3.5小时
2012年9月	宁波-襄阳	正式启动	约80小时

资料来源:中铁联合集装箱宁波北仑有限公司、宁波港铁路有限公司。

2013年上半年,宁波港海铁联运集装箱同比增长66.3%,达到4.9万标准箱,完成年度目标任务的61.8%。2013年上半年,已有12个城市开通与宁波市的海铁联运,省内包括金华、台州、绍兴、衢州,省外包括上饶、南昌、鹰潭、景德镇、萍乡、西安、新余、襄阳等地。目前,宁波港至台州、江西上饶、江西鹰潭的海铁联运发展较好。2013年上半年,鹰潭(上饶)班列开行73班,平均每班达到35车以上,同比增长20.7%。2013年1月1日起台州班列开始实行天天双向对开,每月的集装箱量基本保持在3000标准箱,同比增长292.8%,业务量得到了全面的稳步提升。宁波港也在做最大的努力争取通过海铁联运建立更多城市的相互联系。图6-11是2009~2013年宁波港集装箱海铁联运占集装箱吞吐量的比例。

1. 腹地概述

作为长三角集装箱主枢纽港群的主要干线港,宁波港的集装箱运输发展十分迅速。目前,宁波港集装箱运输市场腹地包括了浙江、上海、江苏、安徽、江西、湖北、湖南、四川、重庆等省区市。其中,直接经济腹地包括苏、浙、沪;更进一步来看,宁波港集装箱码头的直接经济腹地主要为浙江平原的宁波、台州和温州三市所辖的经济带和舟山、绍

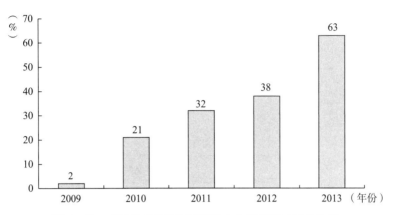

图 6 – 11　宁波港集装箱海铁联运占集装箱吞吐量的比例

兴、金华、丽水和杭州。可见，浙江省为宁波港与上海港的交叉腹地，
浙江省各市成为宁波港和上海港争取货源的重要对象。浙江省各市在对
外开放水平和经济外向度方面都有一定的优势，从宁波港辐射腹地几年
来外贸增速尤其是出口增速来看，宁波港集装箱货源市场增长潜力较大。
2013 年上半年，已有 12 个城市开通与宁波市的海铁联运，浙江省内城市
包括金华、台州、绍兴、衢州。浙江省是与宁波港联系最为紧密的省份，
对宁波港浙江省腹地的细分，为后续宁波港其他省市腹地的拓展提供了
一定的理论指导。

　　浙江省下辖杭州、宁波、温州、绍兴、湖州、嘉兴、金华、衢州、
舟山、台州、丽水 11 市，其中杭州、宁波（计划单列市）为副省级城
市。具体情况如表 6 – 21 所示。

表 6 – 21　2015 年浙江省 11 市外贸情况

城市	GDP（亿元）	贸易总额（亿美元）		主要出口市场	主要出口产品
		出口	进口		
杭州	10050.21	500.67	165.00	美国、欧盟、日本等	茶叶、土畜产品、工艺品、机电产品等
宁波	8003.61	713.73	290.00	欧盟、东盟、美国、拉丁美洲等	机电、服装、配饰等
温州	4618.08	171.15	23.63	欧洲、亚洲、北美洲、拉丁美洲	鞋、服装、眼镜等

续表

城市	GDP（亿元）	贸易总额（亿美元）		主要出口市场	主要出口产品
		出口	进口		
绍兴	4465.97	271.42	27.60	美国、阿联酋、巴西、印度、德国	纺织纱线织物及制品、纺织服装
湖州	2084.26	88.55	13.52	非洲、亚洲、大洋洲、欧洲和拉丁美洲等	纺织原料、纺织制品和机电产品
嘉兴	3517.81	229.27	81.58	非洲、亚洲、大洋洲、欧洲	机电、服装及纺织类产品
金华	3402.34	476.73	13.85	非洲、亚洲、大洋洲	服装、纺织品
衢州	1146.13	32.92	11.21	欧盟、东盟、美国	机电产品、化工医药、服装、纺织品
舟山	1092.85	61.85	55.16	东盟、欧盟、日本、韩国、美国等	机电产品、船舶
台州	3553.85	188.29	23.37	非洲、亚洲、大洋洲、欧洲	服装、机械、鞋类、塑料模具、灯具等产品
丽水	1103.29	31.44	2.20	欧盟、美国、东盟	纺织纱线、织物及制品、服装及衣着附件、鞋类、家具及其零件

资料来源：浙江省各市统计局网站数据整理。

　　浙江省是与宁波港联系最为紧密的省份。随着国际贸易的日益发展，中国作为世界消费品的供应中心当之无愧，包括宁波港在内的各大中国沿海港口成为国际集装箱高密度的运输往来区域，浙江的产业区更是世界各国采购商的频繁来往之地。浙江省外向型经济发达，2013年进出口总额达到 3358 亿美元，比上年增长 7.5%，其中进口 870 亿美元，出口 2488 亿美元（见图 6-12）。近年来，浙江省外贸面临较严峻的形势。浙江省贸易形式主要是以加工贸易为主，其特征主要是劳动密集型，外贸存在很大的发展空间。出口市场主要集中在欧盟、东盟、美国、日本等地。省内大多数企业出口产品种类繁多，但以轻工业品为主，包括纺织品、服装、鞋帽等，其次为小五金和机电产品等（见表 6-22、表 6-23）。

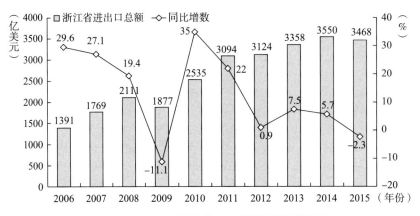

图 6 – 12　浙江省历年进出口总额及其同比增速

表 6 – 22　2015 年浙江省进出口主要分类情况

进出口分类	贸易类型	绝对数（亿美元）	同比增速（%）
进出口总额		3473	– 2.1
出口额		2767	1.2
	一般贸易	2151	– 0.8
	加工贸易	272	– 10.9
	机电产品	1164	3.5
	高新技术产品	168	– 3.6
进口额		705	– 13.8
	一般贸易	520	– 10.7
	加工贸易	96	– 25.9
	机电产品	132	– 9.0

资料来源：浙江省统计局。

表 6 – 23　2015 年浙江省主要市场进出口情况

国家或地区	出口额（亿美元）	同比增速（%）	进口额（亿美元）	同比增速（%）
欧盟	606.1	– 3.3	86.8	– 10.2
东盟	241.7	6.5	87.3	– 16.8
美国	490.1	6.2	61.0	– 1.7
日本	118.7	– 6.6	79.4	– 14.6

续表

国家或地区	出口额（亿美元）	同比增速（%）	进口额（亿美元）	同比增速（%）
俄罗斯	67.4	− 27.8	9.7	− 17.3
韩国	64.4	2.8	57.1	− 22.2
中国香港	53.9	− 7.5	1.8	− 15.4
中国台湾	31.3	11.0	79.3	− 19.4

资料来源：浙江省统计局。

2. 指标测算

以义乌到宁波港为例，定量分析了运用海铁联运方式进行国际贸易在贸易成本方面的效益。在此，以宁波港浙江省腹地作为研究对象，运用相同方法对浙江省 11 市以海铁联运方式进行国际贸易的境内贸易成本进行计算。运用模型，从国际贸易成本的视角对宁波港外贸集装箱海铁联运的浙江省腹地进行细分。

（1）国际贸易成本效益指标。利用前面介绍的方法对浙江省 11 市海铁联运下的国际贸易成本效益进行计算。计算结果如表 6 – 24 所示。

表 6 – 24　浙江省各市海铁联运方式下国际贸易成本效益

单位：元

城市名称	杭州	宁波	温州	嘉兴	湖州	绍兴
国际贸易成本效益	632.4	64.6	760.1	505.2	753.9	440.6

城市名称	金华	衢州	舟山	台州	丽水	
国际贸易成本效益	876.0	1192.4	− 69.0	466.3	930.8	

（2）港口腹地空间因素。港口腹地空间因素可以由港口与腹地的距离，一般是以港口与腹地的空间直线距离计算。以浙江省各地级市与宁波港的直线距离作为空间距离的指标数据（见表 6 – 25）。

（3）腹地交通因素。港口与腹地之间的疏运系统，不仅关系到港口建设的规模，而且将直接影响到整个腹地经济的发展。就宁波港海铁联运而言，铁路集疏运的发展程度在海铁联运中具有举足轻重的地位。本书以铁路货物运输量作为腹地交通指标数据（见表 6 – 26）。

表 6 - 25　浙江省各市与宁波港空间距离

单位：千米

城市名称	杭州	宁波	温州	嘉兴	湖州	绍兴
直线距离	189.8	51	249.2	158.7	219.5	143
城市名称	金华	衢州	舟山	台州	丽水	
直线距离	249.2	326.7	18.3	149.3	262	

资料来源：谷歌地图。

表 6 - 26　2015 年浙江省各市铁路货运量

单位：万吨

城市名称	杭州	宁波	温州	嘉兴	湖州	绍兴
铁路货运量	307.13	2395.00	470.91	22.13	—	105.85
城市名称	金华	衢州	舟山	台州	丽水	
铁路货运量	123.08	240.15	—	25.00	119.76	

资料来源：《2016 年浙江省统计年鉴》。

（4）腹地经济因素。浙江省是宁波港非常重要的腹地，宁波港历年吞吐量与浙江省经济有着非常紧密的联系，宁波港的发展得益于腹地经济的进步。本书使用港口腹地不同区域 2015 年度的 GDP 作为港口腹地细分等级的影响因素（见表 6 - 27）。

表 6 - 27　2015 年浙江省各市 GDP

单位：亿元

城市名称	杭州	宁波	温州	嘉兴	湖州	绍兴
GDP	10050.21	8003.61	4618.08	3517.81	2084.26	4465.97
城市名称	金华	衢州	舟山	台州	丽水	
GDP	3402.34	1146.13	1092.85	3553.85	1103.29	

资料来源：《2016 年浙江省统计年鉴》。

（5）腹地对外贸易额。对腹地细分要依托于腹地的对外贸易额。腹地对外经济的发展，促进区域货源生成量增加，港口吸引的货源在数量上、地域上都有可能增加，从而增加出口货运量，带动海铁联运量的发展。在研究腹地、进行腹地等级划分的过程中，把港口腹地外贸水平作为影响因素（见表 6-28）。

表 6-28 2015 年浙江省各市对外贸易额

单位：亿美元

城市名称	出口额	进口额	总额
杭州	500.67	165.00	666
宁波	713.73	290.00	1004
温州	171.15	23.63	195
嘉兴	229.27	81.58	311
湖州	88.55	13.52	102
绍兴	271.42	27.60	299
金华	476.73	13.85	491
衢州	32.92	11.21	44
舟山	61.85	55.16	117
台州	188.29	23.37	212
丽水	31.44	2.20	34

资料来源：各市统计局网站资料整理而得。

（6）第二产业产值。第二产业是对能源和原材料需求最多的产业，根据国内外的经验，能源和原材料运输最常用的方式是水路运输。港口作为水路运输的节点，其规模和吞吐量很大程度上依赖于腹地的第二产业规模。浙江省 11 市第二产业产值具体数据见表 6-29。

表 6-29 2015 年浙江省各市第二产业产值

单位：亿元

城市名称	杭州	宁波	温州	嘉兴	湖州	绍兴
第二产业	3909.01	4098.22	2022.59	1850.68	1021.05	2252.87

城市名称	金华	衢州	舟山	台州	丽水	
第二产业	1549.15	534.83	449.63	1567.65	503.91	

（7）港口竞争。浙江省有宁波港、嘉兴乍浦港、台州大浦港以及舟山港。但是无论是从规模还是从影响力角度，宁波海铁联运强劲的竞争对手都是上海港。上海港对于浙江省货源的吸引力对宁波港产生较大的

影响。本书抓住主要矛盾，分析宁波港和上海港之间的竞争对腹地细分的影响。假设港口 A 的腹地 j 除了受港口 A 吸引，还受到相邻港口 B 吸引。那么，港口 A 对腹地 j 的吸引力为 $F_{Aj} = k \dfrac{m_A m_j}{L_{Aj}^2}$，港口 B 对腹地 j 的吸引力为 $F_{Bj} = k \dfrac{m_B m_j}{L_{Bj}^2}$，其中 $\dfrac{F_{Aj}}{F_{Bj}}$ 为港口 A 的腹地 j 的竞争因素；m_A 为港口 A 的规模（此处用港口的货物吞吐量体现）；m_B 为港口 B 的规模；L_{Aj} 为港口 A 与腹地 j 之间的空间距离；L_{Bj} 为港口 B 与腹地 j 之间的空间距离。由此可计算出宁波港对浙江省各地级市的竞争因素（见表 6 – 30）。

表 6 – 30　宁波港竞争因素

城市名称	杭州	宁波	温州	嘉兴	湖州	绍兴
竞争因素	0.579995	3.266918	1.193323	0.306522	0.396589	0.769569
城市名称	金华	衢州	舟山	台州	丽水	
竞争因素	0.883004	0.77224	20.60387	1.792175	1.01156	

（8）其他因素。利用以往行政区划对货源流向的影响，并咨询有关专家，最终确定行政区划对腹地细分的影响程度（见表 6 – 31）。关于政策导向因素，本书分析对象是浙江省，在其范围内腹地受到的政策因素差别并不是特别明显，因此在港口腹地细分模型中，不考虑此因素。

表 6 – 31　腹地浙江省受行政区划影响程度的定量结果

城市名称	杭州	宁波	温州	嘉兴	湖州	绍兴
行政区划影响	0.5	1	0.5	0.5	0.5	0.5
城市名称	金华	衢州	舟山	台州	丽水	
行政区划影响	0.5	0.5	0.5	0.5	0.5	

综上所述，影响宁波港腹地细分的主要因素可分为空间因素、交通因素、腹地 GDP、腹地第二产业产值、竞争因素和行政区划因素。提取港口腹地细分影响因素后，为了便于细分模型的构建和运算，需要对各个影响因素进行规范化处理，结果见表 6 – 32。

表6－32　规范化处理结果

城市	空间距离	铁路货运量	腹地 GDP	第二产业产值	对外贸易额	行政区划	港口竞争力
杭州	0.581	0.124	1.000	1.000	0.563	0.500	0.028
宁波	0.156	1.000	0.854	0.984	1.000	1.000	0.159
温州	0.763	0.249	0.480	0.519	0.205	0.500	0.058
嘉兴	0.486	0.011	0.377	0.449	0.317	0.500	0.015
湖州	0.672	—	0.216	0.248	0.095	0.500	0.019
绍兴	0.437	0.046	0.475	0.549	0.333	0.500	0.037
金华	0.763	0.057	0.355	0.107	0.342	0.500	0.043
衢州	1.000	0.142	0.127	0.145	0.038	0.500	0.037
舟山	0.056	—	0.112	0.107	0.126	0.500	1.000
台州	0.457	0.003	0.378	0.397	0.218	0.500	0.087
丽水	0.802	0.038	0.118	0.126	0.026	0.500	0.049

本书使用SPSS16.0进行因子分析。表6－33为旋转后的成分矩阵表，表中各变量根据负荷量的大小进行了排列。从旋转后的矩阵表中，可以判断出对外贸易额、第二产业产值、腹地GDP以及铁路货运量可归入第一个因子，港口竞争力、空间距离以及行政区划可归入第二个因子。表6－34为主因子标准化后的数据。

表6－33　主成分因子载荷矩阵

影响因素	主成分1	主成分2
对外贸易额	0.966	0.124
第二产业产值	0.919	－0.125
腹地 GDP	0.900	－0.190
行政区划	0.824	0.331
铁路货运量	0.782	0.373
港口竞争力	－0.226	0.924
空间距离	－0.400	－0.818

本书试图利用SOFM网络，从国际贸易成本的视角构建宁波港外贸集装箱海铁联运腹地等级细分的分类器，以宁波港浙江省腹地的11个城

表6－34　主因子特征值和贡献率

因子	命名	特征值	方差	累计方差
主成分1	腹地经济因素	4.201	60.017	60.017
主成分2	港口自身因素	1.725	24.648	84.665

市作为 SOFM 分类器的输入样本，以不同区域单元在海铁联运方式进行国际贸易时耗费的国际贸易成本作为腹地等级确定的主要变量，并结合影响腹地范围的其他因素作为模型的输入变量。表6－35 为分类器输入变量。

表6－35　分类器输入变量

城市	国际贸易成本效益	腹地经济因素	港口自身因素
杭州	0.53037358	1.092996317	－0.896865559
宁波	0.05416225	2.483605597	0.997722854
温州	0.63746074	0.041750991	－0.547793617
嘉兴	0.42368708	－0.085846157	－0.243816039
湖州	0.63225747	－0.477775868	－0.248676732
绍兴	0.36948622	0.10217801	－0.207486766
金华	0.73462360	－0.362450896	－0.436062087
衢州	1.00000000	－0.759869555	－0.647092869
舟山	0.39105188	－0.967301085	2.644088771
台州	－0.05792070	－0.237633097	－0.048932881
丽水	0.78056671	－0.829654258	－0.365085076

本书使用 Matlab7.0 实现 SOFM 网络分类器对港口腹地细分。应用 Matlab7.0 实现的 SOFM 网络对宁波港海铁联运腹地细分的主要程序如下所示。

```
net = newsom ( [ -1 3; -1 3; -1 3], [2 2],' gridtop');
P = [1.093, - 0.897, 0.530; 2.484, 0.998, 0.042; 0.042, -
0.548, 0.637; - 0.086, - 0.244, 0.424; - 0.478, - 0.249, 0.632;
0.102, - 0.207, 0.369; - 0.362, - 0.436, 0.735; - 0.760, -
```

```
0.647, 1; - 0.967, 2.644, 0.391; - 0.238, - 0.049, - 0.058; -
0.830, - 0.365, 0.781];

    net.trainparam.epochs = 200;
    p = P';
    net = train (net, p);
    hold on;
    plotsom (net.IW {1, 1}, net.layers {1} .distances)
    hold off;
    save net1 net
    load net1 net;
    P = [1.093, - 0.897, 0.530; 2.484, 0.998, 0.042; 0.042, -
0.548, 0.637; - 0.086, - 0.244, 0.424; - 0.478, - 0.249, 0.632;
0.102, - 0.207, 0.369; - 0.362, - 0.436, 0.735; - 0.760, -
0.647, 1; - 0.967, 2.644, 0.391; - 0.238, - 0.049, - 0.058; -
0.830, - 0.365, 0.781];
    p = P';
    y = sim (net, p);
    yc = vec2ind (y)
Matlab 的输出结果为
    yc = 2    4    2    1    1    2    1    1    3    1    1
```

腹地生成结果如表 6 – 36 所示。

表 6 – 36　腹地分类结果

腹地类型	城市名称
A	宁波、舟山
B	嘉兴、湖州、金华、衢州、丽水、台州
C	杭州、温州、绍兴

3. 结果分析

第一，宁波和舟山为宁波港的 A 类腹地。二者作为宁波港的主要港区所在地，与宁波港距离最近，采用海铁联运方式进行贸易往来在贸易成本方面并不具有很大的优势。但从经济和习惯上的因素看，这两块区域作为宁波港核心腹地顺理成章。

第二，嘉兴、湖州、金华、衢州、丽水、台州为宁波港的 B 类腹地。六个城市中金华和台州已开通到宁波的海铁联运五定班列。同时，金华和衢州为浙赣铁路沿线城市，嘉兴、湖州距离宁波港较近，具备一定的交通优势，其分类符合现实情况。丽水超越经济较发达的杭州、温州等地成为宁波港 B 类腹地，这点值得港口决策者关注。

第三，杭州、温州、绍兴为宁波港的 C 类腹地。杭州、温州和绍兴等市经济发达，可提供的货源充足，在这些货源中很大比例是对外贸易的货物量，大量外贸集装箱通过诸如上海港这样的大港转运，同时温州港也在一定程度上将货物进行分流。

传统理论认为的港口腹地呈现的是渐进向外扩展的空间布局，而模型结果得到的宁波港海铁联运腹地的空间分布，呈现出中心实、两边空、边缘实的三层结构体系，二者存在一定的差异。

第三节　宁波港口经济圈腹地外贸集装箱运量生成量研究

一　宁波港口经济圈腹地外贸集装箱的生成机理

一个地区的外贸集装箱生成量其实是对该地区对外贸易水平的直观反映，实际上是指该地区对外贸集装箱总需求量。根据多因素分析法，外贸集装箱生成量的数值是由外贸适箱货比例、外贸适箱货货重、外贸适箱货平均箱重、外贸适箱货装箱率和外贸进出口额这五个指标所决定的。前四个指标由外贸商品结构决定，最后一个指标由外贸规模决定。因此，外贸集装箱生成量源于对外贸易，根本上要受外贸规模、外贸商品结构的影响。因此，预测集装箱的生成量的基础在于准确地预测进出口贸易的发展趋势，因而任何影响进出口贸易的因素都将影响集装箱生成量。

（一）外贸规模对集装箱生成量的影响

由于外贸集装箱是对外贸易货物运输的载体，因此，对外贸易规模决定了集装箱的生成规模。在外贸货物结构相对稳定的条件下，外贸集装箱生成量随着外贸规模的扩大而扩大；当外贸结构发生较大变动时，集装箱生成量还要受到对外贸易结构的影响,这时贸易规模的扩大仍可以引起外贸集装箱生成量扩大,但其最终的影响结果不确定。一国的外贸规模通常用外贸进出口总额来表示,因此,各种影响一国外贸进出口额的因素,如汇率、国内生产总值、贸易国国内生产总值、外商直接投资等,都将影响集装箱的生成量。

(二)外贸商品结构对集装箱生成量的影响

外贸运输的种类很多,并不是所有的货物都适合集装箱运输,适合于集装箱运输的货物才称为适箱货,影响集装箱生成的数量。外贸商品结构主要通过集装箱生成系数影响国际集装箱的生成量。第一,适箱货重量系数,即进出口货物的重量与其价值量的比值。这一系数一般随着外贸商品结构的升级而下降,即外贸商品适箱货重量系数随着工业附加值的提高而下降。第二,适箱货比例,即适箱货重量与外贸货物中重量之比。适箱货种类繁多,涉及轻工产品、五金化工、医药产品、工艺品、电子仪器等大多工业制成品,因此,适箱货比例随着一国的产业以及集装箱运输的发展水平的上升而增大。一般来说,工业制成品比例越高,适箱货的比例就越高,适箱货的比例随着外贸商品结构的升级而增大。第三,平均箱重,即外贸重箱集装箱重量与其吞吐量之比。而这一指标和外贸货物本身的性质有关,因此也受到外贸商品结构的影响。

二 腹地外贸规模预测

根据长江经济带各省市贸易系统特点,分别预测长江经济带各省市的贸易规模,进而将各省市的贸易规模预测结果汇总,预测出长江经济带总体的贸易规模。

(一)模型选择

长江经济带作为中国经济发展最活跃的地区,外贸系统的影响因子复杂,贸易政策的变化、国内经济的波动、国外市场的冲击都可能给长江经济带外贸系统带来重大的影响,给外贸规模的预测带来许多不确定的因素。传统的计量经济方法只能在经济理论的基础上把错综复杂的经济现实简化、抽象化,根据历史统计数据估计得到固定的模型与统计参数,对于变量之间的动态联系,经济理论很难给出一个较好的说明。而长江经济带外贸系统中经济变量间的相互联系在不断变化，因此，用基于经济理论的传统的计量经济预测方法不可能真实地揭示未来长江经济带外贸系统的运行情况。因此，本书采用 VAR 模型预测长江经济带进出口贸易的发展趋势，VAR 模型的特点如下。

（1）不以严格的经济理论为依据。

在模型的建立过程中只需明确两点：①在 VAR 模型中确定有关系的变量；②确定滞后期 k。

（2）VAR 模型不分析参数的经济利益。

由于 VAR 模型不需要分析参数的经济利益，因此并不需要剔除不显著的参数估计值。

（3）需要确定滞后期。

由于需要确定滞后期 k，因此，VAR 模型往往会有相当多的参数需要估计，当样本容量较小时，多数参数的估计量误差较大。

（4）可以作预测，并且可以准确预测样本外的近期取值。

VAR 模型可以不用预测自变量在预测期内的值，并且仅能预测出长期变动的趋势。

VAR 模型的一般表达式是：

$$y_t = A_1 y_{t-1} + \cdots + A_p y_{t-p} + B_1 x_t + \cdots + B_r x_{t-r} + \varepsilon_t \tag{6-1}$$

ε：随机误差项。

如果不考虑外生变量，滞后期数为 p 的 VAR 模型可以简化为：

$$y_t = A_1 y_{t-1} + \cdots + A_p y_{t-p} + \varepsilon_t \tag{6-2}$$

即

$$A(L) y_t = \varepsilon_t \tag{6-3}$$

其中

$$A(L) = I_k - A_1 L - A_2 L^2 - \cdots - A_p L^p$$

I_k：k 阶单位矩阵；

L：滞后算子。

（二）变量选取与数据说明

由于在 1994 年 1 月 1 日和 2005 年 7 月 21 日，中国进行了两次汇改，但是为了降低 VAR 模型参数的估计误差，需要提供较大的样本容量，结合数据的可得性，本书对上海、云南、湖北、湖南、江西、贵州、安徽、江苏和浙江这 9 个地区选取 1994 ~ 2012 年的时间序列数据分别进行实证分析，从而分别得出进出口贸易的预测值。重庆市在 1998 年之前属于四川省，在 1998 年之后从四川省分离出来，独立成一个直辖市，因此，本书对于四川省和重庆市这两个地区选取 1998 ~ 2012 年的时间序列进行实证分析，得出进口额和出口额的预测值。各指标选取以及数据来源如下。

1. 人民币汇率

本书选用人民币实际有效汇率来衡量我国的汇率水平，数据来源于国际清算银行（BIS）所编制的月度数据，用 X_1 表示。

2. 各省市的经济发展水平

衡量一个地区经济发展水平最常用的指标是国内生产总值（GDP），它综合性地代表了一个国家或地区在一定时期内所生产的财富（物品和服务）的总和。因此，本书选取各地区 GDP 作为衡量各省市经济发展水平的指标，数据来源于各省市的统计年鉴，用 X_3 表示，单位是亿美元。

3. 国外经济发展水平

本书选取世界 GDP 剔除中国 GDP 后的值作为国外经济发展水平的衡量指标，数据来源于 United Nations Statistics Division，用 X_2 表示，单位为亿美元。

4. 外商直接投资

本书选取实际吸收外资金额中直接吸收外资部分作为外商直接投资的衡量指标，数据来源于各省市的统计年鉴以及统计公报，用 X_4 表示，单位为亿美元。

5. 出口额

用 Y 表示，数据来源于各省市的统计年鉴以及统计公报，单位为亿美元。

6. 进口额

用 Z 表示，数据来源于各省市的统计年鉴以及统计公报，单位为亿美元。

（三）计量结果

本书要对长江经济带各地区的进出口额分别进行 VAR 模型的预测，篇幅较长，因此，下文将以上海市预测为例，分析其 VAR 模型的过程，进而得出其预测结果。长江经济带剩余 10 个地区的进出口额预测过程同

理，因此，下文将直接给出剩余 10 个地区的模型预测结果，对于其分析
过程将不再赘述。

1. 对数化处理

在进行 VAR 模型的分析时，因为数据的自然对数不改变原来的数量
关系，并且能够使其趋势线性化，同时能够在一定程度上消除时间序列
中存在的异方差现象，避免数据的大幅波动或可能存在的异方差问题而
给实证检验带来的不利影响，因此，对上海市进口额预测的各统计变量
进行对数处理，分别为 $\ln Z$、$\ln X_1$、$\ln X_2$、$\ln X_3$ 和 $\ln X_4$。

2. 各变量的平稳性检验

由于 VAR 模型理论要求各个变量都是平稳的，对于非平稳的时间序
列，就要先进行差分使得该时间序列平稳后再建立 VAR 模型。因此，首
先要验证 $\ln Z$、$\ln X_1$、$\ln X_2$、$\ln X_3$ 和 $\ln X_4$ 序列的平稳性。对于序列平稳性
的检验，一般多采用 DF 和 ADF 检验的方法，由于本书采用的是时间序
列数据，大多都是高度自相关，而 DF 检验假设序列不存在自相关，故
本书采用 ADF 单位根检验法，最优滞后期用赤池信息准则（Akaike In-
formation Criterion，AIC），检验结果见表 6 - 37。结果可知，在未进行一
阶差分之前，序列 $\ln Z$、$\ln X_1$、$\ln X_2$、$\ln X_3$ 和 $\ln X_4$ 的 ADF 值均大于 10%
的临界值，因此序列都是非平稳的；在一阶差分之后，各序列的 ADF 值
均小于 10% 的临界值，因此各序列一阶差分之后平稳，即指标 $\ln Z$、
$\ln X_1$、$\ln X_2$、$\ln X_3$ 和 $\ln X_4$ 为一阶单整 I（1）。

表 6 - 37　单位根检验

变量	检验形式 （c，t，k）	ADF 统计值	1% 临界值	5% 临界值	10% 临界值	结论
$\ln Z$	（c，t，3）	- 1.733683	- 4.728363	- 3.759743	- 3.324976	非平稳
$d\ln Z$	（c，n，0）	- 3.496094	- 3.886751	- 3.052169	- 2.666593	平稳
$\ln X_1$	（c，t，0）	- 0.378340	- 4.571559	- 3.690814	- 3.286909	非平稳
$d\ln X_1$	（n，n，0）	- 2.084957	- 2.708494	- 1.962813	- 1.606129	平稳
$\ln X_2$	（c，t，0）	- 1.531590	- 4.571559	- 3.690814	- 3.286909	非平稳
$d\ln X_2$	（c，n，0）	- 3.313601	- 3.886751	- 3.052169	- 2.666593	平稳
$\ln X_3$	（c，t，0）	- 1.749225	- 4.571559	- 3.690814	- 3.286909	非平稳
$d\ln X_3$	（c，n，0）	- 3.299695	- 3.886751	- 3.052169	- 2.666593	平稳

续表

变量	检验形式 (c, t, k)	ADF 统计值	1% 临界值	5% 临界值	10% 临界值	结论
$\ln X_4$	(c, t, 1)	-2.465081	-4.616209	-3.0710482	-3.297799	非平稳
$d\ln X_4$	(c, n, 1)	-4.053531	-3.920350	-3.065585	-2.673459	平稳

注：本书使用的计量软件是 Eviews6.0，(c, t, k) 分别表示带有常数项、时间趋势项和所采用的滞后期阶数，滞后期阶数由软件根据 AIC 准则确定。

3. 最优滞后期的选择

在滞后期选择过程中，理论上要选择能使残差达到白噪声的最小滞后期阶数。滞后期判定结果如表 6－38 所示。六个准则中有四个准则选择的最优滞后期为 2 期。因此确定 VAR 模型的最优滞后期阶数为 2。

表 6－38　滞后期选择

Lag	LogL	LR	FPE	AIC	SC	HQ
0	126.6106	NA	1.72e-13	-15.20133	-14.9599	-15.18897
1	169.9661	54.19438	2.10e-14	-17.49577	-16.04716	-17.42159
2	238.8216	43.03464*	3.43e-16*	-22.97770*	-20.32192*	-22.84170*

* 表示在 10% 的统计水平上显著，** 表示在 5% 的统计水平上显著，*** 表示在 1% 的统计水平上显著，是否显著通过查 t 值分布表确定。后同。

4. 建立 VAR（2）模型

模型结果如表 6－39 所示。d 为变量一阶差分，方括号内的数字代表相应系数的 t 统计值。因此，VAR 模型估计结果显著。

表 6－39　VAR 模型估计结果

	DLNX_1	DLNZ	DLNX_4	DLNX_3	DLNX_2
DLNX_1(-1)	-1.259729***	3.473233*	1.75588	2.983576***	3.351757***
	[-2.96429]	[1.45372]	[0.67568]	[4.46054]	[4.29686]
DLNX_1(-2)	0.401686	0.311686	-2.287277	0.236527	-0.452801
	[1.16038]	[0.16015]	[-1.08053]	[0.43411]	[-0.71261]
DLNZ(-1)	0.381291***	-0.147296	-0.314568	-0.405306**	-0.46898**
	[3.61635]	[-0.24849]	[-0.48790]	[-2.44233]	[-2.42327]

续表

	DLNX_1	DLNZ	DLNX_4	DLNX_3	DLNX_2
DLNZ(−2)	0.113603 *	−0.814684 **	−0.354674	−0.525743 ***	−0.449659 ***
	[1.39446]	[−1.77873]	[−0.71195]	[−4.10012]	[−3.00701]
DLNX_4(−1)	−0.112309 **	0.152231	0.629571 **	0.251815 ***	0.213066 **
	[−2.14930]	[0.51819]	[1.97030]	[3.06175]	[2.22142]
DLNX_4(−2)	0.12103 ***	0.092525	−0.473392 **	−0.078914	−0.006745
	[2.88555]	[0.39237]	[−1.84570]	[−1.19534]	[−0.08761]
DLNX_3(−1)	−0.94923 **	−2.618942	1.101711	1.152458 **	0.29706
	[−2.54010]	[−1.24655]	[0.48212]	[1.95935]	[0.43307]
DLNX_3(−2)	0.794179 **	−1.488715	−4.363015 **	−1.265052 **	−1.556738 **
	[2.38400]	[−0.79488]	[−2.14180]	[−2.41269]	[−2.54588]
DLNX_2(−1)	−0.342436 *	0.804272	−0.191871	0.29417	0.883806 **
	[−1.53398]	[0.64084]	[−0.14056]	[0.83723]	[2.15690]
DLNX_2(−2)	−0.198758	2.193947 *	2.437887 *	1.342972 ***	1.315223 ***
	[−0.77921]	[1.52988]	[1.56295]	[3.34503]	[2.80906]
C	−0.077196 **	0.831547 ***	0.548517 **	0.283729 ***	0.327552 ***
	[−2.01581]	[3.86228]	[2.34233]	[4.70720]	[4.65979]

* 表示在10%的统计水平上显著，** 表示在5%的统计水平上显著，*** 表示在1%的统计水平上显著，是否显著通过查 t 值分布表确定。

5. 平稳性检验

如图6-13所示，样本点均在单位圆内，VAR模型平稳。

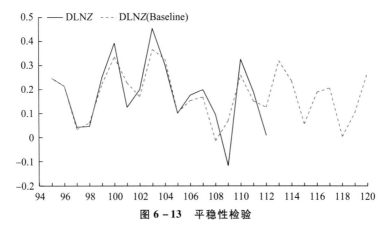

图6-13　平稳性检验

6. 模型预测

得出上海市 2013～2020 年的样本外预测结果,1994～2012 年上海进口额的估计值与实际值基本吻合,模型拟合度较好(见图 6-14)。因此,2013～2020 年上海进口额的预测值如表 6-40 所示。

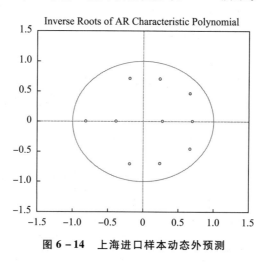

图 6-14 上海进口样本动态外预测

表 6-40 2013～2020 年上海市进口贸易额预测

年份	DLNZ	Z
2013	0.3193196	3032.545616
2014	0.235841	3747.744207
2015	0.0566472	3960.043423
2016	0.1880623	4704.778297
2017	0.2065909	5676.74268
2018	0.00390958	5698.936359
2019	0.1026636	6284.009682
2020	0.271349	7989.169425

根据上述 VAR 模型的预测方法,2013～2020 年长江经济带出口贸易预测额如表 6-41 所示,进口贸易预测额如表 6-42 所示。

(四) 趋势分析

由表 6-41 及表 6-42 中长江经济带进出口贸易额的预测结果可知,

表6-41　2013~2020年长江经济带出口贸易预测额

单位：亿美元

年份	2013	2014	2015	2016	2017	2018	2019	2020
上海	2503.3	3028.1	3653.1	4395.2	5279.8	6331.7	7592.7	9106.6
浙江	2596.9	2972.3	3374.0	3816.9	4320.0	4899.3	5559.6	6288.5
江苏	3865.0	4602.7	5562.2	6597.6	7856.6	9485.0	11298.0	13437.4
贵州	56.3	64.0	72.8	82.8	94.2	107.1	121.7	138.4
湖北	237.4	267.8	309.7	357.9	431.0	476.9	573.4	667.3
江西	321.4	408.5	515.5	654.3	835.9	1064.3	1348.6	1712.0
安徽	314.7	370.3	435.7	512.6	603.2	709.7	835.0	982.4
湖南	142.0	160.1	180.4	203.3	229.1	258.2	290.8	327.9
四川	492.8	631.2	808.7	1036.2	1327.7	1701.1	2179.7	2792.9
重庆	504.7	660.3	864.0	1130.4	1479.0	1935.2	2532.0	3313.0
云南	116.3	134.7	155.9	180.1	208.2	241.0	278.8	322.5
合计	11150.7	13300.1	15932.0	18967.4	22664.6	27209.4	32610.3	39089.0

表6-42　2013~2020年长江经济带进口贸易预测额

单位：亿美元

年份	2013	2014	2015	2016	2017	2018	2019	2020
上海	3032.5	3747.7	3960.0	4704.8	5676.7	5698.9	6284.0	7989.2
浙江	1012.2	1188.9	1399.3	1646.8	1957.1	2336.9	2783.7	3330.4
江苏	2588.7	3061.0	3627.0	4291.4	5069.1	5992.3	7091.2	8388.2
贵州	19.1	21.7	24.7	28.1	31.9	36.3	41.3	46.9
湖北	147.7	165.8	195.1	229.0	260.2	302.5	356.7	408.9
江西	105.0	126.1	154.4	189.3	236.4	291.4	356.6	437.5
安徽	147.6	173.8	204.6	241.0	283.7	334.1	393.4	463.2
湖南	112.0	127.7	155.2	190.2	217.2	260.3	321.9	367.0
四川	257.9	321.8	401.5	501.1	625.4	780.6	974.4	1216.3
重庆	185.0	147.3	186.4	148.3	187.7	149.3	188.9	150.3
云南	122.8	139.0	161.1	180.2	208.8	240.7	274.3	321.2
合计	7730.5	9220.8	10469.5	12350.1	14754.2	16423.4	19066.1	23119.0

未来长江经济带进出口贸易发展有以下三种趋势。

1. 长江经济带进出口贸易规模迅速扩大

由表6-41和表6-42的长江经济带进出口贸易合计总额预测结果可知,2013~2020年长江经济带出口贸易额年均增速达到31.3%,进口额年均增速达到25.8%。由此可知,长江经济带进出口规模在未来7年迅速扩大。

2. 长江经济带进出口贸易各地区差异略有减小

由表6-41和表6-42长江经济带11个地区各自的进出口贸易额的预测结果可知,2013~2020年,上海、浙江和江苏三地进出口贸易规模仍然占长江经济带的主要部分,但占比已经略有减少。2013~2020年,苏、浙、沪三地出口贸易额在长江经济带中的占比从80.4%下降为73.8%;进口贸易额占比由85.8%下降为85.2%。尤其是浙江省,由于其产业基础不成熟,未来7年其对外贸易额增速放缓,出口贸易额在长江经济带中的占比更是从23.3%下降至16.1%。长江经济带剩余部分地区集装箱生成量增长明显,例如四川省和重庆市出口贸易额在长江经济带中的占比分别从4.4%、4.5%上升到7.1%、8.5%。

3. 长江经济带贸易顺差继续扩大

比较分析表6-41和表6-42长江经济带进出口贸易预测额可知,长江经济带未来贸易顺差将持续扩大。2013~2020年,长江经济带贸易顺差将从3420.2亿美元扩大至15970亿美元,增长了近四倍。

三 各省市集装箱生成量预测

(一) 模型选择

根据上文对集装箱生成机制的分析,本书将采用多因素动态相关分析法预测长江经济带的集装箱生成量。多因素动态相关分析法是根据集装箱的生成机制,在预测进出口贸易额的基础上,分析适箱货比例、装箱率、适箱货等影响集装箱生成量的客观因素,进而预测出集装箱生成量的一种预测方法。因此,多因素动态相关分析法能够从本质上反映出本书所阐述的集装箱的生成机制,并且把经济、交通运输水平等影响因素加以量化,从而达到科学预测长江经济带集装箱生成量的目的。

多因素动态分析模型如下:

$$Q = V \times K_1 \times K_2 \times K_3 \times K_4 \qquad (6-4)$$

Q：出口（进口）集装箱生成量（万标准箱）；

V：外贸出口（进口）额（亿美元）；

K_1：外贸适箱货比例（%）；

K_2：外贸适箱货重量（吨/万美元）；

K_3：外贸适箱货的装箱率（%）；

K_4：外贸货物平均箱重（吨/标准箱）。

因此，要预测长江经济带 11 个地区的集装箱生成量，就必须要收集到 11 个地区准确的外贸重箱、货物装箱率、平均箱重、适箱货重量以及贸易流向等数据。其实，国内利用多因素动态分析法预测外贸集装箱生成量本身存在以下局限性：①集装箱各种"量"的统计口径不统一，数据来源有限，并且很多地方并无箱量的统计，更没有空箱量、重箱量以及按货源地分箱量及转运箱量的数据；②各海关进出口数据多在于统计外贸货物的种类、金额，而鲜有统计集装箱货物重量的数据；③在港口群腹地的背景下，腹地、海关关区、行政区划分不同，而各个港口均有中转作业，使得集装箱生成量的预测更加复杂，容易产生重复计算的问题。本书的研究对象是长江经济带 11 个地区，需要巨大的数据支撑，加之多因素动态分析法本身存在数据收集方面的局限性，因此，单纯利用多因素动态分析法难以达到预测长江经济带集装箱生成量的目的。基于此，本书将以上公式进行变形，同时结合国内系统动力学学者的研究成果，完成长江经济带外贸集装箱生成量的预测。

如上所述，由于分别获得 K_1、K_2、K_3、K_4 的数据不现实，因此将式（6-4）改为：

$$Q = V \times K \qquad (6-5)$$

其中，$K = K_1 \times K_2 \times K_3 \times K_4$，$K$ 为外贸集装箱生成系数，即每万美元外贸额所能生成的集装箱箱量，单位为标准箱/万美元。因此，只要能求得长江经济带 11 个地区的外贸集装箱生成系数，结合已经求得的进出口贸易额，就能预测出其相对应的集装箱生成量。

（二）变量选取与数据说明

目前，有较多学者利用系统动力学模型，较为准确地测算出各个地区的外贸集装箱生成系数。根据汪传旭、崔建新[①]，俞海宏、刘南[②]等学者的研究成果，本书用阶跃函数 STEP 表示上海、浙江和江苏三个地区外贸集装箱生成系数，分别为：

$$IK_{SH} = 0.32 - STEP(0.025, 2013)$$

$$IK_{ZJ} = 0.345 - STEP(0.025, 2013)$$

$$IK_{JS} = 0.35 - STEP(0.025, 2013)$$

$$NK_{SH} = 0.14 - STEP(0.025, 2013)$$

$$NK_{ZJ} = 0.176 - STEP(0.025, 2013)$$

$$NK_{JS} = 0.165 - STEP(0.025, 2013)$$

其中，IK_{SH}、IK_{ZJ}、IK_{JS} 分别表示上海市、浙江省和江苏省的外贸出口集装箱生成系数，NK_{SH}、NK_{ZJ}、NK_{JS} 分别表示上海市、浙江省和江苏省的外贸进口集装箱生成系数，单位为标准箱/万美元。上海市集装箱生成系数低于浙江和江苏两省是由于上海市外向型经济较之江浙两地要发达，因而进出口商品附加值较高；江浙两地外向型经济不及上海发达，随着集装箱运输业的发展，一些本来不适合用集装箱装运的低附加值商品也改用集装箱运输。上海、浙江、江苏三地进口集装箱生成系数要远低于其出口集装箱生成系数，这是由于从上文各地区贸易结构现状分析可知，三个地区出口工业制成品占比要远远高于其进口工业制成品占比，而一个地区的工业制成品占比与适箱货比例高度正相关。

通过文献梳理可知，国内暂时没有学者对长江经济带其余 8 个地区的集装箱生成系数进行测算，因此，本书将根据已知的上海、浙江和江苏三个地区的数据结合集装箱的生成机制，对长江经济带除上海、浙江和江苏以外的 8 个地区的进出口集装箱生成系数进行估算。根据以上分析可知，集装箱生成系数与外贸适箱货比例、外贸适箱货重量、外贸适箱货的装箱率以及外贸货物平均箱重有关，而这些影响因素主要取决于各地的适箱货比例以及集装箱发展水平。假定各地集装箱发展水平相同，

---

① 汪传旭、崔建新：《长江三角洲港口群物流系统动力学分析模型》，《交通运输工程学报》2007 年第 5 期，第 78～83 页。

② 俞海宏、刘南：《基于系统动力学的长三角港口群效率模型研究》，《中国航海》2012 年第 1 期，第 99～104 页。

则集装箱生成系数主要取决于适箱货比例，适箱货比例又与工业制成品进出口额占比呈正相关关系，因此，各地外贸集装箱生成系数与工业制成品占比呈正相关关系。考虑到工业附加值和经济发展水平等综合因素，本书将以江苏省出口集装箱生成系数和浙江省进口集装箱生成系数为标准，将各地工业制成品占比与其相比较，得出各地的进出口集装箱生成系数，计算公式如下：

$$IK_j = IK_{JS} \times \left(A_j \Big/ A_{JS} \right) \qquad (6-6)$$

$$NK_j = NK_{ZJ} \times \left(B_j \Big/ B_{ZJ} \right) \qquad (6-7)$$

IK_j：j 地区出口集装箱系数；

NK_j：j 地区进口集装箱系数；

A_j：j 地区的出口工业制成品占比；

B_j：j 地区的进口工业制成品占比。

其中，用各地区名称首字母的大写字母表示地区，如用 SH 表示上海，用 ZJ 表示浙江。得出的结果如下：

$$IK_{CQ} = 0.358 - STEP(0.025, 2013)$$

$$IK_{SC} = 0.352 - STEP(0.025, 2013)$$

$$IK_{GZ} = 0.330 - STEP(0.025, 2013)$$

$$IK_{HN} = 0.340 - STEP(0.025, 2013)$$

$$IK_{JX} = 0.355 - STEP(0.025, 2013)$$

$$IK_{AH} = 0.337 - STEP(0.025, 2013)$$

$$NK_{CQ} = 0.221 - STEP(0.025, 2013)$$

$$NK_{SC} = 0.234 - STEP(0.025, 2013)$$

$$NK_{GZ} = 0.045 - STEP(0.025, 2013)$$

$$NK_{HN} = 0.097 - STEP(0.025, 2013)$$

$$NK_{JX} = 0.145 - STEP(0.025, 2013)$$

$$NK_{AH} = 0.109 - STEP(0.025, 2013)$$

湖北省和云南省 2012 年工业制成品进出口额占比的数据缺失，保守估计，这两个地区工业制成品的进出口额占比取全国的平均值，得出结果如下：

$$IK_{HB} = IK_{YN} = 0.343 - STEP(0.025, 2013)$$

$$NK_{HB} = NK_{YN} = 0.167 - STEP(0.025, 2013)$$

（三）计量结果

长江经济带11个地区外贸出口集装箱生成量如表6-43所示，外贸进口集装箱生成量如表6-44所示。

表6-43 2013~2020年长江经济带外贸出口集装箱生成量预测值

单位：万标准箱

年份	2013	2014	2015	2016	2017	2018	2019	2020
上海	738.47	893.29	1077.66	1296.58	1557.54	1867.85	2239.85	2686.45
浙江	831.01	951.14	1079.68	1221.41	1382.40	1567.78	1779.07	2012.32
江苏	1256.13	1495.88	1807.72	2144.22	2553.40	3082.63	3671.85	4367.16
贵州	17.16	19.51	22.19	25.24	28.71	32.65	37.10	42.19
湖北	75.49	85.16	98.48	113.81	137.06	151.65	182.34	212.20
江西	105.96	134.68	169.95	215.71	275.58	350.88	444.61	564.42
安徽	98.31	115.68	136.11	160.13	188.43	221.70	260.84	306.89
湖南	44.73	50.43	56.83	64.04	72.17	81.33	91.63	103.29
四川	161.64	207.03	265.25	339.87	435.49	557.96	714.94	916.07
重庆	168.07	219.88	287.71	376.42	492.51	644.42	843.16	1103.23
云南	36.98	42.83	49.58	57.27	66.21	76.64	88.66	102.56
合计	3533.95	4215.50	5051.16	6014.71	7189.49	8635.49	10354.05	12416.76

表6-44 2013~2020年长江经济带外贸进口集装箱生成量预测值

单位：万标准箱

年份	2013	2014	2015	2016	2017	2018	2019	2020
上海	424.55	524.68	554.40	658.67	794.74	797.85	879.76	1118.49
浙江	178.15	209.25	246.28	289.84	344.45	411.29	489.93	586.15
江苏	427.14	505.07	598.46	708.08	836.40	988.73	1170.05	1384.05
贵州	0.86	0.98	1.11	1.26	1.44	1.63	1.86	2.11
湖北	24.67	27.69	32.58	38.24	43.45	50.52	59.50	68.29
江西	15.33	18.41	22.54	27.64	34.51	42.54	52.06	63.88

年份	2013	2014	2015	2016	2017	2018	2019	2020
安徽	16.09	18.94	22.30	26.27	30.92	36.42	42.88	50.49
湖南	10.86	12.39	15.05	18.45	21.07	25.25	31.22	35.60
四川	60.35	75.30	93.95	117.26	146.34	182.66	228.01	284.61
重庆	40.89	32.55	41.19	32.77	41.48	33.00	41.75	33.22
云南	20.51	23.21	26.90	30.09	34.87	40.20	45.81	53.64
合计	1219.38	1448.46	1654.77	1948.58	2329.68	2610.08	3042.83	3680.52

（四）趋势分析

1. 长江经济带沿线地区集装箱生成量规模迅速扩大

由表6-43和表6-44的预测结果可知，出口集装箱生成量年均增速达到35.9%，进口集装箱生成量年均增速达到28.8%。由此可知，集装箱生成量规模在未来几年迅速扩大。根据多因素动态分析预测模型可知，长江经济带集装箱生成量规模的迅速扩大有两方面原因。其一，长江经济带进出口贸易规模迅速扩大。2013~2020年，长江经济带进出口贸易总额扩大至原先的3倍，其中，出口贸易额年均增速达到35.9%，进口贸易额年均增速为28.43%。根据公式 $Q = V \times K$，假定集装箱生成系数 K 不变，当进出口贸易额 V 增加时，集装箱生成量 Q 增加。其二，集装箱生成系数略有增加。随着贸易的发展，长江经济带大部分地区在贸易规模增加的同时，进出口贸易结构有所改善，进出口工业制成品占比略有提高。同时，随着集装箱运输业的发展，一些本来不适合用集装箱装运的低附加值商品也改用集装箱运输，促进了长江经济带进出口商品适箱货比例的提高，从而促进集装箱生成系数的增加。根据以往学者的研究，他们估算出未来长江经济带各地集装箱生成系数增幅为2.5%，且在未来一段时间内保持不变。

2. 长江经济带沿线地区集装箱生成量差异略有缩小

由表6-43和表6-44长江经济带各省市各自的集装箱生成量的预测结果可知，2013~2020年，上海、浙江和江苏三地集装箱生成量仍然占长江经济带的主要比重，但占比已经略有减少。2013~2020年，江、浙、沪三地出口集装箱生成量在长江经济带的总占比从80.0%下降为

73.0%。进口集装箱生成量占比从84.5%下降为83.9%。而剩余部分地区集装箱生成量增长明显,例如,四川省和重庆市出口集装箱生成量占比分别从4.6%、4.8%上升到7.4%、8.9%。

同样根据多因素动态分析预测模型可知,产生长江经济带集装箱生成量差距减小有如下两个方面的原因。其一,贸易原因。根据长江经济带对外贸易的发展历程可知,江浙沪三地的外向型经济要远远发达于长江经济带其他地区,尤其是上海市,其外向型经济的发展已经趋于成熟,资源以及制度等方面已经达到最优利用率,因此,其外贸规模增长速度放缓,相应的集装箱生成量增速也将放缓。相应的,长江经济带其他地区诸如四川、重庆等,由于其外向型经济还未得到完全发展,随着政策的完善以及地区经济水平的提高,其外贸规模得到迅速扩大,相应的集装箱生成量增速也将超越江浙沪地区,从而使得长江经济带集装箱生成量分布趋于平衡。其二,集装箱生成系数因素。江浙沪外向型经济的发达使得其进出口工业制成品占比提高的同时,进出口工业品的产品附加值提高,而产品附加值的提高会导致集装箱生成系数下降,这就减弱了贸易结构优化对集装箱生成量的正向推动效应。

3. 长江经济带沿线地区进出口集装箱箱量差距明显

比较分析表6–43和表6–44的预测结果可知,2013~2020年长江经济带出口集装箱生成量大约是进口集装箱的两倍。根据多因素动态分析预测模型可知,产生长江经济带进出口集装箱生成量差距减小有如下两个方面的原因。其一,贸易原因。根据2013~2020年对长江经济带进出口贸易额的预测结果可知,长江经济带出口贸易额约为进口贸易额的1.5倍,贸易一直保持顺差的状态。其二,集装箱生成系数原因。根据前文对长江经济带进出口贸易结构现状的分析可知,长江经济带各地区的出口虽然以工业制成品为主,各地区工业制成品占比均达到90%以上,但是各地区进口工业制成品占比远不及出口,安徽、湖南和贵州进口工业制成品占比还不到50%,这就导致长江经济带进口集装箱生成系数要低于出口集装箱生成系数。

第四节 港口经济圈腹地拓展的步骤与路径

面对来自上海港的巨大压力,宁波要与上海错位发展,通过宁波、舟山港口一体化，重新确立宁波港口在长三角的定位。与未来的国际航运交易中心上海港的"航本位"相对应，宁波港的"港本位"建设应主要着眼于运输和贸易功能，以海铁联运为主要发展方向。

力争到 2020 年，铁路"一环线、二枢纽、四支线、四通道"基本形成；腹地"无水港"达到 30 个以上，新增与"一带一路"沿线国家和地区国际远洋干线 25 条；海铁联运占比提升到 5% 以上。海上丝绸之路港口联盟城市达到 30 个，友好城市数量达到 100 对；与"一带一路"相关国家和地区进出口总额达到 1000 亿美元以上，年均增幅 18% 以上，设立境外产业园 5 个。

此外，还要用互联网的思维与做法，加快融入"一带一路"，加快信息共享、资源共享、服务共享，用信息高速公路来缩短互联互通的时间，大力发展现代的港航服务。

一　建立国家海铁联运实验区

打造陆向"一带"的圈层，打通甬新欧国际新通道；建立国际港口联盟，形成海向"一路"的国际圈层，形成沿海、近洋和远洋港口经济圈层，以贸易和物流为支柱，连接沿海地区和"21 世纪海上丝绸之路"国家和地区。建立国家海铁联运实验区，有利于建设国家海铁联运示范通道，积极拓展中西部内陆市场，参与丝绸之路经济带建设，打造中西部出海口和丝绸之路经济带节点城市；有利于充分发挥铁路和内河的技术经济比较优势，构建绿色环保的港口集疏运体系，创建宁波生态城市、低碳城市和智慧城市；有利于构建以港口为中心的物流全服务链，推动港口经济转型升级，增强宁波世界级强港的综合竞争力。

海铁联运是一个跨区域、跨行业、跨部门的系统工程，涉及的面广、环节多，需要不同区域、不同行业、不同部门的协调配合，要加强江海铁联运的组织机构和协调机制的建立。

要提高组织协调机构的层次。建议在省级层面，由省发改委会同相关部门成立江海铁联运办公室，研究综合试验区方案，加快推进方案设计、申报，负责协调相关区域（城市）的信息沟通、规划编制、政策制定、重大问题协调等工作。同时，将宁波江海铁联运工程列入国家和省级相关规划，如国家层面的"一带一路"具体实施方案、"十三五"综合运输体系规划等，省级层面的海洋经济发展示范区建设方案、"十三五"综合运输体系规划等。

（一）加强宁波港腹地的铁路建设

在宁波港口经济圈的核心层，要抓住国家新一轮铁路建设机遇，加快落实浙江省铁路建设"八八计划"，重点推进甬金铁路、沪甬（跨杭州湾）铁路、甬舟铁路、沿海铁路货运通道等国家铁路项目规划与建设，加快在2015年启动穿山铁路支线，2016年启动甬金铁路建设。尽快启动杭州湾跨海铁路等对外铁路建设，完善宁波穿山北港区铁路支线，实现宁波－新疆－欧洲的铁路运输无缝对接，带动宁波港在中西部的"无水港"布局。加强铁路"一环线、二枢纽、四支线、四通道"建设，支持开辟铁路集装箱专用通道，增加在无水港实施的海铁联运示范项目，研究海铁联运价格浮动机制，深化与内陆"无水港"的战略合作，形成以港口为核心，大通关为支撑，便捷多元的综合运输体系为通道，多式联运为运输组织形式，内陆无水港为节点的网络体系。"一环线"即2015年完成宁波枢纽北环线续建任务。"二枢纽"即规划邬隘铁路集装箱中心站和穿山、大榭港区办理站，形成"一个中心、多个办理站"的格局以及镇海大宗货物海铁联运枢纽。"四支线"即加快镇海支线的改扩建和北仑支线的电气化改造，加快穿山支线和大榭支线的规划建设。"四通道"即谋划甬台温铁路货运复线和石浦港区、三门湾区域铁路货运支线，强化南向宁波－温州通道；依托国家杭甬客专、沪昆客专的建设，加快推进甬金铁路、甬舟铁路、九景衢铁路建设，形成西向宁波－川渝和宁波－南昌两条大通道建设；积极推进杭州湾跨海铁路等客专、城际铁路项目的建设，大幅提高既有萧甬、宣杭、淮南等铁路运输能力，形成西北向宁波－新疆的大通道。

此外，还要积极开展与内陆腹地城市的沟通与协调，与相关城市对口部门签署江海铁联运合作框架协议，共同推进江海铁联运项目建设。加强与铁总、中铁集、地方铁路公司、宁波港、航运公司的协调，支持宁波港集团与铁路总公司等合资合作，组建全国性、国际化海铁联运集团，建立海运与铁路运输的信息共享机制和协作机制，定期召开协调会议，打破行业和区域分割，形成合力，共同解决在发展过程中的重点难点问题，如统一市场、运价、标准、内陆港与场站建设合作等问题。

（二）分阶段、分层次构建"一带一路"沿线城市海铁联运城市联盟

建立定期沟通协商机制，共同制定海铁联运扶持政策。近期，可选择成都－宁波、西安－宁波、新疆－宁波的海铁联运，作为第一阶段参与"一带一路"的海铁联运合作项目；远期，逐步开通"甬新欧"国际班列。积极争取国家海关总署、国家质检总局对中西部地区到宁波海铁联运、国际跨境联运的转关转检提供政策支持和手续便利；争取与中铁总公司签订对接"一带一路"建设合作协议，提供运输组织、运价优惠等方面的优惠政策。在此基础之上，谋划新亚欧海铁联运大陆桥建设。新亚欧大陆桥，指从中国东部的沿海港口（指连云港），沿陇海铁路、兰新铁路、北疆铁路，通过中亚、西亚到达欧洲的铁路路线。新亚欧大陆桥尚未全面覆盖经济最为活跃的长三角区域以及长江流域，要加快谋划新亚欧大陆桥支线建设，完善新疆－成都－重庆－武汉－九江－杭州－宁波的铁路线，使宁波港作为"丝绸之路经济带"的新出海口；加快开通"甬新欧"国际班列，建立宁波对接陆上"丝绸之路经济带"和"21世纪海上丝绸之路"的海铁联运物流大通道。

（三）打造多式联运、无缝对接的交通集疏运网络体系

加快完善西向的海陆联动集疏运网络，特别要加快海铁联运发展，形成立足长三角、接轨中西部的集疏运体系。要按照"沟通水网、完善铁路、拓展公路、多式联运"的总体要求，加快高速公路、铁路集疏运网络建设和多式联运体系建设，构建以港口为核心的集疏运体系，进一步发挥港口在铁路等方面的多式联运优势，积极开展海铁联运、江海联运和公水联运，拓展港口经济腹地。

（四）建立市场引导、灵活多变的价格形成机制

对我国海铁联运在发展过程中运营管理模式和机制中存在的瓶颈进行先行先试的探索改革。探索以宁波港和铁路公司共同组建合资公司的模式运营宁波港海铁联运业务。探索内陆腹地货物通过铁路经由宁波海铁联运综合发展试验区后，经海运运出的货物实施"启运站退税"政策。健全完善政策扶持体系，调整现行扶持政策，在试验区内探索形成可供全国海铁联运发展复制的统一的扶持政策体系，包括鼓励内陆"无水港"建设、货代及船公司参与海铁联运的扶持政策，合理调整扶持期限和补助额度。试行多方联合让利政策,与铁路运输公司和船公司通力协作给予运价下浮优惠,在培育期内引导船货代企业保本经营做大市场,与内陆地方政府协商按箱量给予补贴,或对于大型货主企业直接给予补贴。重视双向货源开发,推进集装箱班列双重运输和双层运输;减免或补贴码头装卸费和短驳费;允许海铁联运出口重箱提前进港区堆场,一定期限内免收堆存费。

(五) 向"渝新欧"国际联运体系借鉴经验

"渝新欧"国际联运大通道东起重庆团结村集装箱中心站,经新疆阿拉山口到哈萨克斯坦、俄罗斯、白俄罗斯、波兰,再到德国杜伊斯堡,全程 11179 公里。2011 年 3 月,"渝新欧"国际铁路联运班列正式开始运行;2012 年 4 月,由中铁、俄铁、德铁、哈铁、重庆交运集团"四国五方"共同合资组建的渝新欧(重庆)物流公司正式挂牌成立;2013 年 2 月,"渝新欧"国际铁路联运大通道实现回程货班列零的突破;2014 年 4 月,"渝新欧"公共班列开始上线运行。到 2013 年底,已成功开行 94 趟(2011 年 17 趟,2012 年 41 趟,2013 年 36 趟),货物运输总量 8300 标准箱,货值超过 20 亿美元。

"渝新欧"自 2011 年正式开行以来,在合作平台、一体化运输、运营管理等方面进行了诸多创新,开创了大陆桥运输的新模式,并取得了显著成效。一是成功解决了沿途各国的通关问题,实现了一次报关、一次查验、全线放行的便捷通关模式。二是自主研发了电子锁,实现了"渝新欧"班列电子产品全程安全监控,在提高安全的同时进一步降低了运输价格。重庆也成为继深圳港后新加入中欧安全智能贸易航线试点计划的城市,是我国内陆首个"安智贸"试点港口。三是实现了全程统一运单,进一步节约了运行时间、简化了程序。四是基本解决了电子产品冬季试运输方案,为冬季常态化运输提供条件。"渝新欧"运营管理模式在实践上的创新,为"渝新欧"常态化运行奠定了重要基础,也为更好地完善我国大陆桥运输、提升综合竞争力提供了经验借鉴。

(六) 建立互联互通、系统整合的信息化共享机制

宁波要以提供优质、高效、专业的服务为出发点,以提高江海铁联运的运营管理水平和生产效率为导向,以信息资源为基础、信息网络为载体、信息技术为手段，以宁波港集装箱海铁联运物联网应用示范工程为重点，建立互联互通、系统整合的信息化共享机制，推动宁波港从"数字化港口"向"智慧港口"的升级。大力推进"宁波港集装箱海铁联运物联网应用示范工程"建设，努力建成具有网上受理、网上操作、网上查询、网上交易等功能完善的海铁联运公共信息服务平台，实现港口与铁路之间物流信息的共享和实时交换，以及海铁联运业务全过程信息化，推行海铁联运单证操作电子化，实现海铁联运无纸化。与船公司签订合作协议，激发船公司开展海铁联运积极性，把海铁联运视同内支线，在运价上给予优惠、适当延长用箱免费期限、增设内陆提还箱点、优先满足海铁联运订舱、提高班轮准班率、加强班轮班列衔接。完善属地申报、加快港口与供应链上下游的连接，如腹地工业、物流公司、海关（口岸）、经销商、银行、保险等形成以港口码头为中心的有机整体，统一资源配置，形成供应链各环节之间的无缝衔接，为用户提供更加精细、更为迅速、更为安全的服务，以满足运输市场对港口物流一体化的需求。

（七）口岸放行的一体化通关体系

参照上海洋山港政策，实施启运港退税政策，并研究进一步扩大启运港的范围、扩大承运企业和运输工具数量。同时，探索将启运港退税政策延伸到内陆港。完善内陆无水港口岸环境，积极争取国家和无水港当地海关、口岸查验部门的支持，在铁路无水港设立口岸，建立海铁联运口岸通关便利化长效机制，增加内地"直通式"报关办理点，简化通关手续，优化运作模式，提高查验效率，实现海铁联运一体化运作。

宁波港作为上海国际航运中心发展的南翼，自贸区建设有望带动宁波港产业升级，提升经济增长质量，为港口经济圈的发展提供重要支撑。同时，宁波港口经济圈建设可抓住自贸试验区历史机遇，探索与自贸区合作机制和联动路径，利用"自贸区形成可复制、可推广的经验"口径，充分发挥自贸区的溢出效应，共享红利，并通过合作发展争取早日纳入自贸区的联动范畴。近期主动接受上海自贸区的辐射效应，远期完善和利用好宁波 – 舟山港联合发展机制，共同申报自贸港区建设，促进港口腹地经济提速和产业升级，推动港口、口岸、保税和自贸区功能向内陆腹地延伸，吸引物流、航运、贸易、金融、投资、保险等要素聚集，增强宁波港口经济圈的综合实力，提升参与国际中高端的综合竞争力。

二 抓住"互联网 +"产业革命的历史机遇

加快整合产业链上下游,打造新型"互联网 +"航运的O2O电商平台,届时"船货物"将在企业双方线下业务中积极介入,规范交易流程。同时,加快线上整合,从下单到结算的流程将在电脑和手机终端同步实现。在互联网平台的"催化"下,外贸、金融、物流等传统行业"升级换挡",港口经济产业如虎添翼。以互联网平台为资源配置中心,用信息交换的加速促进物质交换的加速,"互联网 +"的大胆实践是企业昂首走向全球的新动能。

"世贸通"作为宁波市首个外贸服务一站式平台,与中国银行合作推出国内首个第三方平台个人资金监管账户,"订舱通"平台与中国银行联手推出国内首个美元海运费在线支付试点。通联支付与支付宝开展战略合作,全面推广手机支付宝终端支付业务。"互联网 +"物流基本在江东实现了"全覆盖"。目前,区内 1200 多家物流企业的电子商务应用率已接近 100%,在线询价、线上订舱、在线支付等成为主流业务模式。2016 年第一季度,简达物流服务平台注册用户超过 5000 个。

第七章 "一带一路"背景下港口经济圈价值链的构建

扩大宁波港口经济圈的影响力就是要深入国家"一带一路"建设，主动适应国家对外开放的新要求，充分发挥宁波国际深水枢纽港和远洋干线港的功能，增强与"一带一路"沿线国家和地区的港口合作与经济交流，不断扩大宁波港口经济圈的国际竞争力和影响力。

第一节 新形势下我国对外开放的新要求

一 经济发展格局

近年来，国家相继提出了"一带一路"倡议和"长江经济带""京津冀一体化"战略。这表明未来一段时期内，我国经济发展格局将出现以下变化。

（一）从重视对外开放向"对外""对内"双向开放转变

1978年召开的中共十一届三中全会提出了"对内改革、对外开放"的战略决策，这一决策成为实现我国社会主义现代化的一项长期基本国策。对外开放的基本内容包括"大力发展对外贸易、积极引进国外先进技术设备、积极合理有效利用外资、开展对外承包工程与劳务合作、发展对外经济技术援助和多种形式的互利合作、设立经济特区和开放沿海城市，以带动内地开放"。这项决策实施以来，我国在经济、政治、文化、军事等各个领域同外国展开了交流合作，取得的成效显著，各种壁垒逐渐被打破，公平、合理的对外开放关系和格局逐渐形成。但是同与外国各层次、各领域广泛、高层次的交流合作相比，我国国内存在的行政壁垒和市场分割严重制约了经济、社会发展。"长江经济带"和"京津冀一体化"的提出为打破行政壁垒、促进地区合作、实现资源优化配置提供了契机。在未来一段时间，在继续保持对外开放的同时，国家将重点促进各行政区之间、各区域之间的开放与合作。

（二）从促进沿海地区率先发展向"沿海""内陆"双向发展转变

沿海地区区位条件好、优势明显，是我国对外开放的桥头堡，我国对外开放政策实施从创办经济特区开始，然后是开放沿海港口城市、建立沿海经济开放区，最后是开放沿江及内陆和沿边城市。在多年的对外开放实践中，国家赋予了东部沿海地区各种优惠政策和举措，在政府政策导向作用下，沿海地区经济快速发展、人民生活水平不断提高，再加上资源配置过程中"马太效应"的存在，越来越多的优质资源向东部沿海地区集聚。伴随东部地区的快速发展和中西部地区的资源外流，地区差距越来越大。虽然国家实施了西部大开发、中部崛起等战略，相继开放了沿江及内陆和沿边城市，一定程度上遏制了差距扩大的速度，但是中西部地区同东部地区相比，差距依旧明显。2013年提出的建设"丝绸之路经济带"，改变以往主要向东开放、由沿海地区通过海路开放，转向同时开展向西开放，由西部沿边城市通过陆路开放，构筑我国对外开放的新格局。

（三）从注重外贸出口向进出口并重转变

自改革开放以来，我国经济一直依靠投资、消费和出口这三驾马车来拉动，特别是出口，对我国经济的拉动作用最大，长期以来我国外贸结构呈现失衡的状态，出口远远高于进口，一方面是因为我国廉价的劳动力和原材料比较成本优势导致出口商品价格低于国际商品价格；另一方面我国居民生活水平不高，消费对经济的带动能力不强，以投资和出口拉动经济的国家政策导向起到了至关重要的作用。

随着劳动力成本和原材料成本的不断上升，产品出口的成本优势不断削弱，加上2007年开始席卷全球的金融危机对我国外向型经济的冲击，我国外贸结构面临巨大升级压力。同时，随着经济发展，人民生活水平逐渐提高，需求层次不断提高，规模越来越大，这为外贸结构升级提供了可能性。在此背景下，2012年，国家出台《加强进口促进对外贸易平衡发展的指导意见》，政策导向发生变化，实现由促进外贸出口向促进外贸出口和进口并重、外贸平衡发展的转变。

港口经济圈影响层的拓展要求宁波加强对"一带一路"沿线国家和

地区的开放与合作，增强港口的国际影响力。

二　宁波港口经济圈在"一带一路"建设中的地位和作用

（一）宁波的地位和作用

宁波作为"书藏古今、港通天下"的现代化国际港口城市，有基础、有条件、有优势在参与"一带一路"建设中发挥更加积极的作用。

一是交流历史悠久，人文底蕴深厚。宁波一直是全国对外经贸交流的重要港口城市之一，7000 年前的河姆渡文化，开创了海洋文明和对外交流的历史。唐朝时开通宁波与日本的固定航线，宋朝设立市舶司，明朝时宁波成为对日贸易唯一合法港口，清朝时宁波成为"五口通商"口岸之一，进一步提升了宁波对外经贸交流的地位。近现代以来，"宁波帮"足迹遍布南亚、欧美各地。目前活跃在世界各地的"宁波帮"人士有 40 多万人，数量不多，但质量高、影响大，为促进改革开放和经济建设做出了重大贡献。

二是区位优势明显，港口条件优越。宁波地处"长江经济带"与我国沿海"T"字型的交会处，紧邻亚太国际主航道要冲，是连接"一带一路"的重要枢纽，也是我国四大国际深水枢纽港和远洋国际干线港之一，交通区位优势十分明显。"长三角"作为最有发展潜力的世界级城市群，就是宁波港直接的经济腹地。目前，宁波港已与世界上 100 多个国家和地区的 600 多个港口通航，近年来，港口的货物吞吐量稳居中国港口第 3 位、世界第 4 位，集装箱吞吐量居中国第 3 位、世界前 6 位。

三是物流体系完善，电商基础良好。宁波是全国物流节点城市，是中国大陆主要的集装箱、矿石、原油、液体化工中转储存基地，保税区、出口加工区、保税港区等海关特殊监管功能齐全。作为全国首批五个跨境贸易电子商务试点城市之一，大交所、航交所相继成立，电子口岸平台、第四方物流市场平台加快推进，信息化基础设施建设和电子商务呈现良好发展态势。

四是经贸往来频繁，外向经济发达。宁波是我国首批 14 个沿海开放城市之一，是全国第 8 个进出口总额超千亿美元的城市，对外开放时间早、领域宽、层次高。2013 年，宁波对"一带一路"沿线重点国家（地区）进出口额达 244.75 亿美元、境外投资额 3.1 亿美元，分别占全市总额的 24.4% 和 19.7%。其中，宁波与东盟国家和地区双边贸易额达到 82.57 亿美元，东盟已成为宁波第三大贸易伙伴。目前，宁波已与 45 个 "一带一路" 沿线国家和地区城市缔结友城关系。

五是体制机制灵活，民营经济活跃。宁波作为计划单列市和有制定地方性法规权限的较大的市，在管理体制和运行机制的改革创新方面一直走在全国前列，是浙江海洋经济发展国家战略的核心区。民营经济是推进宁波经济社会发展的主力引擎，贡献了全市 70% 的 GDP、76% 的税收、54% 的出口，提供了 87% 的社会就业。

综合分析宁波区位条件、资源禀赋、产业基础和人文底蕴，按照国家赋予宁波在 "一带一路" 建设中的战略任务，宁波参与 "一带一路" 的建设定位是："一带一路" 的枢纽城市；"21 世纪海上丝绸之路" 的支点城市；经贸合作和人文交流的先行城市；跨境电子商务的试点城市。

（二）宁波参与"一带一路"建设的总体要求

宁波参与 "一带一路" 建设就是要以港口经济圈建设为统领，以合作共赢、互惠互利为宗旨，以加强政策沟通、设施联通、贸易畅通、资本融通、民心相通等 "五通" 为主要内容，以文化交流为纽带，以高端论坛、展览展示、友城结对、投资合作等为载体，统筹海洋经济与陆域经济、实体经济与虚拟经济、体制改革与对外开放，通过强化基础、完善载体、优化环境、先行先试，使宁波成为 "一带一路" 建设的先行城市，为把宁波建设成为现代化国际港口城市奠定基础。

具体来看就是要提高港口辐射能力，促进经贸合作和人文交流。

港口合作更加紧密。丝路国际港口合作服务组织启动运作，丝路指数发布、港口基础设施共建、港口运营管理、航线航班开辟、航运价格协调等协商渠道更加畅通。

内外通道更加完善。"海陆空" 交通集疏运网络更加优化，枢纽地位更加凸显，多式联运更加通畅，以宁波－舟山港为核心的江海联运服务中心初具雏形。

经贸合作更加频繁。货物贸易额和服务贸易额大幅提升，贸易形式更加多样，贸易结构更趋优化，企业 "走出去" 和 "引进来" 更加频繁，东盟国家在华大宗商品贸易的主通道、中东欧国家特色商品展示交易主平台、面向 "一带一路" 沿线国家和地区投资合作的主基地基本建成。

人文交流更加活跃。城市国际化行动加快推进，论坛、展览载体更趋成熟，教育文化交流更趋活跃，人文交流更趋频繁，国际港口系列文化节庆的影响力日益扩大，力争成为国际性平台。

网络平台更加发达。积极探索新型跨境贸易电子商务模式，以梅山保税港区为龙头的跨境电子商务试验区加快建设，特色商品品种明显增加，跨境贸易额快速增长，跨境贸易电子商务网上交易平台、金融综合服务平台、物流配套服务平台、口岸通关服务平台全面建立，跨境电子商务试点城市基本建成。

合作机制更加规范。规范化国际合作机制全面建立，多边合作的投资便利化、贸易便利化体系基本形成，成为全国贸易便利化试验区。与波罗的海航运交易所合作关系更加紧密，海上丝路指数权威地位逐步确立。互联、互通、互惠的多式联运合作机制更加完善，以宁波为枢纽的海铁联运综合体系基本建成。

（三）宁波参与"一带一路"建设的战略重点和主要任务

按照国家关于"一带一路"建设的总体构想，结合宁波的发展基础和优势，着眼于打造港口经济圈、构建开放新格局、拓展跨境电子商务、加强人文交流合作，进一步明确四大战略重点。

1. 做大做强宁波－舟山港，提升港口经济圈影响力和辐射力

（1）完善宁波－舟山港一体化运作机制。

当前，宁波－舟山港已经合并。两港的合并在浙江乃至全国港口发展史上具有重大而深远的意义。因为两港合并，"统一规划、统一品牌、统一建设、统一发展"的"四统一"具有直接的运作基础，也因为两港合并，使宁波－舟山的港口优势得到整体发挥，并产生了"1+1＞2"的效果。但同时必须指出的是，两港虽已合并，但宁波、舟山两市仍属于不同的行政区域，在实际工作推进中，特别是在一体化的口岸管理、海事服务和信息化推进等方面和城市政府智能所属的范围内，要协调一致，仍有一定的难度。要协调一体化发展加快，除了统一规划和联合发展项目外，宁波－舟山两地政府在机构设置、高层互动上逐渐加强联系。2011年，宁波港参与舟山港务集团增资；2012年，宁波发改委下设宁波－舟山合作处，专门负责宁波、舟山经济合作的协调工作；同年，舟

山市全方位参与宁波市第二届中国海洋经济投资洽谈会；2012 年，宁波、舟山等浙东五市编制以海洋经济为主线的《浙东经济合作区发展规划》；2014 年，宁波、舟山两港集团签署全面合作战略协议，建立定期协商交流机制。随着宁波－舟山港口一体化从初步磨合期向快速发展期转换，需要进一步提升统一管理机构的权威性，以两市海事、海关、商检等相关职能部门的统一为突破口，推进现有行政体制改革。

（2）建立丝路国际港口合作组织。

积极争取宁波港作为发起方组建丝路国际港口合作服务组织，以实现"资源共享、优势互补、互利共赢、共同发展"为目标，率先整合省内、国内各类港口资源，联合"一带一路"沿线各国港口、铁路、内陆港站，构建常态化的交流合作机制和合作服务网络，进一步提升中国港口的综合竞争力和国际影响力。具体来看，就是以跨国界港口合作服务组织为平台，以重大基础设施建设为重点，建立互通互联的海上通道。通过跨区域投资、并购、参股和建营等方式，推进组织成员港口基础设施的共建共享，并在航线开辟、航班调节、航运价格等方面建立起规范的协商机制；以现有的港口 EDI 系统为核心，完善港口、海关、检验及保税区、出口加工区、保税港区、"无水港"等各类口岸信息系统，实现与我国相关区域信息网络平台的无缝对接，建设面向"一带一路"沿线地区的港口物流信息共享平台；申报设立秘书处，定期举办会议，承担日常工作。加快完善提升海上丝路指数。海上丝路指数是宁波港口经济圈争取航运价格话语权的重要体现。当前，宁波航交所海上丝路指数采样和发布具有一定的基础，必须充分利用现有的有利条件，加快完善和提升海上丝路指数，在推出集装箱运价指数的基础上，不断丰富完善海上丝路指数体系，重点推进与波罗的海指数的对接合作，进一步提高海上丝路指数的公认度、影响力和权威性。依托现有相关机构和组织，定期权威发布市场需求、航行安全等信息，举办港口合作服务论坛、国际港口文化节等重大活动。依托港口合作服务组织，联合俄罗斯等国家积极尝试开辟北冰洋航线。

（3）推动浙江港口联盟发展。

当前，以宁波港为核心的浙江港口联盟正在加速推进：2008 年 3 月，宁波－舟山港联手嘉兴港拓展集装箱业务，共同投资建设乍浦码头，开通嘉兴－宁波集装箱内支线；2008 年，宁波与台州签订合资合作框架协议；2010 年，宁波、台州港口合作成立浙江台州湾港务有限公司；2011 年底，两港启动集装箱定期航班；2010 年末，温州与宁波－舟山港、上海港就合资合作签署协议框架，三港结成区域港口联盟，合作经营并投资建设七里港区。未来，浙江港口联盟将以宁波港为核心，将其定位成国际一流深水枢纽港和国际集装箱远洋干线港，同时将温州港主要定位于从河口港向近海深水港转型；嘉兴和台州港发挥各自海河联运、临港工业的优势，把集装箱"喂给"宁波港。在当前发展的基础上，要推动建立港口联盟定期交流机制（年度会议形式），调动各方参与的积极性，逐步深化合作方式，加强信息交流与共享。继续采取共同开发新港区、资产整合等手段，进一步推动宁波港与浙江沿海航企业深入合作；充分利用联盟成员在港口经营、航线安排等方面的经验和优势，积极开拓港口经营市场，加强与临港产业等经营主体的合作，提升物流服务水平，推动浙江沿海资源整合提升和区域协调发展。

（4）组建海上丝绸之路国际港口城市联盟。

充分借助商务部大陆桥协调办公室与联合国发展署联合开展的"海上丝绸之路城市联盟"项目，以实现"资源共享、优势互补、互利共赢、共同发展"为目标，率先整合省内、国内各类港口资源，联合"一带一路"沿线各国港口、铁路、内陆港站，构建常态化的交流合作机制和合作服务网络，进一步提升中国港口的综合竞争力和国际影响力。在积极向国家有关部门汇报衔接的基础上，申请设立海上丝绸之路城市联盟，并争取将秘书处设在宁波。联盟秘书处联合宁波航交所，定期权威发布海上丝路指数、市场需求、航行安全等信息，牵头每年举办 APEC会议、国际港口文化节、中国航海日等重大活动。

（5）完善多式联运集疏运体系。

充分利用宁波地处江海黄金水道"T"字型交会的优越区位条件，积极争取国家层面的海铁联运试点工作，加快推进铁路对外大通道建设。优化接驳陇海铁路干线的支线网络，启动甬金铁路建设，积极谋划沪甬跨海铁路。推进江西、湖北、重庆、四川、陕西、甘肃、新疆等区域"无水港"布局，形成宁波－新疆－欧洲间的节点网络架构。完善市内铁路通道建设，新建穿山港口铁路支线，建好场站网，实现港口集疏运的"无缝对接"。建成海铁联运集装箱物联网示范工程,全面提升宁波港口的信息化水平。创新铁路对外通道建设、运行和沿线"无水港"拓展的协作机制。同时,拓展多式联运,完善海江陆空四维集疏运网络体系。

2. 深化对外经贸合作

宁波外向型经济发达、制造业基础扎实、民营经济发展活跃,推进"一带一路"建设,既是构筑国家全方位开放新格局的重大倡议,也是再创宁波开发开放新优势的重要抓手。进一步创新开放理念,扩大开放领域,坚持"引进来"与"走出去"相结合、货物贸易与服务贸易相结合、贸易拓展与金融创新相结合,积极探索与"一带一路"国家跨区域合作新形式,全面提升宁波城市国际化水平。

具体来看,就是要着力打造国家、省、市三级外贸转型升级示范基地,在沿线国家(地区)打响"宁波创造""宁波智造"品牌,扩大机电产品、高新技术产品,特别是成套设备和技术服务的出口,优化货物贸易结构。支持有实力的大企业赴沿线国家开展实业投资,合作共建产业园区、科技园区、经贸合作区等,加快推进刚果(布)钾肥生产基地、宁波(越南)工业园、宁波(柬埔寨)工业园、中意(宁波)生态产业园、宁波国际海洋生态科技城建设。把握经贸合作机制平台商机,鼓励企业积极参与沿线国家的基础设施建设,注重发挥援外工作在重大经贸合作项目中的独特作用,鼓励境外宁波企业、海外宁波帮人士在沿线国家建立境外宁波商会,建设展销平台。继续鼓励资本、技术"引进来"。加大进口贸易的力度,举办中国-中东欧投资贸易博览会,全面推进宁波进口商品展示交易中心平台建设,吸引"一带一路"沿线国家和地区来宁波建立商品展销、投资贸易渠道。要充分发挥宁波象保合作区等区域的体制机制优势,把该区域建设成为"一带一路"的重要支点区。

3. 推进跨境电子商务

顺应贸易电子化和经济全球化发展趋势,立足于宁波良好的产业和外贸基础,以梅山保税港区等特殊区域为龙头,以扩大对"一带一路"沿线国家和地区贸易为目标,以大宗商品和日用消费品贸易为重点,以平台建设为途径,以体制机制创新为动力,坚持差异化创新、虚拟化运作、便利化服务、专业化经营、集约化发展,加快促进外贸发展方式转变，建设依托特殊平台、面向特定区域、发展特色贸易的跨境电子商务试验城市。建立日用消费品、大宗商品跨境贸易电子商务平台和金融综合服务平台，做大网上交易规模；充分利用全国首批跨境贸易电子商务试点的有利条件，进一步扩大进出口贸易规模，使宁波保税区成为跨境电子商务的重要平台之一。与此同时，积极创造条件，争取将梅山保税港区打造成为大宗商品进口、储存、转运、贸易等诸多功能为一体的国家跨境电子商务试验区，推进口岸贸易便利化；做大做强铁矿石、重金属、能源、天然橡胶、纸浆、棕榈油、粮食、红土镍矿、高档木材、汽车整车、冷链商品、活体植物、日用快速消费品等产品跨境电子商务贸易；建立电子商务进出口新型海关监管和检验监管模式，放宽企业收结汇政策，鼓励银行机构为跨境电子商务提供支付服务，实施适应电子商务出口的税收政策，建立电子商务出口信用体系等；简化支付流程，规范跨境电子商务企业和第三方支付企业的行为，争取在宁波实施跨境贸易电子商务人民币结算试点，为跨境电子商务试验区提供支撑。

4. 扩大人文交流合作

人文交流是"一带一路"建设构想的重要立足点，也是促进区域合作关系的重要桥梁和纽带。充分发挥宁波与"一带一路"沿线国家和地区经贸、人文交流合作优势，以友城结对、展览展示、论坛节庆等为载体，全面深化文化、教育、科技、卫生、体育、旅游等国际交流与合作，开创民心相通、合作共赢的良好局面。积极与"一带一路"相关国家和地区建立友好城市关系，扩大友好城市规模；深化城市间文化交流与合作，整合人文资源，加强宁波与友城的沟通与交流。提升宁波-中东欧市长论坛国际影响力，构建中国与中东欧的文化交流和经贸合作平台；打造"21世纪海上丝绸之路"论坛，将海洋经济论坛拓展为"一带一路"相关国家和地区文化交流的重要纽带；建设浙江广电象山影视基地，输出宁波文化精品。提升"宁波周"的规格和层次，将其打造成为宁波对外交流的重要名片。推进北外海上丝路研究院、佛教文化交流中心等项目建设，深化"宁波海上丝绸之路文化"研究，开展文物挖掘、文化艺术巡展、文化交流主题论坛等活动，加强人才、科技、卫生、体育、宗教交流与合作；推动双边留学生交流及学者互访，推进高等教育与职业教育等领域的深入合作；建设邮轮母港或停泊港，开辟国际邮轮航线，筹划"一带一路"特色旅游线路；探索文化产业与经贸协同发展，扩大文化输出与服务外包。

5. 推进体制机制创新

开展海铁联运综合改革，在集装箱中心站、办理站等基础设施建设和海铁联运运营管理等方面争取国家政策与资金支持；理顺宁波港与内陆无水港之间的通关协作机制，建立灵活的价格调节和生成机制，做强海铁联运经济；加快推进国家进口贸易促进创新示范区建设，争取将上海国际航运中心政策、中国（上海）自贸区的投资便利化和贸易便利化政策、综合保税区"一区多片"的特殊监管区政策等覆盖到宁波，力争以宁波梅山保税港区为基础，与舟山港域共同申报建设宁波 - 舟山自由港。加快推进海关监管模式由"审批入境、报备入区"向"入区申报、自由入区"转变。简化园区内进出口、国际中转、集拼分拨等出入境流程与手续。入区备案的货物可在区内自由存储流动、出区核销，按货物类型提供不同的免费存储期。实行港区联动、区区联通管理，构建自由港至宁波港域内其他海关特殊监管区之间货物自由流转的运输通道。区内货物储存、展览、组装、制造和加工等业务活动免于监管，还给予进出口货物 2~3 天免费存储期限，复运出口或转口货物 28 天免费仓储期限。对入区货物逐步实施分类监管模式。区内可自由开展国际集拼业务。建立以企业为核心的监管体系，搭建"一站式"电子通关平台，力争成为全国贸易便利化试验区，推进贸易便利化与人民币结算试点；深化境外投资管理体制改革；完善对民营企业境外建立制造工厂、研发中心和营销网络的扶持政策；强化社会领域对外开放改革创新，争取国家支持宁波开展先行试点，吸引"一带一路"沿线国家和地区参与投资。

第二节　港口经济圈发展前景分析

一　港口经济发展面临新形势

当前，国际金融危机的影响并未完全消除，后危机时代世界经济多极化与全球化仍是主流，但将更加复杂多变；同时，我国将以改革创新为动力，推动经济发展方式转型。在此背景下，我国沿海港口发展的内外部因素都将发生深刻变化，面临新的发展形势。

（一）沿海港口货物吞吐量增速放缓

改革开放 30 多年来，尤其是 21 世纪以来，我国国民经济尤其是外向型经济持续高速增长，由此带动了我国港口的快速发展。自 20 世纪 90 年代以来，随着工业化进程的加快和加入 WTO，我国沿海主要规模以上港口货物吞吐量持续增加，年均增长达 12.6%。从货类构成看，以能源和资源消耗为主的重化工业发展迅速，推动沿海主要港口煤油矿货类的快速增长；同时，随着经济全球化和国际分工合作的深入，沿海港口集装箱运输发展加速。

近年来，由于受到国内宏观经济增速放缓和国际需求不振的影响，我国沿海港口吞吐量的增势趋缓。尤其是自 2005 年以来，我国沿海港口货物吞吐量增速整体呈现下降趋势。2013 年，全国沿海规模以上港口完成货物吞吐量 72.81 亿吨，同比增长 9.5%，低于 1990 年以来的平均增长速度（见图 7-1）。从长期来看，尽管我国经济发展的基本面没有改变，但未来经济社会仍将保持又好又快的发展态势。受到发展方式等内生性因素和资源环境等外部因素的约束，迫切要求以金融危机为契机转变经济发展方式，我国经济发展将面临强制性结构调整，由此将对我国沿海主要港口货物贸易产生较大影响。一是经济发展由外贸推动逐步向内贸导向转变，对外货物贸易增速将明显放缓，港口货物吞吐量的比重有所下降；二是随着我国向工业化后期发展，产业结构进一步优化升级，

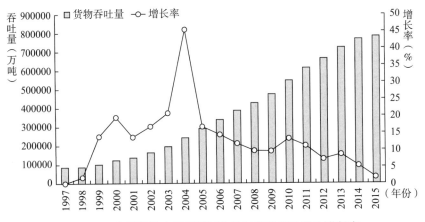

图 7-1　我国沿海主要规模以上港口货物吞吐量及增长率

以及受资源环境可持续发展的约束，港口煤炭、原油、铁矿石增长将趋缓；三是集装箱总体虽将继续保持增长态势，但中国经济结构调整、外贸发展方式转变以及新的外需环境发展特征等将在一定程度上抑制未来中国主要港口集装箱吞吐量快速增长的势头，从长期来看，增速也会明显放缓。因此，总的来看，未来我国沿海港口货物吞吐量将由快速增长转向中速增长，预计"十三五"时期增速仅有5%左右。

（二）沿海港口正走向新一轮的整合

自改革开放以来，伴随我国港口建设的快速发展，我国先后实施了三次"以分为主"的港口管理体制变革，极大地加快了我国港口发展进程。但在港口快速发展的同时，我国港口也出现了重复建设、恶性竞争的现象，由此带来了诸多负面问题：一是一些港口资源的配置不科学，造成资源严重浪费；二是有些港口间的物流布局不合理，缺少纵深经济腹地支撑，港口发展难以为继；三是一些港口间的竞争无序，码头、泊位的同质化建设对同一腹地的货源造成激烈的竞争态势。随着港口重复建设、布局失衡、竞争无序等问题的不断加剧，配合中国新一轮重化工业布局的调整，沿海港口资源整合的趋势逐步增强。其主要目的是满足港口所在区域货物航运需求，实现港口能力均衡发展，有效释放市场配置港口要素资源的空间，凸显港口的核心竞争力，促进区域内港口健康、协调、可持续发展；最终通过分工合作，将同一经济区划内有限的岸线资源集约化开发和经营，实现优势互补，达成"共赢"。

当前，为适应全球经济危机所带来的世界经济发展转型，特别是我国经济发展方式转变的要求，我国港口正经历着"以合为主"的新一轮港口变革，港口整合的内容和范围都有较大的扩展。其一，为应对我国沿海主要港口规模扩大、"同质化"趋势明显、港口间竞争日趋激烈，实现港口资源的优化配置、港口的良性健康发展的需要，进行了以资产为纽带的区域港口集团横向整合，如辽宁省以大连港集团为主、河北省以秦皇岛港集团为主、广西以防城港为主的整合。其二，为应对区域主要港口提升服务功能、扩展服务腹地、延伸产业链的发展需要，进行了港口与腹地资源的纵向整合，如上海港的"长江战略"、天津及大连港的"内陆港"战略，以及其配合航运中心建设，整合城市资源建设"航运CBD"等。此外，港航联盟也是强化港口竞争力的重要整合措施之一。

（三）沿海港口产业链价值正在逐步提升

联合国贸发会议①（UNCTAD，1999）提出，1990 年后在世界范围内已出现超越第三代港口的新一代港口，即第四代港口，其增长方式更趋于高增值、精细化、高端化服务，经营方式也转向以软实力为核心的竞争力。与世界港口发展同步，我国主要港口也呈现出一些新的变化趋势。一是从港口的发展趋势看，以水深、泊位、设备为核心的竞争优势差距越来越小，港口的核心竞争优势由港口的规模和等级逐渐转向港口的功能开发与拓展；二是随着我国经济发展方式的转变，港口传统需求增长空间明显减小，高端服务需求及其对港口的增值空间却在不断加大；三是受港口城市土地、环保等约束，港口产业对城市贡献呈现边际递减效应，迫切需要通过转变发展方式寻找新的经济增长点。

上述趋势的变化将加快我国主要沿海港口由"大"向"强"的转变。近年来，随着我国沿海主要港口集聚能力的不断增强，上海港等主要港口都已发展成为世界大港，并向世界强港迈进。而世界主要强港的发展经验表明，增强服务功能是大港迈向世界强港的必由之路。我国沿海港口顺应世界港口发展趋势，主要港口经营模式逐步由装卸仓储为主向港口服务的物流化和高端化发展转变。以上海港为代表的我国沿海主要港口都已呈现出由装卸业向上下游延伸，打造港口服务业产业链的发展态势。例如，上海港集团提出发展"集装箱业务、散杂货业务、物流业务和服务业务"；天津港集团提出打造港口装卸业、国际物流业、综合服务业和港口地产业四大产业。

港口产业向服务业产业链的拓展无疑将极大地提升港口的产业链价值。这不但可以加快港口与供应链上下游形成以港口码头为中心的有机整体，形成供应链各环节的无缝衔接，为用户提供更加精细、更为迅速、更为安全的服务，而且能够将港口服务功能向航运金融、航运保险、航运信息、载运工具经营与管理等高端航运服务业扩展，增强港口对于全

① 联合国贸易和发展会议（简称贸发会议，英文是 United Nations Conference on Trade and Development，英文简称是 UNCTAD）成立于 1964 年，是联合国大会常设机构之一，是审议有关国家贸易与经济发展问题的国际经济组织，是联合国系统内唯一综合处理发展和贸易、资金、技术、投资和可持续发展领域相关问题的政府间机构，总部设在瑞士日内瓦，目前有成员国 188 个。

球性航运资源的配置和控制力。

（四）沿海港口正面临新一轮的改革开放

从世界经济发展来看，经济全球化使得世界经济更加依赖于国际贸易和海上航运。港口是国际贸易最主要的平台，国际重要港口所依托的港口城市一般都是经济发达、充满活力的城市，甚至是地区性、国际性的经济中心、物流中心、商业中心和工业中心（如香港、纽约、伦敦、东京、汉堡、鹿特丹等）。在经济全球化加快发展的今天，港口在各国经济发展中的地位和作用日趋重要，尤其是对于以外向型经济为主的我国来说，港口对我国国民经济持续高速增长和对外贸易额持续提高发挥了至关重要的作用，我国外贸进出口的85%以上是通过港口实现的。

一般而言，开放的港口是区域经济中心城市形成和发展的重要条件，而开放的政策更是港口发展的关键。目前，世界上著名港口基本上都设有自由贸易区，如汉堡港、香港港、新加坡港等。从发展需要来看，我国已经形成的主要为国际市场生产的产能和国内过剩的劳动力，都要求我们继续拓展国际市场，特别是我国巨大的潜在消费需求优势，将有利于吸引跨国集团以中国为物流基地组织生产。进一步扩大港口开放，实施更加积极的开放政策，对促进我国沿海主要港口向世界强港迈进，促进港城一体化，推进沿海地区世界级大都市圈的形成都有积极作用。我国在港口对外开放的过程中，已先后实施区港联动、启动保税物流园区、设立保税港区等改革开放政策。2013年，国务院正式批准设立上海自贸区，开启了我国沿海港口新一轮改革开放的新篇章；2014年底，国家又批复天津、福建和广东自贸区。在自贸区政策的引领下，我国主要沿海港口都将陆续实施更加开放的政策。

（五）沿海港城融合趋势加快

从20世纪90年代中后期，随着全球一体化进程加速，港口经济的重要性得到了社会的广泛共识。港口经济由运输业向临港产业延伸，并通过临港产业、工业集群向航运服务产业集群发展，与城市进行深度融合。港口和城市是人类经济与社会活动极为重要的集聚点，两者密切相关、互动发展。一方面，港口对城市发展发挥着先导性带动作用，对推动城市经济发展具有明显的乘数效应；另一方面，城市对港口的发展提供基础设施与腹地。"城以港兴，港为城用，港城相长，衰荣共济"已经成为沿海港口城市发展的共识。

我国东部沿海港口城市在港口实施属地化管理后，纷纷实施"以港兴市"战略，将港口发展列入经济发展的战略重点，进一步加大了对港口建设的投资力度，以及临港产业的招商引资和发展力度。当前，我国港城互动发展正进入黄金发展期，港城融合趋势加快，上海等具备条件的城市已经实行港城经济深度融合，逐步确定了航运服务产业集群和临港工业集群的双支柱地位，加快国际航运中心功能转变，开启了港城互动关系的新局面。同时，政府相关部门也开始注重协同配合，形成港口城市科学发展合力，充分利用港口优势促进城市经济转型升级和快速发展。

而且，港城融合的趋势还在进一步延伸，港口的影响力及辐射力不再限于所在城市，而是波及范围更广的区域。港口城市通过加快疏港公路、铁路、内河水运等集疏运体系建设，与内陆地区在多式联运、水水中转、"无水港"、内河航道、港口等方面进行广泛合作，加强与内陆经济腹地的联系，扩大港城互动的广度与深度。

二　宁波港口经济圈发展面临的机遇和挑战

(一)　宁波港口经济圈发展面临重大机遇

1. "一带一路"构筑对外开放新格局带来的机遇

当前，国家"一带一路"建设已明确纳入国家发展总体框架之中。我国沿海港口将充分发挥"一带一路"建设重要支点的优势，创新对外开放新模式，积极"走出去"，拓展国际服务空间和范围，推动与"一带一路"沿线国家和地区深化战略合作，打造服务国际分工合作的战略平台。宁波处于沿海和长江"T"型交会点，紧邻亚太国际主航道要冲，对内通过"长江经济带"连接中西部广阔腹地，对外可通过海上通道互联互通，区位优势突出。宁波港是我国古代海上丝绸之路的重要港口之一，也是当今亚太地区的重要门户区，在参与国家"一带一路"建设中承担着新的重要使命。推进"一带一路"建设，既是构筑国家全方位开放新格局的重大倡议，也是推动宁波新一轮开发开放、提升宁波综合竞争力的重大机遇。要从长远层面参与国家"一带一路"建设，全力推动宁波港由国际大港向国际强港转变，全面提升港口经济圈的辐射带动能力,使宁波成为"一带一路"重要节点城市、"一带一路"全方位开放门户区、"一带一路"国际重要通道支点和"21世纪海上丝绸之路"试点城市。

2. 上海自贸区建设加快推进带来的机遇

自由贸易区是世界各国经济开放程度最高的局部区域制度形式,已成为各国参与经济全球化的前沿阵地和开放窗口。自由贸易区的建设可使我国沿海港口充分借助与国际惯例接轨的自由贸易体制机制,为促进港口更好更快地转型升级提供重大机遇。一是通过制度和政策的创新,提升我国沿海港口的国际竞争力,增强对全球资源的配置能力。二是随着自由贸易区的开放加大与制度放宽,将带来物流、贸易、金融、技术、商品及人才等资源的大量集聚效应,促进港口单一传统的装卸业进而向现代物流业、金融、贸易投资、信息服务等多元化、综合化、高端化业务发展转变。努力开发与拓展新的服务功能,完善港口服务产业链,逐步实现向综合物流中心模式的转变。三是强大的市场决定与竞争选择机制作用的充分发挥将对沿海港口现有的业务及结构产生强有力的筛选与淘汰效应,促进港口资源配置的合理化与高效化,形成与周边港口合理的差异化发展格局,从而为其转型升级创造更有利的环境条件,促进港口转型升级的加快实现。

2013年8月22日,国务院正式批准设立上海自由贸易试验区。上海自由贸易试验区是我国设立的第一个高级形态的自由贸易区,肩负着我国在新时期加快政府职能转变、积极探索管理模式创新、促进贸易和投资便利化,为全面深化改革和扩大开放探索新途径、积累新经验的重要使命;并承诺通过2~3年的改革试验,形成可复制、可推广的经验,发挥对全国的示范、带动作用。上海自贸区的建设必将加快上海国际金融、贸易中心的发展,并将带动上海港逐步淡化对量的竞争,转向提质增效的方向发展,由此给同处长三角地区的宁波港带来新的发展空间。宁波港作为上海国际航运中心发展的南翼,自贸区建设有望带动宁波港产业升级,提升经济增长质量,为港口经济圈的发展提供重要支撑。同时,宁波港口经济圈建设可抓住自贸试验区历史机遇,探索与自贸区的合作机制和联动路径,利用"自贸区形成可复制、可推广的经验"口径,充分发挥自贸区的溢出效应,共享红利,并通过合作发展争取早日纳入自贸区的联动范畴。近期主动接受上海自贸区的辐射效应，远期完善和利用好宁波－舟山港联合发展机制，共同申报自贸港区建设，促进港口腹地经济提速和产业升级，推动港口、口岸、保税和自贸区功能向内陆腹地延伸，吸引物流、航运、贸易、金融、投资、保险等要素聚集，增强宁波港口经济圈的综合实力，提升参与国际中高端的综合竞争力。

表 7 - 1　与上海自贸区试验有关的港航业制度改革和政策行动

序号	内　容
1	放宽中外合资、中外合作国际船舶运输企业的外资股比限制，允许设立外商独资国际船舶管理企业
2	发挥外高桥港区、洋山深水港区、浦东空港国际枢纽港的联动作用，探索形成具有国际竞争力的航运运作模式和发展制度
3	推动中转集装箱拼箱业务发展，允许中资公司拥有或控股拥有非五星旗船，先行先试外贸进出口集装箱在国内沿海港口和上海港之间的沿海捎带业务
4	简化国际船舶运输经营许可流程，形成高效率的船籍登记制度
5	完善启运港退税试点政策，适时研究扩大启运地、承运企业和运输工具等试点范围
6	积极发展航运金融、国际船舶运输、国际船舶管理、国际航运经纪等产业
7	加快发展航运运价指数衍生品交易业务

3. 宁波－舟山港实质性一体化带来的机遇

舟山群岛新区的设立有利于宁波发挥优势，培育新的增长点。2011年6月30日，国务院正式批准设立浙江舟山群岛新区，这是继上海浦东新区、天津滨海新区和重庆两江新区之后，党中央、国务院决定设立的第四个国家级新区，也是国务院批准的我国首个以海洋经济为主题的国家战略层面的新区。浙江舟山群岛新区的设立无论是对于实施国家区域发展总体战略和海洋发展战略，还是对于加快转变浙江经济发展方式、建设海洋经济发展示范区，以及舟山市和舟山港口的发展都具有重要而深远的战略意义。舟山群岛新区的设立，无疑将加快舟山群岛新区开发开放、着力打造国际物流岛、建设我国海洋综合开发试验区，使舟山港乃至宁波港的内外部发展环境发生较大的变化。宁波、舟山同属浙江省海洋经济核心区，地区邻近、资源相似、产业相近，舟山群岛新区的开发建设，有利于宁波发挥现有产业、科技、人才、资本等方面的优势。在宁波－舟山港一体化大背景下，舟山群岛新区的部分政策有望覆盖宁波部分区域，有利于宁波港经济培育形成新的增长点，有效带动港口经济圈的构建。

4. 海洋经济发展提升为国家战略带来的机遇

21 世纪是海洋的世纪。谁拥有海洋，谁就拥有未来。近年来，沿海国家都在调整国家政策，制定海洋发展战略和规划，加大海洋开发的力度，纷纷把本国管辖的海域作为"蓝色国土"加以开发利用和保护，同时，积极参与国际海底和大洋资源的开发。当前，中国经济已发展成为高度依赖海洋的外向型经济，对海洋资源、空间的依赖程度大幅提高，在管辖海域外的海洋权益也需要不断加以维护和拓展，这些都需要通过建设海洋强国加以保障。党的十八大明确提出要"提高海洋资源开发能力，发展海洋经济，保护海洋生态环境，坚决维护国家海洋权益，建设海洋强国"。2013 年，国务院将发展海洋经济提升至国家战略地位。

浙江在发展海洋经济方面有着巨大的资源优势和发展潜力。把海洋经济培育为浙江省重要的新增长极，不仅是科学发展观的要求，也是推动浙江省经济又好又快发展的要求，充分挖掘"海洋生产力"将成为浙江经济新一轮快速发展的突破口。国务院 2011 年 2 月底正式批复《浙江海洋经济发展示范区规划》，标志着浙江海洋经济发展上升为国家战略，为浙江海洋经济发展带来了前所未有的战略机遇。宁波是浙江省海洋经济发展示范区的核心区，在促进浙江海洋经济发展中具有重要的战略地位。新时期下，宁波大力构筑港口经济圈，是贯彻落实国家和浙江海洋经济发展战略，加快建设海洋经济强市，增强服务长三角、长江流域和中西部地区发展能力的必然趋势。宁波港应该以海洋经济发展提升至国家战略为契机，联合区域内的优势资源，加快港航服务业、临港大工业、海洋新兴产业的开发，全面提升宁波港口经济圈核心区域的建设水平。

（二）宁波港口经济圈发展面临竞争和挑战

国家为了支持上海双中心的建设，专门出台了一揽子先行先试政策，不断扩大上海在区域经济中的影响力，对宁波港口经济发展产生较大压力，尤其对"三位一体"的港航物流业发展形成冲击。如何实现与上海港的错位发展，提升核心圈港口产业的区域影响力，扩张宁波港口经济圈的整体竞争优势亟待考虑。

舟山群岛新区设立对宁波发展港口经济圈也产生一定挤压。随着舟山群岛新区建设的深入推进，舟山要素集聚、政策覆盖、产业发展的能级和速度将进一步提升，无疑会对宁波形成一定挤压效应，动摇宁波在港口经济圈中的核心港口地位。

1. 区域港口竞争格局带来的挑战

目前，长三角港口群已初步形成了以上海港、宁波港、苏州港为干线港的集装箱运输系统，以上海港、南通港、宁波港、舟山港为主的进口石油、天然气接卸中转储运系统，以宁波港、舟山港、连云港为主的进口铁矿石中转运输系统，以连云港为主的煤炭接卸及转运系统，以上海、南通、连云港、舟山和嘉兴等港口组成的粮食中转储运系统，以上海、南京等港口组成的商品汽车运输系统，以宁波、舟山、温州等港口为主的陆岛滚装运输系统。在长三角港口群打造以上海为主体、江浙为两翼的"一体两翼"国际航运中心格局的过程中，仍然存在突出问题：各港口建设各自为政，货源种类类似，经济腹地重叠。例如，由于一般集装箱货物相对其他散杂货货种的费率要低，所以各地都从自身利益出发，一哄而上建设集装箱码头项目，在估算货源时发生经济腹地重叠现象。就宁波港而言，宁波港与地缘相近的上海港和舟山港在深水资源、中转效率、价格等方面均存在竞争，尤其是在货源上，突出表现为在集装箱方面与上海港的竞争，以及在大宗散货方面与舟山港的竞争。从表7-2中可以发现，长三角港口群从1990年的上海港一家独大发展至2005年的"三分天下，各得其一"，再至2013年的北翼和南翼港口赶超上海港的变化走势。区域内港口货源竞争加剧，上海港以往的地理位置和经济实力的传统优势不再显著。2011年，浙江省的海洋经济发展示范区建设上升为国家战略；2014年，提出长江经济带建设，振兴长江内河运输，南北两翼港口获得发展新契机。在两翼港口与上海港不断发展的进程中，长三角地区优良岸线资源紧缺问题将逐渐成为制约港口发展的瓶颈，如何统筹合理安排岸线，争取开发资源或将成为港口间新一轮的竞争内容。

表7－2　上海港及其南北两翼港口吞吐量及占比情况

单位：万吨，%

年份	1990		2005		2013		备注
	总量	占比	总量	占比	总量	占比	
合计	23642	100	138824	100	344604	100	—
龙头	13959	59.0	44317	31.9	77575	22.5	上海港
南翼	2475	10.5	48667	35.1	120756	35.0	宁波、舟山、嘉兴等6港
北翼	7208	30.5	45840	33.0	146273	42.5	南京及其以下沿江各港

资料来源：课题资料、上海组合港管理委员会。

2. 舟山新区和上海自贸区政策带来的挑战

宁波与上海、舟山区位相近，但与宁波相比，上海和舟山享受更优惠的国家政策。不同于建设国际金融中心、贸易中心、国际航运中心和自贸区的上海以及舟山群岛新区，宁波的政策优势不明显，宁波港缺乏国家战略高度的政策扶持，其在与周边港口的政策对比上缺乏优势，对企业入驻、专业人才的吸引力不足。

一是舟山群岛新区的设立对宁波发展港口经济圈会产生一定挤压。随着舟山群岛新区建设的深入推进，舟山要素集聚、政策覆盖、产业发展的能级和速度将进一步提升，无疑会对宁波形成一定挤压效应，削弱宁波在港口经济圈中的核心港口地位。

二是上海自贸区建设对宁波港口发展产生较大压力。国家为支持上海双中心的建设，专门出台了一揽子先行先试政策，不断扩大上海在区域经济中的影响力。尤其是上海自贸区的建设，使得上海港对长江港口的业务整合能力进一步提高，制约了宁波深水枢纽港和国际港口物流中心的建设，挤压了宁波港的腹地空间，对宁波港经济发展产生较大压力。而且，宁波港还要接受上海自贸区设立后上海港生产结构和组织管理模式变化以及上海港航物流高端功能和新型业态的发展所形成的压力。

3. 跨区域行政合作难的挑战

宁波港口经济圈建设中实行跨地区合作，不同地区机构衡量地区发展利益的角度不同，由此可能带来沟通障碍。此外，各地区不同行业的规则可能存在差异，两地行政审批流程不同，监管责任归属不明确，都将增大跨地区的专业合作难度。如在宁波－舟山港提出的"四个统一"

中，统一品牌和统一规划落实比较到位，统一建设和统一管理难以落实到位。宁波－舟山港主要通过港口管理委员会起整体协调管理作用，两市港口行政管理部门仍按属地管理原则依法行使港口具体职能，因此，港口在管理上并未实现统一管理。而且，由于宁波、舟山两市在计划港口操作、工业布局、生态环境方面均有差异，长期存在行政、经济方面的矛盾，严重制约了宁波－舟山港的协调发展。

第三节　港口经济圈价值链构建

随着宁波－舟山港实质性一体化的推进，宁波港口经济圈核心层能量的集聚，必将对整个港口经济圈的功能和圈层拓展产生积极的影响。根据国际港口发展的历程，当交通运输港向贸易物流港转型时，核心区产业承接将显著提升，辐射功能明显增强，宁波有可能形成以产业园区为依托，以中西部地区城镇化推进为契机，以"一带一路"建设的实施为有效途径的立足长三角、辐射中西部、对接海内外的港口经济圈。作为中国梦的组成部分，我们的航运梦、港口梦得以实现。

在这期间，笔者认为，宁波有望形成腹地型的国际航运中心，进而随着宁波－舟山港实质性一体化，形成全要素型的国际航运中心。至于为什么宁波可以成为国际航运中心，本书在前文已经做了阐述，毋庸赘言。围绕这样的总目标，我们畅想 2030 年的宁波港口经济圈，有理由相信在以下几方面将会产生显著变化。

一　港口规模将进一步扩大

随着产业结构优化调整、经济结构转型升级和"中国制造 2025"战略的实施，粗放式的经济发展模式将逐步退出历史舞台，新兴的制造业发展时代将要到来，对港口的依赖程度有所减弱，吞吐量会有所降低，而价值量将进一步提升。与此同时，随着国家"一带一路"建设的实施，我国同东盟、东亚、中东欧地区的贸易往来将进一步加快，特别是近几年，我国同"一带一路"沿线国家和地区的贸易增速明显高于我国对外贸易增长均速，港口航线和港口运输量比重也在大幅度提升，可以预见，到 2030 年，这些趋势将进一步强化。由于各国资源禀赋、产业结构和发展阶段不同,同"一带一路"沿线国家和地区经济的互补性和联系度将进一步强化,中国经济发展所需要的大量的大宗原材料依赖于这些国家和地区进口,而这些国家在工业化推进进程中所需要的工业制成品和日用消费品等需要中国提供,港口在此过程中将承担着量的扩张的重要作用。

宁波–舟山港作为港口经济圈核心层,其优质岸线将按照"深水深用、浅水浅用"的原则进一步得到有效有序的开发建设,港口码头的运作效率将会显著提升。鉴于宁波–舟山港口的区位优势,港口资源的禀赋、国际经济和我国长江沿江地区城市群的推进,其作为连接国际和国内两个市场、两种资源的节点地位将进一步凸显。从近几年的发展轨迹来看,世界各国航运业十分低迷,我国沿海港口也进入了新一轮的深度调整,但宁波–舟山港一枝独秀,到2015年,吞吐量已经达到8.1亿吨,居全球港口第一位,增长速度已经连续六年保持全球第一的水平。国家"一带一路"建设的实施,为宁波–舟山港口吞吐量的扩大奠定了坚实基础。据统计,2014年宁波对"一带一路"沿线国家和地区进出口额约占全国的1/40,达到265.44亿美元,同比增长7.8%,高于全市平均增幅4个百分点;占全市外贸总额的25.4%。其中,出口190亿美元,同比增长16.0%,高于全市平均增幅4.7个百分点,占全市总额的26.0%;主要出口商品是纺织服装、灯具、塑料制品和机电产品等。宁波自"一带一路"沿线国家和地区进口75.45亿美元,占全市总额的23.9%,主要进口化工塑料、铁矿、原油等资源性商品。分区域来看,宁波对西亚、北非16国,即中东国家的年贸易额约92亿美元,主要贸易伙伴有土耳其、伊朗、阿联酋、沙特等;对东盟国家年贸易额约87亿美元,主要贸易伙伴有越南、泰国、印尼等。此外,对俄罗斯的年贸易额达25亿美元,印度近20亿美元,波兰近10亿美元。随着同"一带一路"沿线国家和地区航运、贸易的大幅提升,我们有理由相信,到2030年,宁波–舟山港口货物吞吐量保持7%~8%的速度是有可能的,总的港口规模将领先于全球,处全球之冠,到2030年将达到15亿吨以上的规模。

二 交通集疏运网络体系将进一步完善

随着国家区域发展战略的实施和宁波–舟山港一体化的推进,到

2030 年，宁波－舟山港的交通集疏运网络将显著优化。有关规划显示，在整个"十三五"及今后一段时期，在宁波－舟山联岛工程基础上将加快启动舟山－岱山－大小洋山－上海海上通道建设，同时加快推进上海－嘉兴、嘉兴－宁波（杭州湾）跨海通道，这些跨市宏伟工程的实施使宁波－舟山与上海形成港口圈层的环状结构。笔者认为，这些通道的建设最适宜的是公铁两用，以此带动物流、人流、资金流和信息流等快速高效的集聚。与此同时，宁波作为我国沿海地区为数不多的多式联运中心，其枢纽地位将进一步凸显，公路运输、铁路运输、江海联运、海空联运以及管网运输等多式联运的节点地位将进一步显现。舟山的大洋山依托其处于长江出口的要冲地位，将进一步加快开发大洋山北侧的集装箱码头建设，形成 600 万标准箱的运输量。同时，也要加大宁波、舟山航空建设，大力推进栎社机场三期和朱家尖机场的扩容，进一步完善以港口码头为节点、以交通集疏运网络和多式联运枢纽为支撑的便捷立体、无缝对接的区域经济集疏运网络体系。

三　甬新欧经济开放通道将进一步完善

随着"一带一路"建设的实施，宁波作为"一带一路"的枢纽城市，将承担着更为重要的使命。从海向来看，重点是要构造"21 世纪海上丝绸之路"与沿海国家建立起构筑亲惠友善、互通有无的港口合作关系；从陆向来看，将通过海铁联运无水港的开辟，完善交通运输网络、系统整合信息网络以及创新体制机制等，建立起辐射长三角、影响华东片、服务中西部、对接海内外的甬新欧经济长廊。

打通甬新欧经济长廊，首先，要开通新疆－宁波"五定班列"，重点开发新疆及西北地区海铁联运市场。按照"以进带出、双重匹配、班列运输"的思路，加强海铁联运业务开发和市场培育，开行新疆（阿拉山口、霍尔果斯、喀什）－宁波班列运输，并逐步将班列密度从"每周 1 班"提高到"每周 3 班"，最终使新疆－宁波班列发展成为天天开行的"五定班列"。其次，开发宁波至中西亚及欧洲的国际拼箱铁路快递业务，为发展整列运输积累货源基础。最后，开发宁波至中西亚的国际跨境联运业务。在开发新疆及西北地区海铁联运业务的基础上，启动国际跨境铁路联运业务，吸引中亚五国和欧洲直达海铁联运货源，开通"甬新欧"国际班列,建立宁波对接陆上"丝绸之路经济带"和"21 世纪海上丝绸之路"的海铁联运物流大通道。另外,在甬新欧经济长廊中,还必须十分注重开放带动战略,大力推进贸易便利化、人民币国际化,实现宁波市同中东欧地区经贸往来的经济长廊能够"进得来、出得去","重箱来、重箱去",成为我国连接中西部、走向中东欧的具有标志意义的经济长廊和航运物流长廊。

四 海铁联运综合示范区建设将得到有力推进

国际经验表明,运输里程超过 300 公里,运输方式以铁路为宜。铁路运输具有运载批量大、运行效率高、安全、准时、环保等显著优势,也是国外发达港口城市的普遍做法。宁波作为海铁联运枢纽,具有发展海铁联运的优势,铁路直通宁波港口主要港区,并通过萧甬、甬台温铁路与全国铁路网相连接。宁波 – 华东地区铁水联运是国家集装箱海铁联运物联网应用示范工程项目,并列为全国 6 个集装箱海铁联运示范通道之一。但是,宁波海铁联运问题还比较突出,主要表现在体制机制上,特别是铁路体制改革之后,其运输组织管理、运价管理水平等跟不上,造成货源的流失;海铁联运配套服务功能不完善、信息化共享平台缺失、市场开发不足也是未来发展面临和需要解决的主要问题。宁波海铁联运起步晚、底子薄,在港口货物吞吐量中所占份额较低。2013 年,海铁联运仅占宁波港吞吐量的 3.8%,其中,集装箱只占 0.63%,低于全国平均水平(1.57%),远低于国际海铁联运大港 10%~30% 的水平。因此,通过先行先试,大幅度提高海铁联运在港口运输量中的比重刻不容缓。这里关键是创新体制机制,通过建立高层协调、高效决策的组织领导体系,多式联运、无缝对接的集疏运网络体系,系统整合、互联互通的信息化推进体系,逐地报关、口岸放行的口岸监管体系,开放合作、互利共赢的区域经济合作体系,使宁波 – 舟山港成为我国海铁联运效率最高、运量最大的示范区,为"甬新欧"经济长廊建设起到交通先行官的作用。

建设宁波海铁联运综合示范区,就是要围绕国家"一带一路"建设要求,充分发挥港口和铁路的互补优势,创新体制机制,完善服务功能,大力发展全程物流和综合物流,促进物流与国际贸易良性互动发展,把宁波港建设成为高效对接"一带一路"的综合性国际枢纽港。

　　宁波港海铁联运综合试验区主要由场站综合服务区、海铁联运综合试验区管理体制、政策保障和市场经营服务体系四大部分组成。

　　首先，场站综合服务区。近中期可充分利用现有北仑港站和镇海站专用铁路作业点（两站潜在的年作业能力之和可达到 100 万标准箱左右）及周边仓储、堆场等设施，将宁波港北仑港区、镇海港区现有的铁路场站作为国际集装箱铁路发到服务节点，整合周边堆场和仓储资源，建立与国际集装箱海铁联运相配套的仓储、拆装箱、检验检疫、转关转检、信息、交易等"一站式"物流服务基地。

　　远期，宁波港海铁联运综合试验区可按照"一个中心站、多个办理站"的"手掌型"布局（见图 7－2）。对现行的宁波港集装箱中心站规划进行重新论证，根据宁波港周边集装箱场站条件和海铁联运业务需求，建议中心站占地面积由 1200 亩调整为 200 亩左右，主要功能是编组作业、存车，适量的仓储和集装箱堆存，以及办公及生活配套设施等。

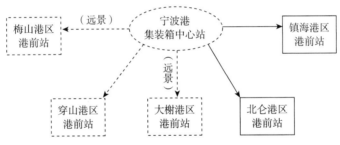

图 7－2　宁波港海铁联运综合试验区布局

注：实线为近期已经实际运作，虚线为中远期规划建设。

　　其次，宁波海铁联运综合试验区管理体制。一是由宁波市政府、宁波港股份有限公司与中铁总公司联合成立宁波港海铁联运综合试验区管理委员会，负责管理宁波港海铁联运综合试验区，协调相关事项。二是赋予宁波港海铁联运综合试验区相应的铁路运输管理权限，如给予铁路运输计划申报、一定幅度运价下浮的管理权限，对下浮品名实行负面清单管理，明确不能下浮的品名，以其他品名列报，铁路运价按照经营需要可做及时调整，无须按季报批等。三是建立和修改相关的法规与管理制度。

　　再次，政策保障。

　　（1）对宁波港海铁联运综合试验区在铁路建设、运输组织、信息互通等方面给予保障支持，给予镇海港区专用铁路作业点独立的集装箱办理站经营资质（即港前站）。支持宁波海铁联运集疏运网络建设，对集装箱海铁联运中心站、办理站和大宗货物海铁联运物流枢纽港等基础设施建设，给予土地指标倾斜和融资优惠，尽快将甬金铁路、杭州湾跨海铁路等重大基础设施建设列入国家重点项目；支持海铁联运信息化建设，实现铁路运输信息系统与港口信息系统的共享、互通，建立铁水联运业务网上办理、全程跟踪的信息服务系统。

（2）参照中国（上海）自由贸易区，对在宁波梅山保税港区、宁波保税区、宁波国际会展中心涉及"一带一路"沿线国家的国际贸易，给予贸易便利条件，以促进宁波港海铁联运综合试验区发展。

（3）参照中国（上海）自由贸易区的口岸管理办法，建立宁波港海铁联运特殊监管区。

（4）参照上海自由贸易区的有关规定，允许中资航运公司利用自有或控股拥有的非五星旗国际航行船舶开展在中国沿海港口经宁波港中转至"一带一路"沿线国家和地区的集装箱运输捎带业务。

（5）给予宁波港海铁联运综合试验区启运地退税政策试点，凡是在属地完成通关通检，从铁路、公路和水路至宁波港海铁联运综合试验区，经转关转检通过"一带一路"沿线国家和地区出口的货物，享受启运地退税政策优惠。

（6）强化运力保障和运价优惠等方面政策。加大运价支持力度，给予宁波港海铁联运优于同等运输通道的运价优惠，试行运价优惠由审批制改为报备制；优先安排宁波海铁联运铁路运输计划和车辆，培育阶段可开行小编组、客车化班列，提高"五定班列"的准点率和积载率；扶持铁路双向重载运输，减少铁路对自备箱装运货物品名的限制。

（7）鼓励"一带一路"沿线国家和地区有关企业在宁波设立经营机构，促进贸易和服务发展。

最后，市场经营服务体系。一是建立宁波港海铁联运综合试验区经营主体。由宁波港股份有限公司、中铁总公司联合成立经营性公司，负责宁波港海铁联运经营业务开发，港口资产关系维持现状不变。二是"一带一路"沿线国家和地区相关贸易和物流经营主体。三是海关、检验检疫主体及服务支持。四是研究和建立国际跨境海铁联运服务标准体系。五是业务定位方面，与宁波铁路货运北站合理分工，重点开展集装箱海铁联运业务。

五 高端航运物流业引领作用将显著增强

毋庸置疑，上海作为"航本位"的国际航运中心，在高端航运服务业发展中优于宁波－舟山港，但是这并不阻碍宁波－舟山港作为核心区自身在高端航运服务业的培育和发展。一个基本判断是：随着上海以"航本位"为特征的国际航运中心的加快推进，上海货物吞吐量比重将逐步下降，高端航运服务业所占份额会显著提高，全球影响力将显著增强。宁波－舟山港作为"港本位"的腹地型国际航运中心，货物吞吐量在很长一段时间内持续增长的潜力巨大。港航物流业发展是"港本位"的国际航运中心建设的重心所在，现代的港航物流业的一个显著特点是"互联网＋"，与此配套的港航物流、航运金融、航运保险、航运经济、法律咨询以及涉及集装箱的运价指数、海铁联运的运价指数、江海联运的运价指数应该与之相适应，予以大力培育，从而形成真正意义上的宁波价格、宁波指数，舟山价格、舟山指数。

我国已经是航运大国，沿海港口吞吐量已远远高于国际上的一般港口，但是我国还远远不是航运强国，主要是缺乏价格的制定权和话语权。伦敦之所以拥有国际航运中心和金融中心的地位，一个很重要的原因就是通过 BDI 指数，也就是波罗的海交易所发布的干散货指数，取得了伦敦在国际航运市场上的定价权。航运指数是航运业发展的重要参考数据，也是全球经济的晴雨表和市场的风向标，指数的培育至关重要。在各类指数中，运价指数一直是全球航运界关注的焦点。航运市场主要由散货（干散货、液货）和集装箱运输市场两大市场组成。而波罗的海指数主要指的是干散货指数，至今未发布集装箱运价指数。我国作为世界制造业基地，随着"一带一路"倡议、长江经济带发展战略的实施，对外出口集装箱量将大幅增加，BDI 指数对中国航运业中远期决策参考存在一定的不足，因此，建立针对我国航运业发展现状和发展目标的航运指数显得尤为重要。由宁波航运交易所发起设立的海上丝路指数已被列入国家"一带一路"建设三年滚动计划，这表明宁波已经具备了指数发布的现实基础和开发潜力。下一步将围绕数据采集、数据分析与指数设计、指数发布与服务以及指数应用，由国家相关部门、宁波市政府和航运交易所合力推进。相信，到 2030 年，宁波海上丝路指数内涵将全面丰富，在原有传统指数体系的基础上将创新构建一批针对性强的新兴指数，同时取得相关金融机构的支持，实现指数金融衍生品的交易。

专栏 7.1　海上丝路指数建设方案

海上丝路指数是反映国内外航运和贸易市场行情的综合指数，由两类核心指数和三类特色指数组成。核心指数包括散货航运类和集装箱航运类指数，特色指数包括口岸发展、船舶交易与航运人才指数。分别用于反映散货航运市场、集装箱航运市场、"21世纪海上丝绸之路"沿线国家航运贸易相关市场的行情和市场要素、船舶交易市场以及航运人才服务市场的变化情况。

总体思路：以21世纪"一带一路"愿景与行动为指导思想，围绕"21世纪海上丝绸之路"建设的宏伟目标，秉持共商、共享、共建的原则，通过逐步整合航运和贸易领域相关的国内外数据，以科学统计结合现代化信息技术，利用信息监测、采集、统计、分析等科学手段，研发出以两类核心指数和三类特色指数组成的海上丝路指数体系，发布全球性航运及贸易指数，反映航运及贸易经济运行状况，提供市场预期参考，引导行业健康发展，积极推进沿线国家战略的相互对接和国际合作。

建设目标：通过构建政、产、学、研一体的发展体系，开展广泛的对接和合作（特别是波交所），不断完善海上丝路指数体系；把海上丝路指数打造成全球市场认可的标准和产品，使海上丝路指数成为"21世纪海上丝绸之路"建设的重要服务平台，成为"21世纪海上丝绸之路"沿线国家之间文化与经济交流的纽带、国际贸易和国际航运市场的风向标；逐步提高海上丝路指数的影响力和权威性，开展指数衍生品交易。

主要任务：围绕海上丝路指数的数据采集与整合处理、数据分析、指数设计编制以及指数发布，重点推进四大平台建设。

一是数据采集与整合平台。利用航交所内部的各类业务平台、公共信息平台、各类企业平台和政务平台实时或定期传输指数编制所需的各项数据；建立包括散货航运类、集装箱航运类、口岸发展、航运人才、船舶交易航运数据采集体系。

二是数据分析与指数设计平台。综合运用拉式运价指数法、简单指数法、扩散指数法来计算价格指数、成本指数、规模指数、景气指数。

三是指数发布与服务平台。综合运用报纸、刊物、电视、电台传统媒介以及网络、手机或平板等新型媒体加大指数宣传；根据数据与指数研究，形成多维度分析报告，对国内外航运和贸易市场行情进行评价预测，为政府、企业和专业机构提供辅助决策支持功能。

四是指数应用平台。充分发挥航运指数的金融衍生品在规避价格风险和价格发现方面的功能，研究开发集装箱运价衍生品及散货运价衍生品。

保障措施包括以下四个方面。

一是强化组织领导，成立海上丝路指数建设领导小组，负责宏观统筹和战略决策。

二是加强分工协作，明确职责分工，多层面多角度地开展协作，建立政、产、学、研相结合的长效工作推进机制。

三是加大人才支持，围绕海上丝路指数建设目标和研究方向，立足现有平台支撑和人才优势，协同国内外相关高校、研究机构多学科多领域研究力量，共同研究协作，参与海上思路指数建设。

四是完善资金保障，做好宣传推广。

六　大宗商品的储备、转运、加工能力将进一步增强

中国作为世界上最大的发展中国家，经济在很长一段时间内将处于梯度推进阶段。我国东部沿海地区现代化水平较高，但是量大面广的中西部地区仍处于工业化城镇化快速推进阶段。国家启动"长江经济带"发展战略，其目的就是通过强化中西部地区基础投入，加强同我国沿海地区对接，从而大踏步走向世界经济舞台，而中西部地区仍处于工业化、城镇化快速推进阶段，是我国经济发展的回旋余地和弹性所在。正因为处于快速推进阶段，其发展所需要的矿砂、煤炭、石油化工、天然气、LNG能源对国际市场的依存度短时期内不会降低。据统计，长江经济带45%的铁矿石、90%以上的油品中转量、1/3的国际航线集装箱运输量，以及全国约40%的油品、30%的铁矿石、20%的煤炭储备量都依赖宁波－舟山港。增强大宗商品的储备、转运、加工能力，建立全国乃至亚太地区的大宗商品战略物资储备、贸易等基地，是增强我国大宗商品国际市场话语权，确保我国战略物资安全和经济安全的重要举措，具有十分重大的战略意义。

宁波－舟山港地处长江黄金水道和我国沿海"T"型交会处，具有良好的区位条件和众多的岛屿，又处于面向太平洋国际主航道的要冲，理应承担大宗商品储运，保障国家战略安全的任务。要大力推进一体化

工、石油、天然气化工等商品储备力度，同时做好加工、转运工作，提高大宗商品附加值。现在舟山、宁波都成立了大宗商品交易所（中心），发展大宗商品中远期或期货交易，把宁波大宗商品交易所建设成为华东地区乃至全国有重要影响力的多商品交易中心和定价中心，对于提升我国大宗商品储备能力、争夺大宗商品国际定价话语权具有十分重要的意义。要按照功能错位发展的要求予以培育，同时要积极争取国家政策倾斜，在确保国家金融安全的前提下，允许交易所开展大宗商品的期货保税交割业务，争取 LME 等境外期货交易所在宁波设立保税交割库，开展美元结算试点等，实现由现货贸易向期货贸易的转变，最终形成大宗商品的宁波价格、宁波指数。

随着新一轮改革开放的加快推进，"一带一路"倡议和长江经济带战略的实施以及浙江省江海联运服务中心的建设，预计到 2030 年，大宗商品的储备、转运、加工能力将进一步增强，金属矿石中转量超过 3 亿吨，居全国首位；原油中转量超过 2.5 亿吨，居全国首位；进口煤炭超过 1.5 亿吨，居全国首位；粮食进口超 350 万吨，居全国前 3 位；保税燃油加注量超 1000 万吨，居全国首位，占比约 20%；大宗商品交易额超 10 万亿元，成为全国主要大宗商品交易基地。

七 贸易便利化措施将不断完善

一个与国际经济运行规则高度接轨的开放型的港口管理体制和运行机制是打造宁波"港口经济圈"的体制机制保障。无论是新加坡、中国香港，还是美国的纽约、新泽西，或是荷兰的鹿特丹，世界各国在充分认识自身经济发展基础的同时，都根据发展阶段赋予了高度开放的政策。宁波－舟山港实施大自贸区战略势在必行。舟山的优势是水水中转，所以舟山建立自贸区是关键一步，对于发挥舟山的港口优势至关重要。宁波陆向腹地广阔，近年来相继获批，拥有保税区、保税港区、出口加工区等开放平台，按照"一带一路"建设构想有序推进贸易便利化，积极争取自由港政策在宁波的先行先试。

（一）推进一体化通关及口岸统筹管理

口岸一体化通关能提高通关速度，节省货物流动的时间成本。当前阶段，在省内宁波关区和杭州关区之间实现信息共享和简化放行尤为迫切。就口岸而言，北仑港区与舟山的金塘、六横港区同处一个港池，共用一条航道和一个锚地，对两个港区口岸实行合并管理，有助于按照浙江省委省政府"四个统一"原则，实质性推进宁波－舟山港口的一体化，做大做强该区域的海上贸易。

宁波具备推进一体化通关及口岸统筹管理的现实基础。宁波电子口岸和第四方物流平台建设起步早、进展稳，走在全国前列，为一体化大通关做了较好的技术层面准备；宁波与长三角城市的通关协作机制正逐步推开，上海－乍浦－宁波口岸一体化不断推进，宁波港与长江干线港口和内陆"无水港"的合作加深，这些都为宁波扩大口岸一体化通关范围奠定了基础；宁波和舟山的海上运输联系紧密，随着甬舟集装箱码头运作，宁波和舟山口岸监管主体合并的可能性可进入论证试验阶段。

综上，建议宁波可以推进分类通关、单无纸化通关试点，简化"属地申报、口岸验放"转关业务流程，创新检验检疫进口直通放行机制，确保关区之间更高效地一次受理、一次查验、一次放行；试行建立重点承运企业的跨关区"一卡通"新通关模式，完善宁波空港与上海、杭州空港之间"虚拟航班"通关监管模式；探索宁波现有海关特殊监管区与港区的一体化放行新机制，提高关、检、贸、运一体化便利程度；将舟山普陀港区的海关、检验检疫、边检、海事等口岸监管部门与宁波港区合并，划归国家在宁波对应的机构统一管理，提高两港的监管效率。

（二）放宽进口贸易和保税贸易监管

宁波是全国外贸大市，进口贸易潜力巨大，面对广阔的进口需求，宁波培育了葡萄酒、水果、固体化工、有色金属、船舶等一批进口专业市场，梅山保税港区是汽车整车和罗汉松进口口岸，宁波保税区 2015 年获批国家进口贸易促进创新示范区。但是受进口通关时间、HS 编码归类、征税计价标准、货物查验率等因素影响，从宁波口岸进口的税收成本和时间成本与上海、杭州等口岸相比有很大差距。在宁波进口客户资源严重流失、进出口贸易失衡的情况下，放宽宁波进口监管，做大进口贸易，既有利于纠偏宁波进出口失衡，还能满足长三角及内陆地区的进口需求。针对当前外贸领域存在的问题，合理安排保税贸易和非保税贸易监管机制，便于延长国内加工贸易增值链，方便企业灵活对接国内外市场。

因此，建议优化进口贸易通关政策，对进口商品 HS 编码归类、征税计价标准给予一定的宽松处理权限，酌情减少查验率和查获率，为缩短通关时间和企业进口提供便利；允许国内货物和非保税货物进入宁波出口加工区和宁波保税港区，与保税货物配合进行保税延展物流运作，灵活对接国内外市场；适时将保税政策延伸至东部新城国贸中心，以便利用城市高端资源服务保税贸易。

（三）降低进口流转税和所得税税负

按照我国现有规定，出口加工区销往境内区外的产品按制成品征税，保税港区销往境内区外的产品按货物实际状态征收关税和进口环节税，两者的内销成本都很高。如果这两个区块参照保税区，按其所含进口料件征税，降低产成品内销成本，可方便企业根据形势变化，自主调节内外贸易的方向，便于宁波做大进口贸易，纠偏进出口失衡。另外，降低特殊区块的所得税税率，吸引企业向梅山保税港区等新兴载体集聚，将使宁波海关特殊监管区产生较大的流量经济，促进浙江港航物流业发展。

当前，浙江省正大力实施国家海洋经济战略，大宗商品交易市场是其主要抓手之一，浙江进口市场建设也进入了机遇期。基于这一宏观背景，宁波海关特殊监管区借助政策优势促进进口增长。由于进口流转税对进口影响非常明显，海关特殊监管区在这方面有创新动力。宁波出口加工区已运作多年，是进口流转税改革的较好试验阵地；梅山保税港区2010 年封关后，进口贸易迅速增加。另外，宁波是工业大市和计划单列市，绝大部分所得税在海关特殊监管区以外缴纳，保税区和保税港区上缴的所得税占比很小，降低所得税率风险很小，可选作国家结构性减税政策的试点地区。

综上，建议在宁波出口加工区、梅山保税港区开展进口流转税政策改革试点，允许区内企业销往境内区外的产品，可自主选择按所含进口料件、成品或按货物实际状态征收关税和进口环节税；对宁波保税区、梅山保税港区等海关特殊监管区实行低所得税率政策，建议参照珠海横琴的做法，减按 15% 征收所得税，对符合优惠条件的企业还可以进一步减按 10% 征收所得税。

八　自由港政策将逐步实施

（一）减免航运企业营业税

减免航运企业营业税，相当于大幅提高航运企业的利润空间，因此，政策含金量极高，是吸引和培育航运市场主体的得力手段，将极大推动航运物流、航运金融、航运专业服务等高端服务业发展。宁波试点执行该项政策，将进一步吸引国际优质航运企业前来注册，加快宁波国际航运中心建设。2009 年，上海洋山、天津东疆开始实施营业税减免政策，已吸引许多航运企业前往注册，对注册在宁波梅山保税港区的航运企业造成了一定冲击，对注册在宁波的保险企业也有一定影响。宁波是海上国际物流发达城市，早已进驻了一批世界前 20 强的国际航运企业，航运产业链具有一定规模，通过该政策试点推动航运主体集聚的效果可能比较明显。同时，宁波作为计划单列市，税种较为齐全、财政实力较强，如果对航运企业免征营业税，也不会造成大的财政损失和波动。

综上，建议对注册在梅山保税港区的航运企业从事国际航运业务取得的收入，免征营业税；对注册在梅山保税港区、宁波保税区内的仓储、物流等服务企业从事货物运输、仓储、装卸搬运业务取得的收入，免征营业税；对注册在宁波的保险企业从事国际航运保险业务取得的收入，免征营业税。

（二）启运港出口退税、融资租赁船舶出口退税

启运港退税能吸引货物中转，提高国际中转比重，扩大集拼、配送等增值服务业务，提高与周边国家和地区港口的竞争力。上海洋山保税港区、天津东疆保税港区试点启运港退税政策实施一年多来，货物从青岛港起航就办理退税，时间从原来的 2 个星期缩减到 2 天左右，对启运港和中转港都是双赢。而融资租赁船舶出口退税政策，实际是出口提前退税，有助于吸引融资租赁机构或项目公司落户，拓宽融资租赁业上下游产业链，对改善船舶产业融资模式、丰富发展金融业态很有帮助。

宁波北仑港和梅山港域是难得的深水良港，北仑区域内四大港域航道通达性好，水深可满足 20 万~30 万吨级巨型船舶出入；宁波港已开通 235 条集装箱航线，其中，远洋干线 120 条，近洋支线 63 条，内支线

20 条，内贸线 32 条，远洋干线占总航线的比重为 51%。月均航班 1465 班，平均每天有 50 艘集装箱船驶向世界各主要港口，具有作为启运港的中转港条件。同时，宁波设有船舶交易市场并聚集了一批交易主体，随着梅山保税港区的新兴业务拓展，与境外船公司开展融资租赁船舶的业务需求量快速增加。宁波已出台《关于加快我市融资租赁业发展的若干意见》，对出口租赁船舶的出口销项免征增值税，购进的进项税款按规定退税，减免税力度之大，距融资租赁船舶出口退税只差一步之遥，有条件进一步试点。

因此，建议实施以宁波北仑港和梅山港为中转港的启运港退税政策，优化建立北仑港区、梅山保税港区与内地城市海关之间的货物流转监管机制，确保转运过程不发生货物调换或实际未离境情况；对在宁波保税区、梅山保税港区注册的融资租赁企业或金融租赁公司设立的项目子公司，购买国内造船企业建造的船舶，再将其租赁给国外企业，实行出口退税政策。

（三）放宽船舶交易准入、实施中资外籍船舶特案减免税

放宽包括保税登记在内的船舶交易准入门槛，是快速集聚船舶经纪、船舶产权登记服务、船舶评估、船舶信息咨询、船舶融资等主体的有效手段，能催化船舶交易市场做大做强，对于发展国际物流业非常有价值。而实施中资"方便旗"船舶特案减免税登记，有利于吸引国际航运外国籍船舶回归登记注册，推动船舶经纪、船员服务、船舶交易等相关产业发展，快速形成并扩大航运产业链。特别是允许入籍船舶有条件地参与国内沿海捎带业务，将为宁波发展国际中转和转口贸易业务打开新的大门。

当前，全国船舶交易竞争激烈，各类不同规模的船舶交易市场或中心有 30 家，主要分布在沿海地区。宁波船舶交易市场运行多年，累计交易额为 20 亿元左右，规模中等偏上；宁波船舶交易市场有限公司是交通运输部第一批公布的 7 家船舶交易服务机构之一，目前船舶交易市场正处于快速成长阶段，进行船舶交易准入的试点时机较好。而"方便旗"船舶特案减免税政策目前适用于上海港、天津港和大连港，但在外的中国籍国际航线船舶有 1000 多艘，回归之路漫长。宁波拥有得天独厚的深水良港和区位优势，有北仑港、梅山保税港区等大型靠泊平台，完全可以通过简化审批流程、扩大适用和实施范围，成为理想的中资外籍船舶回归登记地。

因此，建议有选择性地放宽船公司股权结构比例、船龄限制、船级社、船员构成等准入条件；享受船舶保税特别登记政策，以吸引航运主体集聚；在规定期间内，对适合条件的中资船舶，经财政部审定后可予免征关税和进口环节增值税，可办理船舶登记手续，并允许入籍船舶有条件地参与国内沿海捎带业务（该政策已延长至 2015 年 6 月 30 日）。

（四）试点建立离岸金融市场试验区

离岸贷款在利率、期限、额度、审批流程等方面均具有更大的自由度和便利性，利用成本低于国内融资或国际商业贷款的离岸资金，将极大提高国际贸易的方便程度。宁波腹地区位优势较强，对外经济开放度较高，随着保税港区业务迅速发展，对于快速、便捷的离岸银行业务的需求正在迅速提升。目前来看，国内获准开立 OSA 账户只有招商银行（深圳总行）、平安银行（原深圳发展银行）、浦东发展银行（上海总行）和交通银行（上海总行）（简称四家持牌银行），各地分支行作为持牌总行的延伸柜台，负责受理离岸业务申请，相关业务审批及账务问题均由总行离岸部门处理。宁波在离岸金融发展方面已有基础，宁波银监局按照相关规定在机构指标、人员配备、风险控制、资金运作等方面达到要求的基础上，鼓励相关商业银行在宁波保税港区设立分支机构，现有持牌的四家商业银行均已入驻。

因此，建议争取将梅山保税港区内已设立的四家持牌银行的分支机构升级为正式的离岸金融分部，获得独立开展离岸银行业务的资格；允许注册在梅山保税港区的航运金融类相关企业开设离岸账户，争取建设离岸金融市场试验区；支持宁波培育非居民开立的外汇账户（简称 OSA 账户）功能，包括开展外汇贷款、外汇存款、同业外汇拆借、国际结算、发行大额可转让存款证、外汇担保、咨询见证等业务；试点建立人民币离岸市场，允许境外人民币存放、拆借和买卖，形成人民币离岸金融区。

（五）开放航运保险和短期出口信用保险

开放航运保险，吸引航运保险机构入驻，有助于健全口岸贸易配套服务，是国际上自由贸易先发区的通行做法。开放出口短期信用保险市场,可以促进保险费率下调,便于企业更多地承接订单。当前,仅有中国出口信用保险公司办理出口短期信用保险业务,但该公司对于部分国家和地区不予接保,导致宁波企业对这些地方的订单无处投保或可投保而保费过高,期盼有更多的公司开办短期出口信贷保险业务。

2009年,政府出台相关文件,对注册在上海的保险公司从事进出口运输保险、远洋船舶保险、集装箱保险免征营业税,标志着我国航运保险开放迈出了新步伐。宁波作为我国出口大市以及重要的港口城市和物流节点城市,出口产生的短期信用保险需求强劲,而航运物流保险尚处于起步阶段,在宁波试点航运保险的市场需求强烈,对外贸的支撑作用也比较容易显现,目前宁波正在积极探索融资租赁及股权投资产业发展,努力建设金融创新发展示范区,将为发展短期出口信用保险业务营造良好的局部环境。

因此,建议在宁波海关特殊监管区设立航运保险法人机构(暂名东海航运保险公司)、证券公司(暂名东海证券)和汽车金融公司,并借鉴国际通行做法和上海的经验,对保险公司经营进出口运输保险、远洋船舶保险、集装箱保险等业务取得的收入免征营业税,以鼓励企业在宁波投保航运物流险;适时将优惠险种范围向港口责任险、从业人员意外险、海上责任险等关联税种延伸;开放短期出口信用保险市场,在甬商业保险机构均有权在相关部门的监管下开展短期出口信用保险。

(六)争取开展个人税收递延型养老保险产品试点

开展个人税收递延型养老保险产品试点就是在保险积累期,政府允许一定额度的保费支出在个人所得税税前扣除;在养老保险资金运用期间,免征保险公司因投资收益产生的相关税收;在养老金领取期,被保险人领取养老金时计缴税款。购买商业养老保险在个税缴纳时可获得一定的优惠。个人税收递延型养老保险产品在许多发达国家已经是一个比较成熟的政策,而在我国尚处于试点阶段,仅在上海试点此项政策。2011年,上海开展税延型养老保险试点,已有6家保险公司获准参与个人税延型养老保险前期筹备工作,分别是中国人寿、太平洋保险、平安养老、太平养老、长江养老和英大泰和。对各种类型企业及其从业者均适用,有助于全面提升全市养老保障水平,有效吸引企业和个人积极参与补充养老保险,缓解人口老龄化趋势下的养老压力,因此,建议同国家相关部委加强对接，争取将宁波列入第二批（除上海外）试点城市，全面试点该项政策。

九　市场主体培育将发展壮大

（一）拓宽企业融资渠道

拓宽宁波港航物流企业融资渠道。目前，宁波仅有宁波港和宁波海运两家港航物流类上市公司，与其他沿海城市相比，差距较大。要鼓励和支持港航物流企业在中国境内公开发行股票并上市，简化环保、外管等审批流程，加快上市审核进度并给予土地、税收扶持；对于非上市港航物流企业，要争取同国家相关部门对接，争取将宁波高新区纳入第三板第二批扩大试点范围，设立宁波股权交易中心，实现非上市港航物流企业股票发行和转让；推进港航物流企业采用股权再融资、债券融资（公司债、可转债、中小企业私募债）等直接融资方式，加大债券融资比重，推进统一互联的债券市场形成，提升企业的可持续发展能力。

（二）支持宁波港集团公司发展

宁波金融整体运行较为稳健，因此，本地金融改革试点的重点不同于温州民间融资改革，而在于如何更好地对接上海两个中心（航运中心和金融中心），建成互补性的、具有宁波特色的区域性航运金融中心。对于航运业务发挥主要节点的码头经营企业，提高其经营活力，提升其资金使用效率是重中之重。

宁波港集团股份公司下属财务公司由宁波港集团和工商银行合作建立。目前按国家规定，该财务公司存款需缴纳15%的准备金。财务公司的资金来源与应用都在集团内封闭进行，再加上工商银行良好的经营能力，使得财务公司的风险控制不同于普通的银行类金融机构，具备适当突破存款准备金率限制的基础，这将显著提高整个集团资金运作效率，因此，需要适当突破存款准备金率限制，以提高资金使用效率。

因此，建议监管部门在对财务公司风险控制情况进行完整评估的基础上，争取适当降低存款准备金率至10%左右。

另外，鼓励大型船舶制造企业、船运相关企业参与组建或参股金融租赁公司；金融租赁公司在梅山保税港区设立项目子公司开展融资租赁业。

第八章　结　论

　　宁波构建港口经济圈，是贯彻实施"一带一路"倡议，长江经济带、浙江海洋经济示范区建设等国家战略的重要抓手，是推进宁波深化扩大对外开放、加快推进城市国际化、拓展发展空间的客观需要，是推动宁波创新转型发展、争创比较优势和竞争优势的重要突破口。宁波构建港口经济圈有一定的现实基础，但是要打造交通互联、要素互融、产业互补、人文互动、信息互通、成果共享的港口经济圈还存在相当的难度。从构建路径来看，一方面要全力推动宁波港口经济圈上升至国家战略，提升港口经济圈的能级，充分利用国家资源，争取国家政策支持，推动港口经济圈建设进程；另一方面要立足宁波实际，充分发挥宁波基础优势，围绕重点环节有序推进。从运作模式来看，主要是"圈层带动、线性辐射、链式集合"，即依托核心集聚区形成由远及近的若干环状空间组团，核心集聚区与组团之间通过一条条虚实结合、功能不一的链条进行联系和辐射。打通和完善这些功能联系走廊是宁波港口经济圈建设的重中之重，结合宁波发展实际及比较优势，着力谋划打造供应链、产业链、价值链等。

　　这里还需要提出的是，鉴于目前宁波－舟山港已经合并，也就是说是一个港口，有读者可能会提出，应该叫"宁波舟山港口经济圈"为宜。笔者认为，就港口而言，宁波－舟山港虽然已经合并，但是宁波、舟山两个城市仍属于不同的行政主体。按照一般惯例，产业圈或经济圈都是依据城市首位度来命名的，在浙江沿海地区宁波的首位度明显更高，而且宁波港口经济圈的核心层已经包含了宁波、舟山两个城市及其港口，所以理所当然被称作宁波港口经济圈。这正如上海经济区包括了杭州、宁波和南京、苏州等江浙两省的部分城市一样。

参考文献

［1］ 杨吾扬、张国伍:《交通运输地理学》,商务印书馆,1986。

［2］ 周一星:《中国城市化道路宏观研究》,黑龙江人民出版社,1991。

［3］〔美〕艾伦·伊文思:《城市经济学》,上海远东出版社,1992。

［4］ 周茂权:《点轴开发理论的渊源与发展》,《经济地理》1992年第2期。

［5］ 张存淮、孙秋生、王立中:《京唐港港口腹地和物流分析预测》,《地理学与国土研究》1996年第2期。

［6］ 于卫军:《港口经济辐射作用为何减弱》,《江苏统计》1997年第8期。

［7］ 高峻:《港口与城市同步发展》,《江苏经济探讨》1997年第8期。

［8］ 刘宪法:《中国区域经济发展新构想——菱形发展战略》,《开放导报》1997年第Z1期。

［9］ 任美锷、杨宝国:《当前我国港口发展条件分析》,《地理学报》1998年第3期。

［10］ 陆玉麒:《区域发展中的空间结构研究》,南京师范大学出版社,1998。

［11］ 刘力、丁四保:《图们江地区港口腹地变化趋势研究》,《经济地理》1999年第1期。

［12］ 李王鸣:《港口城市国际研究主题的分析》,《经济地理》2000年第2期。

［13］ 管楚度:《交通区位论及其应用》,人民交通出版社,2000。

［14］〔美〕保罗·克鲁格曼:《发展、地理学与经济理论》,北京大学出版社,2000。

［15］ 胡序威等:《中国沿海城镇密集地区空间集聚与扩散研究》,科学出版社,2000。

［16］ 方然:《港口群协调发展系统动力学模型》,《水运管理》2000年第2期。

［17］ 张京祥等：《论都市圈地域空间的组织》，《城市规划》2001 年第 25 期。

［18］ 魏后凯：《走向可持续协调发展》，广东经济出版社，2001。

［19］ 杨家其：《基于模糊综合评判的现代港口腹地划分引力模型》，《交通运输工程学报》2002 年第 2 期。

［20］ 董洁霜、范炳全：《区位商法在港口经济腹地分析中的应用》，《上海海运学院学报》2002 年第 3 期。

［21］ 方创琳：《区域发展战略论》，科学出版社，2002。

［22］ 查贵勇：《港口经济与上海港口经济发展》，《港口经济》2003 年第 5 期。

［23］ 许云飞：《山东省港口经济腹地计算方法的研究》，《山东交通学院学报》2003 年第 11 期。

［24］ 卢现祥：《西方新制度经济学》，中国发展出版社，2003。

［25］ 孙久文等：《区域经济学教程》，中国人民大学出版社，2003。

［26］ 陆大道等：《中国区域发展的理论与实践》，科学出版社，2003。

［27］ 黎鹏：《区域经济协同发展研究》，经济管理出版社，2003。

［28］ 王晓军：《新加坡港与上海港政府管理之比较》，《水运管理》2004 年第 11 期。

［29］ 黎鹏、张洪波：《港口 - 腹地经济地域系统的客观存在性及其形成发展的主要因素》，《长春师范学院学报》2004 年第 4 期。

［30］ 徐剑华、杜桂玲：《宁波港集装箱吞吐量预测与分析》，《集装箱化》2004 年第 12 期。

［31］ 潘久艳：《构建"成渝经济区"的理论与政策研究》，硕士学位论文，四川大学，2004。

［32］ 赵弘：《总部经济》，中国经济出版社，2004。

［33］ 郭振英：《港口与城市经济圈》，《港口经济》2004 年第 1 期。

［34］ 武友德等：《区域经济学导论》，中国社会科学出版社，2004。

［35］ 吴松弟、樊如森：《天津开埠对腹地经济变迁的影响》，《史学月刊》2004 年第 1 期。

［36］ 汤洪、丁胜春、马川生：《港口经济腹地划分的方法研究》，《江苏交通科技》2005 年第 1 期。

［37］杨柳：《港口铁路在港口跨越式发展中的作用》，《中国港口》2005
　　　年第 2 期。

［38］王任祥、王军锋、黄鹏：《宁波港腹地拓展与多式联运体系的构
　　　建》，《经济丛刊》2005 年第 3 期。

［39］陈仲常：《产业经济》，重庆大学出版社，2005。

［40］王杰、杨赞：《港口腹地划分的两种新方法探讨》，《中国航海》2005
　　　年第 3 期。

［41］苏萌：《基于区域极化理论的港口》，硕士学位论文，中国海洋大
　　　学，2006。

［42］刘玮：《贵州省进出口贸易与经济增长的互动作用分析》，《贵州财
　　　经学院学报》2006 年第 3 期。

［43］胡亚琴：《中美航运政策比较》，《中国水运》（理论版）2006 年第
　　　6 期。

［44］于金镒：《环黄海经济合作与胶东半岛制造业基地建设研究》，博
　　　士学位论文，西北农林科技大学，2006。

［45］孙光析：《建设国际航运中心的总体布局与战略取向》，《综合运
　　　输》2006 年第 8 期。

［46］王文：《港口经济腹地及其分析方法探讨》，《港口经济》2006 年
　　　第 1 期。

［47］龚高健：《东环渤海经济圈港口物流协同发展研究》，硕士学位论
　　　文，福建师范大学，2006。

［48］谢文蕙、邓卫：《城市经济学》，清华大学出版社，2006。

［49］李廉水等：《都市圈发展——理论演化·国际经验·中国特色》，
　　　科学出版社，2006。

［50］秦俭：《我国航运企业的国际税收筹划》，硕士学位论文，武汉理
　　　工大学，2007。

［51］李华：《现代物流人才的创新培养模式探讨》，《物流技术》2007
　　　年第 3 期。

［52］周泗、肖卓：《基于分工理论的物流分工促进经济增长的机理分
　　　析》，《云南社会科学》2007 年第 5 期。

［53］马红霞、刘立军：《论现代物流学的八大思想》，《商场现代化》2007

年第 8 期。

[54] 李宁:《我国港口为核心的供应链物流服务模式探讨》,《才智》2008 年第 8 期。

[55] 苏萌、戴桂林、傅秀梅:《论现代港口经济本位论的内涵》,《海洋开发与管理》2008 年第 1 期。

[56] 范宏云、孙光永:《香港建设自由贸易港的经验》,《特区实践与理论》2008 年第 3 期。

[57] 刘娜娜:《基于"圈极化效应"视角下山东区域发展战略整合定位探究》,硕士学位论文,中国海洋大学,2008。

[58] 杨晶晶:《大太原经济圈的发展策略研究》,硕士学位论文,山西财经大学,2008。

[59] 张桂芳:《京津冀区域经济一体化发展现状、问题及对策研究》,硕士学位论文,重庆大学,2008。

[60] 俞宏生:《构建港口服务供应链提高港口物流效率》,《港口科技》2008 年第 5 期。

[61] 施炳展:《中国与主要贸易伙伴国的贸易成本测定——基于改进的引力模型》,《国际贸易问题》2008 年第 11 期。

[62] 胡雅珠:《借鉴香港经验,发展上海航运服务业》,《上海建设科技》2009 年第 4 期。

[63] 孟仔敏:《浅析港航产业价值体系的构建与升级——以香港国际航运中心为例》,《科技创新导报》2009 年第 19 期。

[64] 刘萍:《港口产业集群与区域经济关系分析》,《港口科技》2009 年第 11 期。

[65] 谢永康:《宁波发展蓝皮书 (2009)》,宁波出版社,2009。

[66] 杰夫·豪:《众包:大众力量缘何推动商业未来》,牛文静译,中信出版社,2009。

[67] 陆永明:《港口供应链协调评价研究》,《中国物流与采购》2009 年第 41 期。

[68] 赖明勇、王文妮:《中国与东盟双边贸易成本的实际测算》,《山东社会科学》2009 年第 7 期。

[69] 王二冬:《基于产业集群的港口经济发展模式研究》,硕士学位论

文，武汉理工大学，2010。

[70] 金嘉晨、真虹：《境外国际航运中心软环境建设经验及启示》，《水运管理》2010 年第 32 期。

[71] 张洁：《宁波港打造深水良港新优势》，《中国港口》2010 年第 2 期。

[72] 李智慧：《上海国际航运中心建设问题研究》，硕士学位论文，上海师范大学，2010。

[73] 张佑林：《梅山保税区的战略定位——我国第一个自由贸易实验港区》，《对外经贸实务》2010 年第 4 期。

[74] 林珊仟、陈燕琴：《厦门港集装箱海铁联运量预测》，《集装箱化》2010 年第 5 期。

[75] 何娴：《东环渤海经济圈港口物流协同发展研究》，硕士学位论文，武汉理工大学，2010。

[76] 李露：《"大中华经济圈"区域经济差异化研究》，硕士学位论文，浙江工商大学，2010。

[77] 曹小琴：《论中国西部地区增长极的培育》，硕士学位论文，浙江大学，2010。

[78] 王丹竹：《基于"点 - 轴"系统理论的区域物流发展模式研究》，硕士学位论文，北京交通大学，2010。

[79] 许统生、涂远芬：《中国贸易成本的数量、效应及其决定因素》，《当代财经》2010 年第 3 期。

[80] 王炜霞：《港口建设投融资模式分析》，《中国水运》2011 年第 2 期。

[81] 罗萍：《我国港口经济与临港产业集群的发展思考》，《港口经济》2011 年第 4 期。

[82] 蔡学玲：《借鉴荷兰经验发展河北省港口物流》，硕士学位论文，河北师范大学，2011。

[83] 解康健：《基于"微笑曲线"理论的中国服装企业转型升级研究》，硕士学位论文，吉林大学，2011。

[84] 简兆权、伍卓深：《制造业服务化的路径选择研究——基于微笑曲线理论的观点》，《科学学与科学技术管理》2011 年第 12 期。

[85] 夏先良：《论国际贸易成本》，《财贸经济》2011 年第 9 期。

[86] 刘洪铎：《中国对外双边贸易成本的测度研究——以亚洲贸易伙伴

为例》，《亚太经济》2011 年第 4 期。

[87] 谷红霞：《港口物流绩效评价指标体系的研究》，硕士学位论文，重庆交通大学，2012。

[88] 唐斐：《广东省船舶融资服务发展研究》，硕士学位论文，武汉理工大学，2012。

[89] 郭逸春：《天津北方国际航运中心代际划分研究》，硕士学位论文，天津师范大学，2012。

[90] 龙建辉、贺向阳：《港口投资、物流能力与经济增长——来自宁波市 1985－2010 年的时间序列证据》，《经济师》2012 年第 4 期。

[91] 郭丽颖：《高素质技能型物流管理人才培养途径研究》，《黑龙江教育学院学报》2012 年第 31 期。

[92] 李剑、徐潇、姜宝：《港口群、城市群与产业群互动关系研究——以环渤海地区为例》，《中国水运（下半月）》2012 年第 3 期。

[93] 陶毅：《港口物流与城市经济发展的互动研究》，硕士研究论文，大连海事大学，2012。

[94] 杨阳、林国龙、胡志华：《基于分形理论的服务供应链网络组织研究——以港口服务供应链为例》，《西部论坛》2012 年第 2 期。

[95] 王凤山：《供应链理论与应用》，浙江大学出版社，2012。

[96] 杨青龙：《再论"国际贸易的全成本"》，《财贸经济》2012 年第 5 期。

[97] 林立群：《跨越海洋——"海上丝绸之路与世界文明进程"国际学术论坛文选》，浙江大学出版社，2012。

[98] 宁波市人民政府：《宁波三门湾区域发展规划》，2013 年 6 月。

[99] 凌乐云：《宁波海铁联运现状及发展对策》，《水运管理》2013 年第 35 期。

[100] 徐嘉楠：《舟山国际物流岛建设研究》，硕士学位论文，浙江海洋学院，2013。

[101] 陈鹏德：《优化我国海关特殊监管区管理模式研究》，硕士学位论文，对外经济贸易大学，2013。

[102] 陈德金：《宁波舟山海洋经济协同发展研究》，硕士学位论文，上海交通大学，2013。

[103] 吴坤俊：《琼州海峡客滚船服务型海事监管模式研究》，硕士学位论文，大连海事大学，2013。

[104] 黎彬：《首都经济圈3E系统一体化协调发展研究》，硕士学位论文，北京工业大学，2013。

[105] 唐艺彬：《美国纽约大都市圈经济发展研究》，博士学位论文，吉林大学，2013。

[106] 张严玲：《合肥经济圈空间结构特征及培育机制研究》，硕士学位论文，安徽建筑大学，2013。

[107] 蒲丽娟：《武汉城市圈经济一体化研究》，博士学位论文，西南财经大学，2013。

[108] 王茜：《中国制造业是否应向"微笑曲线"两端攀爬——基于与制造业传统强国的比较分析》，《财贸经济》2013年第8期。

[109] 龚缨晏：《关于古代"海上丝绸之路"的几个问题》，《海交史研究》2014年第4期。

[110] 赵亚鹏、龙建辉：《港口物流能力与区域经济发展的动态关联效应分析——以宁波为例》，《大连海事大学学报》（社会科学版）2014年第13期。

[111] 龙建辉、程亮、郑建：《港口物流能力对经济增长的影响研究——基于宁波市1985－2011年的时间序列证据》，《宁波大学学报》（人文科学版）2014年第27期。

[112] 应晓红、龙建辉：《宁波海铁联运发展现状、瓶颈及对策》，《宁波大学学报》（人文科学版）2014年第27期。

[113] 阎勤：《把握港口经济圈的三大内涵特征》，http://zt.cnnb.com.cn/system/2014/11/24/008211669_01.shtml，2014－11－24。

[114] 证券时报网：《上海自贸区拟与港合作，2014版负面清单将变短》http://news.10jqka.com.cn/20140307/c564333265.shtml，2014－03－07。

[115] 龙宇：《长江经济带物流与区域经济增长关系的实证研究》，硕士学位论文，华东师范大学，2014。

[116] 易开刚：《提升舟山群岛新区极化效应的机制构建与创新研究》，《管理世界》2014年第3期。

［117］张硕：《环渤海经济圈经济发展战略研究：以增长极为视角》，硕士学位论文，华东师范大学，2014。

［118］李东霖：《宁波港城互动发展的时空特征研究》，硕士学位论文，宁波大学，2014。

［119］蒋希蘅、程国强：《"一带一路"建设的若干建议》，《经济体制》2014年第10期。

［120］石琼丹：《基于长江经济带进出口贸易趋势的外贸集装箱生成量预测》，硕士学位论文，宁波大学，2015。

［121］黄萍萍：《宁波港外贸集装箱海铁联运腹地生成研究》，硕士学位论文，宁波大学，2015。

［122］陈飞龙：《宁波"一带一路"权威声音》，http://news. cnstock. com/event，2015ydyl-cityningbo-201506-3449618. htm，2015 - 06 - 02.

［123］罗萍：《以港口物流业为核心分类推进沿海港口转型升级》，《综合运输》2015年第37期。

［124］苗秀杰、戚静静：《大连国际航运中心的发展模式及对策研究》，《物流工程与管理》2015年第37期。

［125］《以综合运输体系建设，推长江经济带腾飞》，http://www. cjhy. com. cn/NewsDetail. aspx？id = 9715，2015 - 3 - 28.

［126］部峪佟：《基于自贸区的上海国际航运中心功能优化研究》，硕士学位论文，中国海洋大学，2015。

［127］刘兴景、孙立锋：《高水平推进宁波港口经济圈建设》，《浙江经济》2015年第6期。

［128］张俊霞：《"渝新欧"国际铁路对重庆外贸发展的影响研究》，硕士学位论文，对外经济贸易大学，2015。

［129］李豪聃、赵亚鹏、龙建辉：《可持续发展的金融服务港口效率实证研究——以宁波为例》，《技术与创新管理》2016年第37期。

［130］李晓光：《基于SWOT法分析宁波舟山港口21经济圈一体化发展战略》，《进出口经理人》2016年第5期。

［131］唐黎雅：《新视角下的港口经济圈》，《宁波通讯》2016年第3期。

［132］李晓光：《宁波舟山港口经济圈一体化发展前景分析》，《港口经济》2016年第8期。

［133］李晓光：《港口经济圈一体化的理论研究》，《港口经济》2016 年第 9 期。

［134］李倩茹：《广东省现代航运服务业发展需求分析》，硕士论文学位，武汉理工大学，2016。

［135］《国内最大矿石中转基地首次靠泊 30 万吨级货轮》，《港口经济》2016 年第 9 期。

［136］宋薇萍：《宁波市发改委官员建议申建宁波 – 舟山自由港》http://finance. jrj. com. cn/2016/01/28141420500349. shtml？ formrss，2016 – 01 – 28.

［137］国务院：《关于同意设立舟山江海联运服务中心的批复》，2016 年 4 月 19 日。

［138］李振福、寿建敏：《"一带一路"和北极航线背景下的"港口经济圈"建设——以宁波为例》，《中共浙江省委党校学报》2016 年第 32 期。

［139］楼滨正：《进一步加快海铁联运发展》，《宁波日报》，2017 年 9 月 21 日。

［140］赵亚鹏、王任祥：《宁波争取设立自由贸易港区的可行性分析与政策建议》，《宁波经济（三江论坛）》2017 年第 1 期。

附表　"一带一路"沿线主要国家简介（2015 年）

国家	人口（万人）	GDP（亿美元）	产业结构	主要工业行业	与中国贸易额（亿美元）
印度尼西亚	24986.56	8683.46	14.4:45.7:39.9	采矿业、纺织、电子、木材加工、钢铁、机械、汽车、造纸、橡胶加工等	683.55
俄罗斯	14349.99	20967.77	3.9:36.3:59.8	航空航天、核工业、机械、冶金、石油、天然气、煤炭及化工等	892.59
伊朗	7744.72	3689.04		石油开采业、石油化工、钢铁、汽车制造、电子工业、核工业、计算机软硬件业	394.27
阿联酋	934.61	4023.40	0.7:59:40.3	石油化工、天然气液化、炼铝、塑料制品、建筑材料、服装和食品加工；旅游服务业和金融业	462.35
马来西亚	2971.7	3131.59	9.3:40.5:50.2	电子、汽车、钢铁、石油化工、纺织、旅游业	1060.83
泰国	6701.05	3872.52	12:42.5:45.5	种植业、电子工业、汽车业、旅游业、电信和新兴服务贸易业	712.41
印度	125213.96	18751.41	18:30.7:51.3	纺织、采矿、种植、手工业、软件	654.03
沙特阿拉伯	2882.89	7484.50	1.8:60.6:37.6	石油天然气勘探开采、石化产业、钢铁、炼铝、水泥、海水淡化、电子工业	721.91
约旦	646	336.79	3.4:29.7:66.9	轻工业、旅游业	36.04
以色列	805.95	2905.51		炼油、钻石开采、半导体制造业、高新技术产业（电子、通信、计算机软件、医疗器械、生物技术工程、航空航天、军工）、高附加值农业	108.27
新加坡	539.92	2979.41	0:25.1:74.9	电子、石油化工、金融、航运、服务业	758.96

续表

国家	人口（万人）	GDP（亿美元）	产业结构	主要工业行业	与中国贸易额（亿美元）
越南	8970.89	1713.90	18.4:38.3:43.3	煤炭、石油、天然气开采和化工、农业和渔业	654.78
土耳其	7493.26	8221.35	8.5:27.1:64.4	农业、纺织、汽车、造船、建材、家用电子产品制造	222.33
波兰	3851.45	5258.66	3.3:33.2:63.5	矿业与矿山机械工业、汽车、化工、钢铁、航空、电子、木材等	148.07
菲律宾	9839.36	2720.67	11.2:31.1:57.7	制造业、建筑业、矿产业、电力及水气业、旅游业	380.50
乌克兰	4548.96	1774.31	10.4:26.9:62.6	开采业、机械制造业、冶金业、农业、"欧洲粮仓"	111.22
伊拉克	3341.75	2293.27		石油开采、提炼和天然气开采，油气产业是支柱产业	248.79
埃及	8205.64	2719.73	14.5:39.2:46.3	石油化工、机械制造业、汽车工业、旅游业、纺织、食品加工	102.14
孟加拉国	15659.50	1499.90	16.3:27.6:56.1	黄麻产业、水泥、化肥、纸张等原材料和初级产品生产	103.07
巴基斯坦	18214.26	2322.87	25.1:21.1:53.8	棉纺织业、软件、机动车辆、水泥、化肥、钢铁、造船、电讯、房地产、能源、东方"水果篮"	142.16
罗马尼亚	1998.14	1896.38	6.4:43.2:50.4	石油化工、机械、医药、汽车、软件、纺织服装、食品加工、葡萄酒酿制、生态农业等	40.30

图书在版编目（CIP）数据

港口经济圈构建：理论框架和实践探索 / 孙建红著
. -- 北京：社会科学文献出版社，2018.12
国家社科基金后期资助项目
ISBN 978 - 7 - 5201 - 3604 - 4

Ⅰ.①港…　Ⅱ.①孙…　Ⅲ.①港口经济 - 经济圈 - 区
域经济发展 - 研究 - 宁波　Ⅳ.①F552.755.3

中国版本图书馆 CIP 数据核字（2018）第 227234 号

国家社科基金后期资助项目

港口经济圈构建：理论框架和实践探索

著　　者 / 孙建红

出 版 人 / 谢寿光
项目统筹 / 恽　薇
责任编辑 / 陈凤玲　林　尧

出　　版 / 社会科学文献出版社·经济与管理分社（010）59367226
　　　　　　地址：北京市北三环中路甲 29 号院华龙大厦　邮编：100029
　　　　　　网址：www.ssap.com.cn
发　　行 / 市场营销中心（010）59367081　59367083
印　　装 / 三河市龙林印务有限公司

规　　格 / 开 本：787mm×1092mm　1/16
　　　　　　印 张：19.5　字 数：340 千字
版　　次 / 2018 年 12 月第 1 版　2018 年 12 月第 1 次印刷
书　　号 / ISBN 978 - 7 - 5201 - 3604 - 4
定　　价 / 99.00 元

本书如有印装质量问题，请与读者服务中心（010 - 59367028）联系